职业院校"三全育人"理论与实践

——重庆公共运输职业学院课程思政建设研究

主　编　彭　超
副主编　郭素敏　马　莉　张渝政

西南交通大学出版社
·成都·

图书在版编目（CIP）数据

职业院校"三全育人"理论与实践：重庆公共运输职业学院课程思政建设研究 / 彭超主编. —成都：西南交通大学出版社，2022.3
ISBN 978-7-5643-8623-8

Ⅰ.①职… Ⅱ.①彭… Ⅲ.①高等职业教育 – 思想政治教育 – 教学研究 – 重庆 Ⅳ.①G711

中国版本图书馆 CIP 数据核字（2022）第 038128 号

Zhiye Yuanxiao "San Quan Yuren" Lilun yu Shijian
——Chongqing Gonggong Yunshu Zhiye Xueyuan Kecheng Sizheng Jianshe Yanjiu

职业院校"三全育人"理论与实践
——重庆公共运输职业学院课程思政建设研究

主编　彭　超

责任编辑	郭发仔
助理编辑	李　欣
封面设计	墨创文化
出版发行	西南交通大学出版社 （四川省成都市金牛区二环路北一段 111 号 西南交通大学创新大厦 21 楼）
发行部电话	028-87600564　028-87600533
邮政编码	610031
网　　址	http://www.xnjdcbs.com
印　　刷	四川煤田地质制图印刷厂
成品尺寸	170 mm × 230 mm
印　　张	16
字　　数	279 千
版　　次	2022 年 3 月第 1 版
印　　次	2022 年 3 月第 1 次
书　　号	ISBN 978-7-5643-8623-8
定　　价	48.00 元

图书如有印装质量问题　本社负责退换
版权所有　盗版必究　举报电话：028-87600562

序言
PREFACE

  2016年12月,习近平总书记出席全国高校思想政治工作会议并发表重要讲话,强调要坚持把立德树人作为中心环节,把思想政治工作贯穿教育教学全过程,实现全程育人、全方位育人,努力开创我国高等教育事业发展新局面。

  为落实习近平总书记相关重要指示要求,重庆公共运输职业学院近年牢记育人使命,把思想政治工作摆上高位,紧紧围绕落实立德树人根本任务和"培养什么人、怎样培养人、为谁培养人"这个根本问题,成立由党委书记彭超任组长的思想政治工作领导小组,从领导保障机制、队伍保障机制、师资培训机制、资源共享机制、正向激励机制等方面不断完善思政工作机制,不断深化"三全育人"改革,把思政工作贯穿到学校人才培养的方方面面,构建统一领导、权责清晰、齐抓共管、分工明确、运转有序,全方位、多层次、宽领域的大思政格局,全力推进中共中央、国务院《关于加强和改进新形势下高校思想政治工作的意见》、教育部等八部门《关于加快构建高校思想政治工作体系的意见》、教育部《高等学校课程思政建设指导纲要》等一系列上级文件精神的贯彻落实,在深化"三全育人"改革、推进"课程思政"建设等方面做了大量工作,也总结了一些好的经验和做法。

为进一步总结凝练、宣传推广上述好的经验和做法，促进思政工作质量和水平全面提升，学校将相关理论研究和实践成果，以《职业院校"三全育人"理论与实践——重庆公共运输职业学院课程思政建设研究》论文集的形式出版。

本论文集主要分为两个部分。第一部分为理论研究，主要涉及"三全育人"理念与实现路径研究、思政课程与课程思政协同育人路径与实践探索研究、专业课教学如何有效融入思政元素研究、线上线下混合式教学模式在高校思政课中的应用研究、高职教师提升"课程思政"理念和能力研究、课程思政在高职专业课教学中的实践探索研究等内容。第二部分为学校育人工作实践成果新闻报道作品展示。

这些理论研究和实践成果，不仅能对该校思想政治工作发挥示范引领作用，而且对做好同类高校的思想政治工作、提升育人水平，也有一定的借鉴意义。

重庆市职业教育研究会会长 张亚杭
2021年10月

目录
CONTENTS

第一部分　理论探索篇

001	坚持"三全育人"理念　构建立德树人格局	彭　超
017	"三全育人"视域下高职院校实践育人的探索与研究实践	马　莉
023	高职院校"三全育人"的实现路径研究	
	——以重庆公共运输职业学院为例	郭　钦
029	高职院校"课程思政"与"思政课程"协同育人路径探析	杨金梅
035	高职院校思政课程与课程思政协同育人路径初探	冯世勋
040	"课程思政"与"思政课程"协同育人路径研究	郭素敏
046	新形势下高校辅导员与思政课教师协同育人实践探索	张言顺　张渝政
053	浅谈高职院校专业课教学如何有效融入思政元素	秦　英
059	嵌入式课程思政与思政课程融合路径研究	
	——以"停车规划与管理"课程为例	乔　昊
065	"文化自信"在高职院校思想政治理论课课堂中的运用	
	——以重庆公共运输职业学院为例	冯　梅　陈定君
073	文化自信背景下高职英语课堂思政教学探索	何　佳
078	基于信息技术的高职思政课任务驱动式教学改革与实践	吕文丽　段晓英
086	课程思政背景下高职院校思政课程改革的着力点探索	郭素敏
092	浅析线上线下混合式教学模式在高校思政课中的应用	乔　昊
098	"三全育人"背景下高职院校辅导员思想政治教育初探	温阳阳

104	坚守教育初心　担当育人使命		
	——论新时代高校辅导员的使命与担当	张言顺	张渝政
112	高职心理健康教师课程思政能力提升策略探索		胡　梅
118	浅谈"三全育人"理念下高职院校"课程思政"建设		杨金梅
124	浅析高职院校课程思政中的隐性思想政治教育		贺秀峰
130	关于高校推进课程思政建设着力点的五点思考		冯世勋
136	引领和推进课程思政建设，努力打通"三全育人"途径		秦　英
142	赫尔巴特道德教育理论与"课程思政"	冯　梅	梁晓芳
148	高职课程思政视野下工匠精神的内涵及培育路径分析		张钰环
156	思想政治教育视域下"00后"高职学生劳动素养培养	吕文丽	冯世勋
161	课程思政在高职汽车专业机械制图课程中的实践探索		陈　玲
167	高职院校土建类专业课程思政建设的探索与实践		
	——以土木工程安全管理课程为例		付　阳
176	课程思政在"PS图像处理基础"课程中的探索与思考		李亚萍
184	"三全育人"视域下基于OBE教育理念的高职数学		
	"课程思政"教学探索		石会芳
193	产教融合背景下铁道机车专业课程思政的实施现状分析与		
	路径构建		李施其
201	课程思政建设与探究		
	——以城市轨道交通车辆检修为例		刘小霞

第二部分　实践成果篇

206	迎来送往服务旅客，重庆公共运输职业学院
	——春运"第二考场"，学生练真功
209	春运首日：百余位志愿者暖心服务　温暖旅客回家路
212	重庆公共运输职业学院上千名大学生志愿者"备考"2020春运
214	160余名青年志愿者服务春运　让旅客出行体验更美好

216	建校10周年｜重庆公共运输职业学院举办"百年育桃李　扬帆再起航"成果汇报演出
220	重庆公共运输职业学院举行"成才杯"优秀学子宣讲活动
221	重庆公共运输职业学院400余名师生学党史献爱心无偿献血14万毫升
223	重庆公共运输职业学院举办主题运动会喜迎建党100周年
225	872，4，73，2 920，1 000 000……一组数据后的劳动教育之歌
229	我为群众办实事｜"学党史、强信念、跟党走"江津区青少年走进高校开眼界活动
231	重庆公共运输职业学院主题汇报展演献礼建党100周年
233	重庆公共运输职业学院组织2 000余名师生观看红色经典影片
235	重庆公共运输职业学院到聂荣臻元帅陈列馆开展参观见学活动
236	重庆公共运输职业学院庆祝建党100周年主题合唱比赛盛大举行
238	重庆公共运输职业学院（交通高级技工校）成功举办庆祝建党100周年大合唱比赛
240	重庆公共运输职业学院组织新发展大学生党员参观红岩革命纪念馆
242	重庆公共运输职业学院1 000余名学生参加暑期社会实践活动
244	重庆公共运输职业学院喜获市第七届"中华经典诵写讲"诵读类大赛二等奖等多个奖项
246	重庆公共运输职业学院开展"请党放心　强国有我"主题签名活动
247	"开学第一课"重庆公共运输职业学院引入VR开展红色教育

第一部分
理论探索篇

坚持"三全育人"理念 构建立德树人格局

彭 超[①]

【摘 要】习近平总书记提出全员、全方位和全过程育人的"三全育人"教育理念,提出用"大思政课"铸魂育人。高校是人才培养的重要阵地,必须始终坚持社会主义办学方向,牢牢把握立德树人这一根本任务。新时代高校"三全育人"的提出,正是从高校育人系统整体着眼,将全部人员调动起来参与高校思想政治工作,形成全员育人、全程育人、全方位育人的价值观念,从根本上解决"培养什么人、怎样培养人、为谁培养人"的问题。而课程思政是实现"三全育人"的有效途径,是全面提升高校人才培养质量的重要举措。为确保"三全育人"工作高效推进,需要完善制度健全机制,只有建立推进"课程思政"与完善"三全育人"的长效机制,才能为高校思想政治工作的长期有效开展提供不断改进和完善的制度保障。

【关键词】"三全育人";立德树人;课程思政;大思政;制度保障;长效机制

中国特色社会主义进入新时代,习近平总书记从国家、民族发展的高度及当代大学生自身发展的需要,明确指出高校教育的根本任务是"立德树人",提出全员、全方位、全过程育人的教育理念和构建"大思政"格局的宏图构想。

---

① 彭超:重庆公共运输职业学院党委书记。

"大思政"描述的是思想政治教育工作的一种应然状态，同时也为探索、形成思想政治教育工作的具体方法或模式提供了引领性指导。在这种应然状态指引下，每一位教职员工都是思想政治教育工作者。思想政治教育应涵盖学校的全部空间，渗透到学校的全部领域。高职院校要全面贯彻党的教育方针，用"大思政课"铸魂育人，与时代大势相契合，努力提高技术技能人才培养质量，加强学生的思想道德修养和政治理论素质，引导学生树立正确的价值观和成才观，使其成为中华民族伟大复兴进程中的重要力量。

一、正确把握办学方向，深化我校"三全育人"

（一）正确办学方向是"三全育人"的根本引领

办学方向是学校的灵魂，办什么样的大学、怎样办好大学，培养什么样的人、如何培养人、为谁培养人，事关党和国家的前途命运。

坚持正确的办学方向是中华人民共和国成立以来中国共产党对教育一以贯之的初心和使命。中华人民共和国成立初期，培养什么样的人，成为教育事业面临的首要问题。1949年12月，中华人民共和国第一次全国教育工作会议提出教育要为国家建设服务，普及与提高结合，在相当长的时期内以普及为主。1950年，毛泽东同志在《人民教育》创刊号上题词："恢复和发展人民教育是当前重要任务之一。"在社会主义三大改造历史背景下，毛泽东站在社会主义革命与建设的战略高度上，制定了"向农工开门，为生产建设服务"的教育方针，1957年2月，毛泽东在《关于正确处理人民内部矛盾的问题》中提出："我们的教育方针，应该使受教育者在德育、智育、体育几方面都得到发展，成为有社会主义觉悟的、有文化的劳动者。"由此形成了中华人民共和国德智体全面发展的社会主义教育方针，确定了社会主义社会的办学方向，对我国教育事业的发展发挥了持久的指导作用。

改革开放后，党和国家的工作重点转移到社会主义现代化建设上来，从社会主义现代化建设的战略全局出发，邓小平创新性地提出了教育要"更好地为社会主义建设服务、为人民服务"。邓小平提出，实现社会主义现代化，科技是关键，教育是基础；要"把毛泽东同志提出的培养德智体全面发展、有社会主义觉悟的有文化的劳动者的方针贯彻到底，贯彻到整个社会的各个方面"。教育要面向现代化、面向世界、面向未来，培养有理想、有道德、有文化、有纪律的社会主义"四有"新人。其中，我们最强调的是有理想。"理想就是社会主义现代化。很多人只讲现代化，忘了我们讲的现代化是社会主义现代化"。可见学校应该永远把坚持社会主义办学方向放在第一位。

中国特色社会主义进入新时代后，党和国家从建设中国特色社会主义教育发展道路的战略高度，提出中国特色社会主义教育要做到"四个服务"："为人民服务，为中国共产党治国理政服务，为巩固和发展中国特色社会主义服务，为改革开放和社会主义现代化建设服务"的新要求。"四个服务"将坚持教育发展方向同我国发展的现实目标和未来方向紧密联系在一起，揭示了我国高等教育的社会主义性质和方向。中国特色社会主义进入新时代以来，坚持社会主义办学方向在中国共产党治国理政格局中的地位和功能进一步凸显。2018年9月10日，习近平总书记在全国教育大会上强调指出："我国是中国共产党领导的社会主义国家，这就决定了我们的教育必须把培养社会主义建设者和接班人作为根本任务，培养一代又一代拥护中国共产党领导和我国社会主义制度、立志为中国特色社会主义奋斗终身的有用人才。这是教育工作的根本任务，也是教育现代化的方向目标。"

高校是人才培养的重要阵地，育人是一项系统工程，要始终坚持社会主义办学方向，牢牢把握立德树人这一根本任务，始终将大学生培养成社会主义建设者和接班人摆在突出位置。要深刻认识到要把大学生培养成为社会主义建设者和接班人，需要各方力量的参与、支持和配合，才能形成育人合力。新时代高校"三全育人"的提出，正是从高校育人系统整体着眼，将全部人员调动起来参与高校思想政治工作，形成全员育人、全程育人、全方位育人的价值观念和立德树人大思政格局，从根本上解决"培养什么人、怎样培养人、为谁培养人"的问题。

（二）理想信念教育是"三全育人"的根本任务

理想指引人生方向，信念决定事业成败；理想信念是精神之钙，是力量之源。在推进"三全育人"的过程中，要始终将理想信念教育放在首位，教育引导学生树立共产主义远大理想和中国特色社会主义共同理想。在对学生进行理想信念教育中，要特别注重解决好学生"信什么""为什么信"和"如何信"的问题。

1. 信什么？

这是当代大学生理想信念教育的认识论引领。随着改革开放进一步深入，涌现出各种各样的思潮，如经济全球化的思潮，自由主义思潮，个人主义思潮，政治多元化思潮，淡化意识形态思潮，历史虚无主义思潮等。同时，随着全媒体时代的到来，电视、广播、互联网的相互融合利用，使信息传播面广、速度快，在这些传播的信息中，西方社会思潮、西方价值观，以及一些西方国家对我国社会主义制度攻击的言论，不可避免地使大学生受到一定的影响。大学生信仰观也面临着新的问题、新的挑战。比如，大学生在自身的信仰选择上有一定的随意性和盲目性。在开放性极强的网络新媒体面前，大学生获得资讯和了解外部世界的渠道更加多样化、复杂化。面对良莠不齐的海量信息，一些大学生由于自身缺乏足够的敏锐的判断力，很容易受到负面信息的影响和诱导，造成思想混乱，盲目随从。又比如，重物质享受，轻精神追求。部分大学生受到物质需求的影响，他们更多地喜欢从利益和需求上面考虑，这部分人始终将自己的理想信念放在了满足个人理想的层面之上，而对家庭、社会、集体的利益诉求关注不足，这部分学生的功利思想过于突出，信仰逐渐功利化。

树立何种人生理想，选择哪种奋斗方向，决定着大学生的青春往何处去。大学生崇高的理想信念不会自然形成，如果不加以正确地引导，大学生的理想信念就会出现偏差。因此，教育和引导大学生树立共产主义远大理想和中国特色社会主义共同理想，坚定社会主义和共产主义信念，坚定对中国共产党领导的信任，坚定对新时代社会主义现代化强国建设的信心，坚定马克思主义信仰，始终是高校思想政治工作、思想政治理论课的首要目标和使命。

2. 为什么信？

这是当代大学生理想信念教育的价值论向度。近年来，随着高等教育规模的迅速扩大，高校毕业生的数量迅速增加，就业难的问题日益突出，因而对于个人的素质要求也越来越高。面对就业形势的变化，大学生对知识重要性的认识越来越深刻，于是更加注重自身知识能力的提升、注重自我价值的实现，不注重道德修养和社会公德的培养，忽视理想信念对于个人成长和发展的作用，造成他们在理想信念认知上呈现边缘化、淡漠化的趋势。因此，我们必须加强对大学生理想信念教育，引导大学生深刻认识理想信念教育的重要价值，解决好大学生"为什么信"的问题。

理想信念是引领人生前进的灯塔，正如习近平总书记所说，理想信念就是共产党人精神上的"钙"，没有理想信念，理想信念不坚定，精神上就会"缺钙"，就会得"软骨病"。自有人类文明以来，人们都在追问生命的意义和价值，即我们从哪里来到哪里去，何为人生价值和如何实现价值；有崇高信仰的人才能更好地实现人生的价值。一个民族有了信仰才会变得伟大；一个国家有了信仰才会变得强大；一个人有了信仰，在漫长复杂的人生路上才不会迷失方向。

理想信念教育，就是要引导大学生树立坚定的共产主义信仰，把共产主义的理想信念作为安身立命之本，坚持正确的政治方向，在大是大非问题上保持清醒的政治头脑和政治定力，明确人生的前进方向。心中有信仰，脚下有力量。大学生唯有坚定理想信念，志存高远，脚踏实地，才能在实现中国梦的生动实践中放飞青春梦想，才能在为人民利益的不懈奋斗中书写人生华章。

3. 如何信？

这是大学生理想信念教育的方法论思考。要加强和做好对大学生的理想信念教育，必须积极探索理想信念教育的主要路径，解决好"如何信"的问题，进一步提高理想信念教育的科学化水平和实效性。

首先，不断提升高校教育工作者对理想信念教育的重视程度。高校在制订各种与教育教学活动有关的制度时，要将理想信念教育纳入人才培养体系之中。在人才培养体系之中，要把理想信念教育建立在对科学理论的理性认同上、对历史规律的正确认识上、对基本国情的准确把握上。

其次，要强化对理想信念教育路径和载体的认知和探索，丰富和创新高校理想信念教育的路径和方式。随着现代科学技术尤其是信息技术的发展，现在已进入"互联网+"时代，为更好地适应高校学生对互联网、手机、微信等网络和社交媒体的需求，就要求教育工作者要运用新媒体、新技术，创新理想信念教育新渠道，推动理想信念教育传统优势同信息技术高度融合，让理想信念教育的方式更加贴近学生的生活，寓教于乐，潜移默化地强化理想信念教育的实效性。

再次，夯实思想政治理论课的主阵地，优化理想信念教育的校园环境。高校学生的理想信念不会自然形成，必须加以正确的引导，所以一定要发挥思想政治课主阵地和主渠道作用，帮助学生树立正确的三观。同时，思想政治理论课要与校园文化建设紧密结合，通过良好的校园氛围和环境对学生进行熏陶和影响，努力营造一个适合理想信念教育的大环境，通过校园里的相关活动，重视"小事"，留心"小处"，让理想信念教育从点滴的小事开始渗透，逐渐成为学生的一种精神自觉和道德自觉。

总之，在深入推进"三全育人"工作中，高校应始终把"为谁培养人、培养什么人、怎样培养人"作为办学的方向性、战略性、全局性和根本性的问题，始终牢记为党育人、为国育才的使命，始终抓好对青年大学生的理想信念教育，以促进学生全面发展，着力培养担当民族复兴大任的时代新人。

二、多措并举课程思政，实效推动"三全育人"

课程思政是指以构建全员、全过程、全方位课程育人格局的形式，将各类课程与思想政治理论课同向同行，形成协同效应的一种综合教育理念。课堂是思想政治教育的主渠道，课程是实施人才培养工程的基本单元，每一名老师在讲授每一门课程、传授每一门知识的过程中，都要探索知识传播与价值传播的路径，凸显出价值的引领和导向作用。可见，课程思政是一项系统工程。

长期以来高校思想政治教育面临单打独斗的局面，这一现象至今尚未从根本上改观，相当一部分专业课教师认为思想政治教育只是思想政治理论课教师的职责，与自己无关，导致在育人理念上，不正确认识价值引领与知识获取之间的关系；在育人意识上，不明白专人育人与人人育人之间的关系；在育人的过程中，不明白特定时空育人与全时空育人之间的关系。从根本上说，就是"全课程、全员、全时空"育人理念没有完全确立起来。这就形成思想政治理论课教师单兵作战和思政教育的"孤岛"困境。

习近平总书记在全国高校思想政治工作会议上提出"各门课都要守好一段渠、种好责任田，使各类课程与思想政治理论课同向同行，形成协同效应"，"课程思政"教育教学理念应运而生，课程思政这一教育理念的提出和不断深化，是新时代加强和改进高校思想政治工作的客观要求，是全面提升高校人才培养质量的重要举措。

课程是教书育人的主渠道，各门课程教学要渗透德育，寓德育于教学之中。教师要"传道、授业、解惑"，要在知识传授、能力培养、思想价值引领等方面全面发力，要重视塑造灵魂、塑造人格、重塑生命的工作，促进学生素质全面发展。"课程思政"要求高校所有的课程都要发挥思想政治教育作用，所有的人员都要承担育人的责任。

从"思政课程"转向"课程思政"不仅符合高校育人规律，同时也是实现全员育人、全程育人、全方位育人的有效途径。

（一）课程思政，实现单课育人转向全课程育人

当前，随着社会转型、市场经济发展、全球化交流，改革开放四十多年后，我国进入了一个利益多元的时代。新出现的多元化的利益主体由于各自受教育水平、所处的社会地位以及各自需求内容的不同，会有不同的价值取向。在社会价值多元化、利益诉求多样化的背景下，大学生的社会主义核心价值观教育面临新的挑战，如果还局限于仅仅依赖思想政治理论课对大学生进行价值引导显然是不够的，亟须发挥多学科优势，将更多的学科资源转化为育人资源，去实现共同价值目标。这就需要我们把思想政治理论课与通识教育课、专业教育课、实践教学课相融相通，实现由原先单课程育人向全课程育人转变。要确保向全课程育人转变得以实现，就必须要加强课程建设。没有好的课程建设，"课程思政"功能就成为无源之水、无本之木。"课程思政"建设的基础在"课程"。

1. 加强通识教育课程的建设

通识教育以立德树人为目标，因时而进、因势而新，不断拓宽课程视野，培养学生的科学思维方法、人文素养和世界胸怀，以"春风化雨、润物无声"的形式，将科学的世界观、人生观、价值观有效传授给学生，使得在接受知识、增长智力、提高能力的同时，让学生了解世界、融入世界，明确自身责任和社会的担当，促进学生的全面发展。

2. 加强专业课程的建设

专业课程建设是提高教育教学质量的关键环节。随着经济社会以及相应行业领域的发展，各专业人才培养方案要不断修改与完善。在高校中开设的各类专业课的教学中，必须让教师明白，专业课的教学，不仅仅是一种知识的传授，技能的提升，也是对专业课程中所蕴含思政资源进行挖掘，把这种资源转化为大学生理想、信念教育的有效载体。也应该让学生明白，专业课的学习不仅仅是学习专业基础知识、专业知识，各类专业课中也蕴含着科学精神，蕴含着人文精神，有着专业课程独特的价值取向，能对自己的世界观、人生观、价值观进行塑造。"课程思政"目的就在于要扭转专业课程教学重智轻德的现象。

3. 加强实践课程的建设

为落实国家关于"大力加强实践教学，提高大学生实践能力"的精神。从多视角把握实践课程教学的内涵，这是培养学生沟通、协调、合作等综合素质的有效途径。在高校实践课中，应注重思想政治教育，要把专业实践课程与思想政治教育有机结合起来。如大学生实践课中经常遇到职业规划、职业操守、职业道德等问题，这些问题解决需要通过思想政治理论课对大学生进行理想信念的教育，让大学生明确职业规划、遵守操守和职业道德。另外，要把学生的实践课的内容作为思想政治课程的教学资源，形成教学案例，通过这些教学案例的分析，丰富思想政治理论课程教学内容，激发学生的学习兴趣，增强思想政治理论课的教学效果。

（二）课程思政，构建三位一体高校育人体系

"课程思政"不是增开一门课，也不是增设一项活动，而是强调在知识传播过程中注重价值引领，强调将高校思想政治教育融入课程教学和改革的各环节、各方面，构建高校教学育人、管理育人、服务育人"三位一体"的高校育人体系，让高校思想政治教育由专人育人转向全员育人。

一是在各类教师方面，要充分发挥课堂教学在实施思政教育中的主渠道作用，积极履行好全员育人的职责。课程思政要求各课程任课老师都要加入思政课的行列，共同肩负高校育人的重要任务。思政课教师与专业课教师是高校思想政治教育的两支主要队伍。一方面，思政老师是全员育人的主力军。在大学生的思想政治教育过程中，思政课老师必须坚定马克思主义理论信仰，切实加强自身的理论素质和知识水平，努力从理论与实践的结合上对学生加以正面引导，帮助大学生树立正确的世界观、人生观和价值观。另一方面，课程老师是全员育人的生力军。"课程思政"强调所有的教师都有育人职责，所有课程都有育人功能。不同专业不同课程的教师都要充分发挥课堂主渠道的作用，所有学科的教师都应把自己的仁爱情怀、家国情怀融入传道授业解惑中去，使每一堂课不仅传播知识，而且传授美德，传播社会主义核心价值观，这样的课堂才有温度，这样的教育才有厚度。当高校教师都积极投身到立德树人这个根本任务上来时，思政教育将从专人育人向全员育人的创造性转化。

二是在管理人员方面，要完善大学生思想政治教育工作管理体制机制。管理是高校各部门统一协调运转的核心和纽带，在学生的培养过程中，高校通过教

学、行政、科研等各项管理工作，利用师资、制度、环境等资源等，形成各方统一协调合作的综合育人系统，实现高校人才培养目标，使学生成为高素质人才。也就是说高校育人不仅仅只有课堂，管理部门也是育人的课堂，管理人员也承担着育人的责任。学生到学校各个部门办事，各部门管理人员的工作态度、办事效率、敬业精神都会直接影响到大学生的世界观、人生观和价值观。因此，对于学校管理人员来说，要切实加强高校育人的意识，转变工作作风，提高办事效率，一切以立德树人为根本，在自己的工作中体现育人的价值，这样才能真正做到管理育人。因此，管理者要严以律己、以身作则、言传身教，在与学生的交往过程中，管理者通过高效、完善的服务，通过自身的品德、人格魅力和良好的职业素养，潜移默化地影响学生，使学生在思想上得到教益，认识上得到提高，言行上得到规范，情操上得到陶冶。

三是在服务人员层面，要把服务与高校育人有机结合。因此，学校服务人员要增强服务意识，端正服务态度，提高服务质量，主动热情地为学生提供优质服务，使学生处处感受到学校集体的温暖，感受到健康、积极、向上的校园氛围，这就是我们服务育人的基本前提。服务育人对高校后勤部门来说，是全面创新后勤管理工作的关键内容，也是后勤部门践行育人使命的重要实践。后勤部门要融入"三全育人"环境，精准研判师生新的生活方式、习惯与实际诉求，动态、持续关注学生的思想变化与成长需求，如宿舍、食堂、图书馆等服务部门，它们不仅要提供服务产品、服务行为，同时要为提供学生生活空间、学习资料等，为学生培养工作提供有力支持，同时也为学校思想政治教育提供重要补充。总之，后勤服务人员要全程参与服务育人。后勤人员在工作过程中文明的言谈举止、规范的工作用语、端庄的仪表态度、良好的行为习惯，可以为大学生树立榜样，引导大学生养成文明习惯，塑造良好的道德品质，促进大学生健康成长。

（三）课程思政，营造全时空育人新体系

高校的思想政治理论课教学中长期存在教学时空壁垒，对大多数学生和老师来说，普遍认为思想政治理论教育只是在思政课堂这个特定时空开展的，这减弱了高校思想政治教育效果。习近平总书记在全国高校思想政治工作会议上强调，高校思想政治工作要坚持思想政治工作贯穿教育教学全过程。这就要求"课程思政"必须实现由特定时空育人向全时空育人的转变，建构全程贯穿、广域覆盖、全员协力育人新时空体系。从育人新时空视角，高校只有将学校的传统课堂时空、学生的碎片化时空充分利用起来，才能够最大化地发挥育人功效。从时间上看，课程从开设到完成对学生道德素质的评价，不强制在一个学期内结束，允许跨学期，甚至可以在不连续学期中完成。也就是说"课程思政"应贯穿大学生从进校到毕业的全过程，通过挖掘各个阶段大学生身心发展的特点，加深对大学生认知发展的影响。从空间上看，"课程思政"覆盖大学生学习与生活的每一个环节，将育人目标贯穿专业课教学全程，将价值观教育渗透于所有教学环节和教学管理服务等诸多隐性德育环节。

"全时空"育人新体系的实质就是：学生在哪里，思想政治教育就应在哪里。要从课堂、实践、网络等多个维度，构建起全时空教学、全过程互动、全课程育人的教学新模式。

在课堂教学上，当前课堂体系分为"第一课堂、第二课堂"。"第一课堂"也称狭义的课堂，仅仅是指教室里的教学活动；"第二课堂"也称广义上的课堂，是指教室教学活动之外的，凡是具有育人功能的时空都可以称为课堂。"广义课堂"的引入可将教学活动时空范围大幅延展，空间上不再局限于教室、实验室等校园场地，也包括企业实习基地、学科竞赛场地、互联网课程共享平台等。第二课堂是高校思想政治教育的必要补充，比如参观实践活动、先进事迹报告会、形势政策报告会等，都能对大学生进行思想政治教育与道德情感的熏陶。要逐步探索建立思想政治教育立体化工作体系，探索过程中需要依托第二课堂这个有效载体，实现大学生思想道德素质教育外化于行。因此，作为高校必须积极探讨思想政治教育全时空育人模式，制定一系列举措，加强"课程思政"与第二课堂对接。

随着移动互联网和新媒体等新兴网络学习载体的广泛应用，基于网络的"第二课堂"的思想政治教育力量越发显示出其独特优势。据统计，高校学生每天上网时间超过3.5小时，要把学生这部分虚拟时空融入思政教育。因此，高校要正确引导学生使用网络资源，要用马克思主义立场与方法筑牢意识形态主阵地，对于网上社会热点问题，要通过"虚拟课堂"这个渠道展开讨论，形成"现实主课堂"与"虚拟微课堂"间的无缝对接，形成线上线下的有效合力，让学生能明辨是非，做出科学的判断，从而坚定学生的立场与信念。

总之"课程思政"既要有教育时间上的"全程贯通"，也要有教育空间上的"广域覆盖"，形成开放的"全时空"育人新体系。

三、建立长效保障机制，确保育人持续实效

高校"课程思政"与"三全育人"工作的开展需要多方面力量的支持，要将思想政治教育贯穿在学科、文化、生活、课程、网络等各个环节，形成整体发力格局，才能保证思政教育能够达到预期效果，因此必须要统筹规划教学、管理、服务等部门多方面的工作。首先需要重点解决长效机制建设，只有建立推进"课程思政"与完善"三全育人"的长效机制，才能为高校思想政治工作的长期有效开展提供不断改进和完善的制度保障。

为确保"三全育人"工作高效推进，这需要完善制度健全机制。为进一步提高思想政治教育的实效性，我校将从以下几个方面构建"三全"育人机制，做好高校思想政治教育工作，提高新时期大学生的思想政治素质，把他们培养成为合格的中国特色社会主义事业的建设者和接班人。

（一）领导保障机制

对高校而言，要充分发挥中国特色社会主义教育的育人优势，就必须健全学校党委统一领导下的各部门协同合作工作机制。

第一，从制度上确立思想政治理论课在学校思想政治教育中的价值引领作用。学校党委要加强对思想政治教育的全面领导，绝不能动摇"思政课程"作为立德树人关键课程的主体地位。要牢牢抓住"思政课"这一"主渠道"，在开展好"思政课"的前提下，推动"课程思政"建设，形成"三全育人"的"大思政"格局。

第二，在党委统一领导下，积极构建党政齐抓共管，部门协调指导，专兼队伍结合，院、班组织实施，师生共同参与的学生思想政治教育工作体制和机制。把思想政治教育贯通到学科体系、教学体系、教材体系、管理体系中，不断拓展育人渠道，改善育人环境，提升育人能力，保障"三全育人"体制机制高效运行。

第三，建立科学的考核评价标准，是完善"三全育人"评价体系的关键，将育人工作考核与绩效科学挂钩，充分发挥激励作用，在职称晋升、评优评先、工资待遇等方面将评价结果作为重要依据之一。注重学生反馈，学生作为受教育的对象，是评价思想政治教育和课程思政工作效果的主力军，以学生的满意度、获得感为评价基础。学生的这种评价结果有助于分析在学校层面思想政治教育和课

程思政的各项政策措施是否落实到位，今后如何改进加强，从而构建内容优化的综合评价体系，更好地为学生成长成才服务。

（二）队伍保障机制

教师是实施思想政治教育的主体，建设一支能力强、水平高的思想政治教育教师队伍是永远是高校的重要目标。

第一，建设一支高素质的思想政治理论课教师队伍。教师是立教之本、兴教之源，"办好思想政治理论课关键在教师"。高质量的思政课，必须有高素质的教师队伍来支撑和保障。思政课教师是指承担思政课教育教学和科学研究职责的专兼职教师，是教师队伍中承担开展马克思主义理论教育、用习近平新时代中国特色社会主义思想铸魂育人的中坚力量。随着手机、互联网的普及，大学生有机会接触到各种各样的网络事物、各种各样的自媒体信息。网络上鱼龙混杂，自媒体信息参差不齐，由于大学生正处于"三观"可塑阶段，再加上一些大学生甄别力不强、自制力薄弱，他们很容易受网络不良信息、暴力游戏、网红节目等影响，从而迷失自我，形成拜金、攀比、自私自利、贪图享受、崇洋媚外等不良思想，严重影响到大学生建立正确的"三观"。因此，引导大学生立德成人、立志成才，树立正确的"三观"，引导大学生扣好人生的第一粒扣子，是思想政治理论课教师义不容辞的责任。没有一支高素质的教师队伍，新时代高校思想政治理论课的改革创新，势必成为无源之水、无本之木。

第二，建设一支包括党政领导、共青团干部、辅导员、班主任、专兼职心理教师、党务工作者等组成的高素质的学生思想政治工作队伍；建设一支以专业教师为主导的专业指导导师，以优秀校友、优秀学生干部、优秀学生党员为主导的成长伙伴，以企业专家为主导的实践导师等辅助队伍。进一步拓展和完善育人渠道，形成联动机制，充分发挥不同队伍的育人功能。

（三）师资培训机制

培养新时代高素质、专业化"思政课程"与"课程思政"教师队伍离不开有效培训。要让各门课程都具有"思政味儿"，高校就必须建构内容科学、形式丰富、保障有力、评价合理的专门培训机制。

首先，要广泛地调查研究教师在实践中迫切需要明确和感兴趣的问题，把它作为教师培训的内容，才有利于增强教师的积极性；如果缺乏对"思政课程"和

"课程思政"教育实践的研究，造成教与学脱节的尴尬，造成培训内容与教师需求不契合，就会大大降低教师参加培训的积极性。要通过培训切实增强教师的课程思政意识，解决好专业教育和思政教育"两张皮"问题，建立价值塑造、知识传授和能力培养融为一体的育人理念。通过培训使教师深刻认识每一门课程，包括思政课程、公共基础课程、专业教育课程和实践类课程，都须具有育人功能，主动承担起育人责任，守好一段渠、种好责任田。

其次，是要通过学习马克思主义理论，着力提升高校教师政治素养，师德修养，使之树立起政治信仰，使之具有家国情怀，让他们能够真学、真懂、真信，从而在实践中灵活运用马克思主义。

最后，是要对教师进行教学法和教育技能方面的培训，这种培训作为一种集体性学习方式，在一定程度上能提升教师的团队合作能力，培养其合作精神和沟通能力。要通过专题讲座、微格训练、观摩教学、教学技能比赛等，将新的知识传授给教师，促进其知识更新，促进教师教育教学技能的提升以及教学经验的积累，有利于教师的成长，有利于提高教师挖掘专业课程中思想政治教育资源的能力。

（四）资源共享机制

做好新时代高校思想政治工作，就要突破思政资源各自为政、信息孤岛等困境，打造"大思政"格局，实现育人最大合力。

高校优质的思政资源主要是以思想政治理论课程为主渠道、主阵地的资源。但现实中有效思政资源共享的实施并不顺利，原因有二。一是资源本身的局限。由于教师自身的时间、精力、能力的限制，教师自己花费大量的时间精力去收集制作的资源，质量并不一定高；又由于思政课教材几乎每两年都有较大幅度的修订，有的旧资源缺乏新颖性，而且还很可能不能适应新形势新教材，限制了思政资源共享。二是教师本身的原因。由于资源的收集、整理、制作都要耗费教师大量的时间和精力，很少有人愿意将自己辛苦收集的、制作的资源以免费或无偿的方式提给他人，无偿赠予的行为也有可能影响到同行的竞争优势；即使教师之间有一些资源共享行为，也是学校内部教师个体的自发性共享行为，有组织的、规范性、制度化的共享行为较少。因此，建立起有效的思想政治理论课资源共享机制对当前思政课和课程思政教学都非常必要。

要建立健全完善资源共享的相关机制，为资源共享扫清障碍，从而保证教育资源共享的顺利进行。比如实施补偿激励制度，学校可组织各学科专任优秀教师对教师提供的资源进行认真审核，对资源的教材适应性以及合理性和科学性都应进行审核。对审核通过的资源，可对教师从物质和精神两个方面进行奖励，将共享资源质量的高低与年终考核、职称晋级、评先评优、培训进修等奖励制度挂钩。

总之，学校要在整合优化实现校内各系部资源共享的基础上，从学校层面逐步建立思政资源共享平台的运行机制、校际资源共享合作机制、在线课程评价机制、维护利益调动积极性的产权机制等，只有完善各种机制，才能真正实现资源共建共享。

（五）正向激励机制

推进高校思想政治理论课与"课程思政"，关键在于发挥教师的积极性。而发挥高校教师的积极性，需要有科学、合理的激励机制。完善的激励机制，是对高校思想政治理论课教师的外部激励和内在认可。因此，构建与完善高校思想政治理论课与"课程思政"的激励机制，有助于调动高校思想政治理论课与"课程思政"教师教学的积极性，使其积极投身于教学，进而有效提高思想政治理论课与"课程思政"的教学质量。

构建科学、合理的思想政治教育激励机制，首先，一定要有针对性，一定要符合思想政治教育的特点。比如激励措施设置不合理，过于刻板，考核指标过于量化，凡事以数据说话，却忽略了思想政治教育更多的是潜隐的效果或无形的效果。在世界观、人生观、价值观的教育中，思想政治教有者付出了巨大的精力、心血，以自己人格的力量去影响教育对象，这种潜移默化的影响是无形的，这种教育的效果在短时间里难以表现出来，其价值也隐而不现。这就使思想政治教育者经过大量的、艰巨的、复杂的劳动而产生的潜隐性价值，是没办法用刻板的数据去说明的。其次，需要改变传统激励中教师大多作为被激励客体，单向地接受管理部门制定的激励措施，这种上"励"下"受"的激励形态无法真正调动教师的积极性。科学、合理的激励机制，应综合考虑自励、他励和互励等因素。要培养教师的主体意识，进行自我激励。树立清晰的主体意识，将使教师产生内驱力，对自身教学工作及时反思与总结，不断激励自身去追求更高的教学成就。要建立公平的"他励"制度。管理者应当突出思想政治教育的重要地位，重视教师对教学工作的投入，制定公平的激励机制。要从制度层面形成支撑、倡导教师间的互励。通过定期开展教师座谈、经验交流、同行听课、集体教研活动等，构建相互帮助、共同进步的局面。总之，要综合运用各种激励手段，通过外部刺激和内部强化，调动高校思政课程与"课程思政"教师工作的积极主动性。

综上所述，"三全育人"的出发点是培养人，培养一代又一代社会主义建设者和接班人；"三全育人"的中心在"育"，高校要从"教"走向"育"，构建育人新模式，营造育人新生态；"三全育人"的重心在"全"，要求全体教职员工都要成为"育人者"，要求将立德树人贯穿高校教育教学全过程和学生成长成才全过程，要求将立德树人覆盖到课上课下、网上网下、校内校外。为党育人、为国育才，责任重大，使命光荣。我们要不断深化"三全育人"改革，不断提升学校思想政治工作水平，努力培养能够担当民族复兴大任的时代新人，努力办好人民满意的大学。

参考文献

［1］ 习近平．在全国高校思想政治工作会议上的讲话［N］．人民日报，2016-12-09．

［2］ 刘书林．坚持社会主义办学方向　办好人民满意的教育——学习习近平总书记在全国教育大会上的重要讲话［J］．思想理论教育导刊，2018（11）．

［3］ 邹桂祎、李秋芬．"大思政"视域下高校"三全育人"模式的探索与构建［J］．吉林工程技术师范学院学报，2021（3）．

［4］ 张悦．"大思政"格局下的高职思政课建设与改革路径探析［J］．中国多媒体与网络教学学报，2021（4）．

［5］ 谢敏．大思政背景下高校思想政治理论课教学模式改革探析［J］．高教学刊，2020（18）．

［6］ 陶辉．"三全育人"在高校思想政治教育中的现实审视及实现路径［J］．湖北开放职业学院学报，2019（12）．

［7］ 冯益芙．高职院校"三全育人"内涵及保障机制研究［J］．就业与保障，2021（4）．

［8］ 刘福、杨智勇．高职院校思想政治教育"三全"育人推进机制研究［J］．创新创业理论研究与实践，2019（2）．

[9] 汪丽红. 全课程育人：开放大学课程思政实践路径探究［J］. 海南广播电视大学学报, 2021（2）.

[10] 齐砚奎. 全课程育人背景下高校课程思政建设的理论思考［J］. 黑龙江高教研究, 2020（1）.

[11] 冯丽丽. 高校服务育人的内涵与实践路径研究［J］. 商业文化, 2021（5）.

[12] 杨淑琴. 浅谈高校教师激励体系的构建［J］. 江西电力职业技术学院学报, 2021（4）.

[13] 孙莉苹. 高校思想政治教育激励机制的思考［J］. 山西青年, 2021（7）.

[14] 匡翠芳、刘小勇. 高职院校"大思政"教育资源开发与共享机制建设的现状分析［J］. 高教学刊, 2021（9）.

[15] 陈宏. 高专院校思政教育教学资源共享的意义与运行机制［J］. 科教导刊, 2021（5）.

[16] 齐鹏飞. 办好思想政治理论课关键在教师——学习党的十八大以来习近平关于思想政治理论课教师队伍建设的重要论述［J］. 教学与研究, 2020（11）.

"三全育人"视域下高职院校实践育人的探索与研究实践

马 莉[①]

【摘 要】学生的社会实践教育与高职院校职业素质教育相结合，尤其针对新时代高职学生的独特性，在对他们进行职业素质教育与社会实践过程中有效嵌入感恩教育、爱国教育、劳动精神教育等。

【关键词】高职院校；实践育人；思政课实践；实效性

以"职业道德培养和职业素质养成"为特点的高等职业教育是近年来党和国家在大力发展职业教育过程中提出的新命题。然而从民办高职（国企办学）院校的特殊性及学生实践教育教学的现状出发，开展调查研究的较少，针对重庆本土民办高职院校的现状进行调查研究而得出的成果更是凤毛麟角。具体来讲，首先拟将学生的社会实践教育与课堂教学相结合，在教学中渗透职业教育，以职业素养养成为突破点，进一步促进民办高职院校课程育人体系的深化改革；其次拟将对学生的社会实践教育与高职院校职业素质教育相结合，尤其针对新时代高职学生的独特性，在对他们进行职业素质教育与社会实践过程中有效嵌入感恩教育、爱国教育、劳动精神教育等。

为继续打好提高思想政治理论课质量和水平的攻坚战，坚持不懈传播马克思主义科学理论，在讲清讲透习近平新时代中国特色社会主义思想的时代背景、重大意义、科学体系、精神实质、实践要求的基础上，全面推动习近平新时代中国特色社会主义思想入脑入心并内化为行动，打牢大学生成长成才的科学思想基础，引导大学生树立正确的世界观、人生观、价值观，不断提高大学生对思想政治理论课的获得感。我校思政实践教学立足开放性，活动事实上注重实效性，依托我校办学特色，结合成都铁路局的实际需要，将我校思政实践教学融入学生寒暑假的"春运"和"暑运"的实践活动中，取得了非常好的教育效果。我校这项实践教学探索脱离了完全停留在书本的教学模式，让学生真正地接触社会，服务

---

① 马莉：重庆公共运输职业学院党委组织部长人力资源处处长。

社会，时间期满后学生返回课堂，将实践成果拍照片、录视频、写成新闻稿、心得体会或调研报告提交给思政教师，教师再将实践成果与课堂所学理论相结合，进行二次教学，在全院进行成果展示。实践证明，这样的实践教学是培养多元化人才的有效途径，理念上创新，改变了学生的学习态度和实践方式，有效地提高学生的政治素养；评价方式创新，学生的成绩不再是一张试卷定终身，教师教学上也做到了形式上创新，能够将教—学—研一体化，有效地增强教学的针对性、时效性和实践性。学生的获得感也很强，一方面将理论与实践相结合，增强了学生对思政课教学内容的现场感、真实感。另一方面，又帮助学生掌握了科学研究方法，学会了调研报告写作技巧，强化了分析数据、运用数据的能力，为后续的学习与研究打下了基础。

一、高职院校实践育人构建目标

（一）工作体系构建目标

首先，组织管理体系构建方面，坚持"四个一"。（1）开好一系列实践活动会议。针对学生校外实践活动，学院领导及相关负责部门做好前期会议部署与安排。（2）制订一个好的工作方案。构建以"立德树人"理念为导向的模块化项目实践教学方案。（3）做好一系列社会调研。包括走访、谈话谈心、网络问卷等方式进行调研，采用EXCEL、SPSS、AMOS等分析软件对调研数据进行统计分析，并对调查结果的科学性进行有效检验，制定《高职学生社会实践服务意识量表》。（4）强调一些新的工作重点，如组织相关教师及学生的工作实践培训、遴选"优秀志愿服务者"等。

其次，培养目标体系构建方面。宏观上坚持"以德树人"的教育理念，微观上坚持"三个学"。（1）"学生"方面，在具体实践活动过程中，通过外在机制与内在道德约束，保证学生始终在场，且始终以积极的精神状态投入实践活动，要让学生深度参与，有较强的获得感。（2）"学养"方面，让学生在社会实践过程中，能够正确认识中国的国情、认识中国特色社会主义道路、认识当代大学生的责任和历史使命、认识远大抱负和脚踏实地的关系等。（3）"学风"方面，针对高职院校的特殊性，以培养"理论联系实际、知行合一"的优良学风为关键。

再次，项目研究体系构建方面。（1）基于课程育人体系，以民办高职学生实践意识培养为核心，开展课程育人体系研究。（2）基于学生职业素质教育为特色，对高职学生实践行为的具体生成培养进行系列调查研究。（3）基于学生实践活动文化营造氛围，对民办高职学生在文化实践活动中如何充实精神生活、提升道德境界进行研究。（4）基于企业行业的用人要求，对民办高职学生的实践效果的评价机制开展研究。

最后，评价机制体系构建方面。（1）重点是构建学校素质发展评价体系，学生素质的发展是教育效果的最终体现，因此，对学生的评价应立足于学生素质的全面发展。（2）改革教师评价制度，提高考核的科学性和有效性。教师劳动具有复杂性、创造性特点，因此，应着眼于教师的基本素质、实际业务能力和教育教学成绩，重视对教师整个教育教学工作的评估。

（二）体制机制创新目标

（1）在学生管理机制上，在将企业管理模式和管理机制引入校园，按照交通行业企业要求制定学生日常行为规范，按照交通行业企业半军事化管理模式、运作标准，制定学生职业纪律管理办法，建立校课堂签到机制等。（2）在评价机制上，坚持"学校—家庭—企业"共评机制，不断完善企业和学院共评机制体系，培养学生的职业自觉，为协商制定合理的校企培养方案提供助力。

（三）平台载体拓展目标

（1）注重实践，搭建多项实践平台。如与交通行业龙头企业、重庆轨道集团合作，团委积极组织带领学生进行"三下乡"活动搭建学生专业实践活动基地。（2）构建以"服务"为导向的模块化项目实践，如打造"三下乡"社会实践好项目。（3）顺应时代发展潮流和新时代中国特色社会主义教育教学规律，把课外实践、课堂教育与现代信息技术相融合，充分利用信息技术架起"大社会"和"小课堂"之间的信息桥梁，通过拓展学生学习的时空环境，开辟指尖上的思政课，利用信息技术强化"网络＋社会实践作品展示"的实践教育教学模式。

（四）重点难点突破方面

以"职业道德培养和职业素质养成"为特点的高等职业教育是近年来党和国家在大力发展职业教育过程中提出的新命题。然而从民办高职（国企办学）院校的特殊性及学生实践教育教学的现状出发，开展调查研究的较少，针对重庆本土民办高职院校的现状进行调查研究而得出的成果更是凤毛麟角。本项目的重点和突破点在于从国企办学的特殊性出发，以我院学生的有效实践活动为对象展开调查研究，避免了研究的一般化和雷同化，使研究对象更具针对性、结果更具指导意义。具体来讲，首先拟将学生的社会实践教育与课堂教学相结合，在教学中渗透职业教育，以职业素养养成为突破点，进一步促进民办高职院校课程育人体系的深化改革；其次拟将对学生的社会实践教育与高职院校职业素质教育相结合，尤其针对新时代高职学生的独特性，在对他们进行职业素质教育与社会实践过程中有效嵌入感恩教育、爱国教育、劳动精神教育等。

（五）育人品牌创建目标

中共中央、国务院《关于进一步加强和改进大学生思想政治教育的意见》以及教育部16号文件均提出高职院校要加强对学生素质教育的要求。本项目基于学生实践过程和全面贯彻党的教育方针，完善学生道德人格，促进学生全面发展为目标，以打造"轨道红马甲"为特色育人品牌，以"贴近实际、贴近时代、贴近职业"为内容，以理论与实际相结合、课内与课外相结合、专业与职业相结合为培养目标，将企业行业文化融入大思政课堂，瞄准学生未来职业岗位，全面提升学生综合素质，并以此为契机逐步形成比较完善、富有高职教育特色、实践效果良好的高质量课程，同时通过社会实践，培养学生诚信品质、敬业精神和责任意识等，为企业培养面向生产、建设、服务、管理第一线需要的高技能性人才。

（六）成果转化推广目标

（1）本课题从国企办学的背景出发，旨在探索一个以"全员、全过程、全方位"育人为要求、以学生职业道德培养和职业素质养成为特点的思政教育工作新模式，既能为重庆高职院校加强和改进学生思想政治教育工作、提升办学质量和影响力提供指导，还能在一定程度上为教育主管部门加强和改进高职院校的思想政治教育提供理论支持和决策依据。（2）本项目旨在在新时代中国特色社会主义教育理念及相关文件要求规定下，致力于将我院学生实践活动显著成果向我市其他高校陆续推广，使受益对象人数变得更多，逐步实现受众面广、有更大推广价值的这一社会实践服务活动的预期目的，全力打造全国学生实践活动优质院校。（3）不断总结实践改革经验，发现实践活动过程中存在的典型问题，为进一步结合学院实际高效推进学生实践活动奠定必要基础，并提供一定助力。

二、高校实践育人具体举措

（1）将专业课实践教学、社会实践活动、创新创业教育、志愿服务、军事训练等载体有机融合，积极推动家、校、企共评共育，形成与课程对接、与素质对话、与岗位融合，实践育人统筹推进的工作格局。

（2）深入推进实践教学改革，分类制定实践教学标准，适度增加实践教学比重。深入推进课程实践教学改革，分类制定实践教学标准，增加实践教学比重，原则上社会科学类专业实践教学不少于总学分（学时）的15%，理工类专业不少于25%。促进第一课堂与第二课堂、第三课堂的有机结合，将职业技能提升与职业精神培育有机结合。

（3）丰富实践内容，创新实践形式，广泛开展社会调查、生产劳动、社会公益、志愿服务、科技发明、勤工助学等社会实践活动。统筹学生实习实践工作，建立实践课程培养体系，强化项目管理，每一实习实践项目，安排专人负责，从技能、安全培训到熟练操作，从考勤管理到学生评比，实现实习实践的精细化、体系化、过程化管理，落实目标责任。

（4）整合实践育人资源，拓展实践育人平台。持续推动学院与成都铁路局、重庆轨道集团、贵阳地铁集团、中铁二局、中建四局、华侨城等大型国有企业的校企合作关系，共建学生校外实习实践基地，推动企业将学生实习实践纳入企业发展规划，推进校企共育共评，打造社会实践精品项目。创建1个具有省（市）级领先水平的校企共同育人示范基地。

通过我院师生参与春运、暑运、华侨城、"三下乡"等社会实践，我院师生广泛参与，几乎每个班每一位学生，学院的每一位老师都参与了其中一项实践活动，并对实践成果进行演出分享、荣誉表彰。在实践过程中，我院学生吃苦耐劳、团队合作、勇于担当、乐于奉献的精神得到了企业特别是轨道、铁路行业的认可和赞誉，并与我院长期进行校企合作、订单培养和就业合作。不仅如此，我院师生在社会产生了较大的影响力，身穿红马甲的轨道交通志愿者已成为城市的一道亮丽风景线，牺牲自己寒暑假的春运、暑运的铁路志愿者，他们背井离乡、不怕苦、甘于奉献的精神感动了无数归家心切的游子。甚至感动了我院学生的父母，他们也大力支持这样的实践活动，希望多给予学生锻炼的平台，培养吃苦耐劳、乐于奉献的劳动精神。

参考文献

[1] 左春雨. 高职院校"立德树人"导向内涵及教学实施的路径,方法,模式研究[J]. 高等职业教育(天津职业大学学报),2018,27(05):51-55.

[2] 郝连儒. 习近平讲话的语言风格对高校思想政治理论课话语体系建设的启示[J]. 思想教育研究,2017(9):85-88.

[3] 魏文刚. 把马克思主义信仰教育融入高校育人全过程[J]. 人民论坛,2017(29):122-123.

[4] 王秀彦. 高等学校立德树人的实践探索——北京工业大学"立德—立业—立人"育人模式[J]. 教育研究,2014(10):146-150.

[5] 李炳义. 高校教师立德树人的实现途径[J]. 教育探索,2014(5):108-109.

高职院校"三全育人"的实现路径研究
——以重庆公共运输职业学院为例

郭 钦[①]

【摘 要】探究"三全育人"立德树人教育任务的举措。重庆公共运输职业学院从德、智、体、美、劳五方面着手实现全方位育人,切实落实"三全育人"工作理念,提升育人效果。

【关键词】三全育人;思想政治教育;五措并举

为认真学习贯彻党的十九大精神,进一步把贯彻落实全国高校思想政治工作会议和《中共中央国务院关于加强和改进新形势下高校思想政治工作的意见》精神引向深入,确保立德树人根本任务落实,根据中共教育部党组《高校思想政治工作质量提升工程实施纲要》(教党〔2017〕62号)精神,结合重庆公共运输职业学院(以下简称"学校")《教育事业"十三五"发展规划》及《重庆市优质高等职业院校建设项目建设方案》,着力培养德智体美劳全面发展的高素质技能型人才。

一、总体目标

以习近平新时代中国特色社会主义思想为指导,坚持和加强党对学校的全面领导,紧紧围绕立德树人根本任务,充分发挥中国特色社会主义教育的育人优势,以理想信念教育为核心,以社会主义核心价值观为引领,以全面提高人才培养能力为关键,切实提高工作亲和力和针对性,强化基础、突出重点、建立规范、落实责任,一体化构建内容完善、标准健全、运行科学、保障有力、成效显著的思想政治工作体系,使党政领导、教师、科研、行政机关、后勤服务人员等教育工作者也参与到育人过程中来,各自专注耕种自己的"责任田",形成全员

---

① 郭钦:重庆公共运输职业学院教务处教师。

全过程全方位育人格局。

二、基本要求

（1）以新思政观引领改革。

立足新时代，从中国特色社会主义教育是知识体系教育同思想政治教育的结合与综合这一基本认识出发，坚持辩证统一，科学认识把握思想政治工作的定位，整合各方育人资源，把促进学生成人成才作为学校一切工作的出发点，将思想政治工作融入学校办学治校全过程，落实到教职员工职责规范之中。

（2）构建一体化育人体系。

在学校层面，以课程育人、科研育人、实践育人、文化育人、网络育人、心理育人、管理育人、服务育人、资助育人、组织育人等"十大育人"体系为基础，推动将思想政治工作融入人才培养各环节，构建中观的一体化育人体系。在教学层面，根据各项工作内在的育人元素和育人逻辑，构建微观的一体化育人体系。

（3）打通育人"最后一公里"。

挖掘各群体、各岗位的育人元素，将其作为职责要求和考核内容，融入整体制度设计和具体操作环节，着力打通学校思想政治工作存在的盲区、断点，真正把各项工作的重心和目标落在育人效果上，切实做足育人大文章，唱响育人最强音，使教育教学更有温度、思想引领更有力度、立德树人更有效度，使思想政治工作更好地适应和满足学生成长诉求、时代发展要求、社会进步需求，不断提升工作科学化水平。

三、具体举措

（一）以铸魂励志为先，育报国之才

（1）强化理论武装，办好思政课。

习近平总书记强调，理论创新每前进一步，理论武装就要跟进一步。我们开展"不忘初心、牢记使命"主题教育，就是要把理论武装作为重中之重，聚焦解决思想根子问题，自觉对标对表，及时校准偏差，坚守初心不忘来时路，勇担使命展现新作为，做到理论学习有收获、思想政治受洗礼，推动学习贯彻习近平新时代中国特色社会主义思想往深处走、往心里走、往实处走，切实增强贯彻落实的自觉性和坚定性。

重庆公共运输职业学院开设"习近平新时代中国特色社会主义思想"公共选修课程，分别用16学时、32学时系统讲授，强化入脑入心效果。持续推进"项目化、专题化、网络化"思政课教学改革，将育人要求融入培养方案，深化产、教融合、加强校、企深度合作，提高人才培养质量。大学三年每年的育人计划都分配在人才培养方案中，让学生不管是在大一刚刚走进学校，在大二学习关键期，还是在大三毕业前期都能感受到。持续推进现代学徒制、"1+X"证书制、订单班培养等实习实训项目。邀请企业模范、优秀校友参与思政课教师"1+1"授课，安排思政课教师与二级学院、班级学生"1对1"联系，增强教学说服力和学生获得感。

（2）突出价值引领，抓好融入贯穿。

出台《社会主义核心价值观融入全课程教育实施意见》，将课程思政质量纳入教师绩效考核指标。开展网上网下文明礼仪修身活动，推动价值观教育抓常抓全、落细落实。整合文化育人、服务育人等资源，让学生扣好人生第一粒扣子。同时，学校还积极组织开展各种主题活动和知识竞赛，借助远程互动系统，将红色革命文化、传统文化、社会主义先进文化等优质思政课程资源引进课堂，邀请优秀毕业生连线思想政治课堂，延伸思政课堂的广度、宽度和深度。这种思想政治课堂模式突破了传统的课堂单向灌输的格局，凸显课程的互动性与思想性，充分调动学生的积极性、主动性。目前，学校上下形成了比着学、争着学、敢争先、愿为先的浓厚氛围。在2021年学校组织的"庆祝建党一百周年"主题征文中，学校教师共创作诗词和文章100余篇，学生共创作文章236篇，手工作品50多种。

（3）塑造职业精神，守好工匠初心。

"职业教育是培养技术技能人才、促进就业创业创新、推动中国制造和服务上水平的重要基础。"加强职业学校师资队伍和办学条件建设，优化完善教材和教学方式，探索中国特色学徒制，注重学生工匠精神和精益求精习惯的养成，努力培养高素质技术技能人才，为全面建设社会主义现代化国家提供坚实的支撑。每年新生开学由党委书记上职业教育"第一课"，重点讲工匠精神、大师精神和职业操守。学校校长、二级学院党组织书记、院长每学期给学生上一次思政课，切实抓好课程思政建设工作。自2018年起累计上课80余次，坚持用习近平新时代中国特色社会主义思想武装全校师生。组织学生观看《大国工匠》《厉害了我的国》等节目，激发学生"学精技能、报效祖国"的内生动力。

（二）以全面发展为要，育有用之才

（1）坚持精准管理，树优良学风。

建立学业分析、预警、帮扶制度体系和校、院、班三级学风督导组，每日一通报、每周一总结、每月一分析。实施学风建设精品项目，发挥先进班级、优秀寝室、优秀党员、标兵个人的示范带动作用，形成爱学乐学的浓厚氛围。对学业困难学生实行班导师、辅导员、优秀学生协同帮扶。校领导带头联系学生党支部、团支部、社团、家庭经济困难学生等，深入基层，了解学生，在促进思想政治教育等方面发挥关键作用。目前，我校纪律监督委员会数据显示近3年课堂出勤率由92.4%上升至97.1%。

（2）坚持健康第一，促身心和谐。

开齐开足体育课，推出武术、篮球、足球、羽毛球等项目，让每位学生都能掌握一项运动技能。开展晨跑、夜跑、啦啦操、瑜伽等特色"阳光体育"活动，确保学生"每天锻炼一小时"。建设覆盖全体学生的选修心理健康课程体系，实行心理咨询师与二级学院、辅导员、重点学生"三联系"制度，近3年成功化解危机事件46例。

（3）坚持以文化人，成大爱大美。

学校积极推进社会主义核心价值观进教材、进课堂、进头脑，在全校师生中广泛开展社会主义核心价值观实践活动，方案周密翔实、工作成绩显著。学校目前开设《中国古典音乐鉴赏》《走进中国传统文化》等选修课，提高学生审美和人文素养。开展"阅乐读书季"系列活动，连续3年举办"我最喜爱的中华优秀文学名篇朗诵会"，吸引了学生们广泛参与。榜样的力量是无穷的，学校积极开展先进典型树选活动，大力学习宣传"改革先锋"全国脱贫攻坚典型先进人物，"共和国勋章"获得者，"杂交水稻之父"袁隆平等先进典型任务事迹，引导师生见贤思齐，推动正能量创建文明校园，依托校园文化节、社团文化节、科技文化节等活动体系，培育具有行业特色的"爱心、责任、服务、奉献"社工精神。

（三）以劳动教育为重，育实干之才

（1）建立机制，引导学生崇尚劳动。

习近平总书记高度重视劳动、劳动者和劳动教育。他在2020年11月24日全

国劳动模范和先进工作者表彰大会上提出，要弘扬劳动精神、劳模精神和工匠精神，开展以劳动创造幸福为主题的宣传教育。2020年3月，中共中央、国务院颁布实施《关于全面加强新时代大中小学劳动教育的意见》（以下简称《意见》），2020年7月教育部印发《大中小学劳动教育指导纲要（试行）》（以下简称《纲要》），对新时代加强劳动教育提出了新要求，对各级各类学校如何进行劳动教育给予指导。目前，学校已出台相关制度文件，形成德育引领、劳育贯穿、德智体美劳全面发展的人才培养格局。坚持"学、训、赛"相结合，组织学生积极参与市级和国家级技能大赛，获得奖励100余人次。强化"劳动光荣、技能立身"的思想自觉，要求学生学做基本家务、考取钳工证、电工证，学修简易家电、学会1~2项特色本领。

（2）拓展渠道，引导学生尊重劳动。

学校从"劳以树德""劳以增智""劳以强体""劳以育美""劳以创新"出发，旨在通过组织开展丰富多样的劳动实践、弘扬劳动精神，教育引导学生崇尚劳动、尊重劳动，树立正确的价值观、劳动观、成才观，培养德智体美劳全面发展的社会主义建设者和接班人。结合专业教育开展志愿服务"一院一品牌"建设，举办"市民学校"，开展政策宣讲、心理疏导等一批特色项目。

（3）搭建平台，引导学生善于劳动。

中华民族是一个勤于劳动、善于创造的民族。从《尚书》中的"克勤于邦、克俭于家"，到《国语》中的"劳则思，思则善心生"，再到《朱子治家格言》中的"黎明即起，洒扫庭除，要内外整洁"，诸多古训格言都彰显了勤俭自持、耕读传家的中华传统美德。在依托创新创业教育，打造"U客众创空间"等3个市级平台，建立以院系创客中心为基础、学校众创空间为核心，2019年吸纳226名创客入驻、孵化项目43个。在校园内设置勤工俭学岗位，安排学生在实训室、教室、教学楼打扫，实行寝室卫生比拼等活动；持续推进在赖家桥轨道培训中心、欢乐谷、华侨城、成都铁路局、重庆轨道集团、贵阳地铁集团、中铁二局、中建四局、等大型国有企业及知名民营企业校企合作、开展职业体验、实习实训，培育辛勤劳动、诚实劳动和创造性劳动的品质；在街道社区、养老机构等单位和群团组织开展志愿服务活动。

接下来，学校将以新时代新思想为指引，办好一流职业教育，培养一流技能人才，在新时代改革开放新征程上奏响德智体美劳全面发展的职业教育最强音。

参考文献

［1］ 中共中央、国务院《关于加强和改进新形势下高校思想政治工作的意见》［EB/OL］.（2020-04-28）［2021-01-04］. http：//www.moe.gov.cn/srcsite/A12/moe_1407/s253/202005/t20200511_452697.html.

［2］ 教育部等八部门《关于加快构建高校思想政治工作体系的意见》［EB/OL］.（2020-04-28）［2021-01-04］. http：//www.moe.gov.cn/srcsite/A12/moe_1407/s253/202005/t20200511_452697.html.

［3］ 张坤. 新时期高校学生思政教育管理新模式探究［J］. 才智，2020（25）：181-182.

［4］ 教育部办公厅关于开展"三全育人"综合改革试点工作的通知［EB/OL］.（2018-05-25）［2021-01-04］. http：//www.moe.gov.cn/srcsite/A12/moe_1407/s253/201805/t20180528_337433.html.

［5］ 蒋昌忠. "三全育人"：新时代高校立德树人的创新实践［J］. 湖南教育（B版），2021（01）：25-28.

［6］ 习近平在全国高校思想政治工作会上强调：把思想政治工作贯穿教育教学全过程 开创我国高等教育事业发展新局面［N］. 人民日报，2016-12-09（001）.

［7］ 刘润，王小莉. 高校"三全育人"工作路径与机制的探索实践［J］. 思想教育研究，2020（06）：115-118.

［8］ 中共中央、国务院. 关于加强和改进新形势下高校思想政治工作的意见［N］. 新华社，2017-01-25（1）.

高职院校"课程思政"与"思政课程"协同育人路径探析

杨金梅[①]

【摘　要】实现高职院校立德树人根本任务，培养德技并修的高级技能型人才，需要在人才培养过程中实现"课程思政"与"思政课程"一体化协同育人。但在协同育人的过程中，缺乏专业的课程思政教育师资、"课程思政"与"思政课程"教育联动能力不足、课程思政教育效果评价机制有待改进等一系列问题的存在，对"课程思政"与"思政课程"一体化协同育人形成了巨大的阻碍。针对上述问题，高校应强化"课程思政"教育培养师资力量，推动"课程思政"与"思政课程"教育资源体系化整合，完善同向育人机制，建立更加科学、专业的课程思政教育效果评价机制，推动课程思政建设进一步深入发展，促进"课程思政"与"思政课程"同向同行。

【关键词】课程思政；思政课程；协同育人

培养中国特色社会主义事业德技并修的高级技能型人才是高职院校人才培养的目标，党的十八大以来，习近平总书记始终高度关切思政教育工作，并多次发表重要相关指示。在全国高校思想政治工作会议上，习近平总书记强调："要用好课堂教学这个主渠道……使各类课程与思想政治理论课同向同行，形成协同效应。"所以，学校在加强思政育人工作的基础上，需要继续探索思想政治教育与专业教育协同育人的路径，实现将思想政治教育贯穿专业教育教学全过程。

一、高职院校"思政课程"与"思政课程"协同育人的重要性

（一）有利于加强思想政治引领，筑牢意识形态阵地

习近平总书记指出："我们党立志于中华民族千秋伟业，必须培养一代又一

---

① 杨金梅：重庆公共运输职业学院马克思主义学院教师。

代拥护中国共产党领导和我国社会主义制度、立志为中国特色社会主义事业奋斗终身的有用人才。"当前国际环境在意识形态领域的斗争仍然复杂，在一定程度上影响着当代大学生的世界观、人生观、价值观。高职院校应坚持以习近平新时代中国特色社会主义思想为指导，以高校意识形态工作为统领，实现德智并进、德业融合共同育人目标。深刻学习宣传贯彻党的十九大精神，加强思想政治教育，关系到我们办什么样的大学、培养什么人，关系到中国特色社会主义伟大事业发展。高校专业教学过程中开展思想政治教育，是构建新时代全员、全过程、全方位育人的必要元素，是践行"人民有信仰，国家有力量，民族有希望"的有效举措，有利于巩固马克思主义在高校意识形态建设中的指导地位。

（二）思想政治教育须贯穿育人全过程

"课程思政"与"思政课程"的同向同行则有利于帮助学生树立正确世界观、人生观、价值观，进而牢牢掌握高校意识形态领导权，确保党的教育方针的高职院校在专业教学与思想政治教育同向同行育人方面，提高政治站位，服从党中央，坚持党中央权威和集中统一领导，行动同行、德智并举、德业融合、协同有序。基于协同理论研究系统中逐个子系统之间的相互作用，完成无序至有序的重组坚持在通识课程教育中融入思想政治教育，坚持理论与实践改革创新，充分发挥培育大学生思想道德和政治素养主要作用；专业课程有针对性地挖掘思想政治元素和社会主义核心价值观人文教育元素，构建课程思政案例库，进而逐步构建专业课程与思想政治课程同向育人体系，实现思政教育贯穿全过程，实现社会主义大学办学目标。

二、高职院校"课程思政"与"思政课程"协同育人存在的问题

（一）高职院校缺乏专业的课程思政教育师资力量及资源支持

加强人力资源、物力资源及资金资源投入，对"课程思政"全面化推进至关重要。但受限于地区和学校发展，大部分高职院校并不具备良好的"课程思政"教育发展能力，不同学科教师对"课程思政"的理解存在差异。部分专业课程教师存在重教书和科研，轻思想政治教育的现象。一些专业教师对马克思主义理论知识和习近平新时代中国特色社会主义思想学习不系统不深入，片面地认为学生学好专业知识是第一要务。高职院校也无法运用现有资源，针对"课程思政"开

展教师层面的教育培训，加之教育资源过度向人才专业教育培养倾斜，使高校"课程思政"与"思政课程"协同开展，更多地停留理论概念上的文化教育输出，而未能形成规模化的"课程思政"教育体系。面对这一困境，高校必须从校在企合作及与政府合作多种人才教育培养模式方面汲取经验，引入外部资源，强化高校内部"课程思政"体系化建设水平，提高"课程思政"教育影响力，弥补"课程思政"教育干预与教学管理的不足，使"课程思政"在良好的教育资源支持下，更好地与思政课程教育发展齐头并进。

（二）高校"课程思政"与"思政课程"教育联动不足

各类专业课程与思想政治课程虽守好各自一段渠，但强调各自的学科优势，学术视野不够开阔，学科对话不够通畅，从而在一定程度上导致孤岛效应，产生排他心理，阻碍了同向同行育人机制的建立和完善。缺乏有效的考核激励机制，专业技术职务评审存在重科研轻教学，导致专业教师教学主动性下降，对学生的思想政治教育难以深入。专职辅导员对大学生所学的专业知识不够了解，对学生专业发展目标把握不够精准，在学生专业思想、创业精神培育与辅导过程中存在盲区。针对该问题，高校必须做好对思政教育策略的调整，将"课程思政"作为思政教育的重要基础，围绕不同专业、学科教学特点，科学地对"课程思政"教育内容进行优化，以现阶段思政教学实践为基本参考，改进"课程思政"教育方案，使"课程思政"与"思政课程"形成有效的教育联动，更好地在专业教育及思政教育培养之间，形成良好的教育共享及沟通桥梁，为后续阶段"课程思政"稳步推进奠定坚实基础。

（三）课程思政教育效果评价机制有待改进

在课程思政建设中，应当构建起科学长效、切实可行的管办机制，才能保证课程思政建设持续向纵深发展。当前，课程思政教育效果的评价机制存在明显的不足，亟待进行科学、专业的改进。在现有的考核评价机制中，往往以学生打分、教师自评、领导考核等方式为主。这些方式虽然能够对教师践行课程思政的效果进行一定程度上的量化考核，但由于考评结果大多是基于相关主题进行主观性评价而得出的，因而受个人认知影响很大，容易产生带有偏见、片面的评价结果。而学生作为课程思政教育的对象，缺乏对思政教育工作的认识和理解，因而学生通过打分对教师课程思政教育的效果进行评价同样不够客观、科学。由此可见，当前课程思政考核评价机制真正欠缺的，是基于思政教育基本理论理念而做出的客观、科学评判，这一问题的本质在于课程思政建设的专业性不足。

三、高职院校专业课程与思政课程协同育人机制构建的路径

（一）强化高校"课程思政"教育培养师资力量

围绕思政贯彻育人全过程，学院需要加强"课程思政"教育师资队伍培训。在发挥思想政治教育主渠道作用的同时，强化对各专业课教师党的基本理论知识教育，提升其政治素养，增强专业教育过程中思想政治教育把关能力，帮助教师更好地在专业教育中融入思政教学知识，强化高校"课程思政"综合教育能力。通过对教师进行系统化培训，聘请有关专家团队对高校"课程思政"教育发展进行指导，使教师真正要明"道"信"道"。该"道"主要指马克思主义的理论之道，要对马克思主义理论真学、真懂、真信，要对党的十九大精神真学通、真弄懂、真做实。

（二）完善同向育人机制

学校建立健全高校党委统一领导、党政群齐抓共管的同向同行育人机制。对同向同行育人工作进行目标牵引的指导与监督，建立思想政治教育主渠道与二级学院专业教育同向联动机制，制定相关规章制度，完善激励机制，专业教育与思想政治教育同向同行不断提升质量。建立切实可行的工作方案和实施细则，促进专业教师与思想政治教育工作者的协同育人工作有章可循、考核有据可查。

（三）推动"课程思政"与"思政课程"教育资源体系化整合

高职院校应根据本校的教育需求，对现有教育内容进行优化，建立新的思政教育体系。其中，"思政课程"教学应起到教育引导作用。在此过程中，高校必须要对"思政课程"教学方向进行明确，精准定位教学需求，确保"课程思政"可以根据"思政课程"内容指向，朝着相同方向科学地开展教育工作，在不影响主体思政教育课程的基础上，对"课程思政"高质量开展创造良好教育条件，使"课程思政"得以在"思政课程"教学辅助之下，在不同学科基础课程教育方面起到教学协调作用，使"思政课程"与"课程思政"教学进度处于同一阶段，充分保持教学工作步调一致，以此加速"课程思政"与"思政课

程"一体化协同开展。

例如，在教学专业性较强学科方面，"课程思政"教学内容不应强制性融入学科教学体系，要借助于"思政课程"教育资源，逐步渗透到专业教育课程，利用潜移默化的教学改变，提高"课程思政"教育影响力，解决"课程思政"教学资源应用不平衡或教学强度不足的问题，进一步弥补"课程思政"的教学缺失。

（四）建立科学的专业化考评机制，促进质效提升

构建协同育人工作考核评价体系，是保障高校大学生全课程思想政治教育立体模式建设质量的必要路径。要想构建科学专业的协同育人考核评价体系，应以"四讲四有"标准培养合格教师，坚持时代性、导向性与科学性的协同育人评估理念，探索不断丰富高校专业课程与思想政治教育同向同行工作考核评价的理论视角，确定专业课程与思想政治教育同向同行育人效果的评估指标内涵，兼顾科学知识与思想政治标准，考核标准全面、多样，结合大数据分析科学手段促进大学生全课程思想政治教育立体模式有效运行及反馈，真正做到知行合一。

四、结语

综上所述，高校"课程思政"与"思政课程"协同开展，有助于提高高校思政教育工作质量，完善高校思政教育发展体系，使高校思政教育工作能从多角度实现教学渗透，弥补现阶段高校思政教育实践的诸多不足，为高校未来阶段思政教育工作的有效开展做好铺垫。

参考文献

［1］习近平. 决胜全面建成小康社会　夺取新时代中国特色社会主义伟大胜利［N］. 人民日报，2017-10-18.

［2］习近平. 在全国高校思想政治工作会议上强调：把思想政治工作贯穿教育教学全过程　开创我国高等教育事业发展新局面［N］. 人民日报，2016-12-09（01）.

［3］习近平. 在全国高校思想政治工作会议上的讲话［N］. 人民日报，2016-12-09.

［4］王琼.协同论视域下信息技术与思想政治理论课深度融合理念转型与机制探索［J］.浙江理工大学学报（社会科学版），2018，40（1）：99-104.

［5］燕连福、温海霞.高校各类课程与思政课同向同行育人的问题及对策［J］.高校辅导员，2017（4）：13-19.

高职院校思政课程与课程思政协同育人路径初探

冯世勋[①]

【摘　要】思政课程与课程思政是高职院校全面落实立德树人根本任务的重要战略举措，推动思政课程与课程思政协同育人也是对习近平总书记关于教育重要论述的积极贯彻。本文从高职院校的角度，分析了思政课程与课程思政协同育人的影响因素，并在此基础上探究思政课程与课程思政协同育人的路径。

【关键词】高职院校；思政课程；课程思政；协同育人

习近平总书记在全国高校思想政治工作会议上指出："要用好课堂教学这个主渠道，思想政治理论课要坚持在改进中加强，提升思想政治教育的亲和力和针对性，满足学生成长发展需求和期待，其他各门课都要守好一段渠、种好责任田，使各类课程与思想政治理论课同向同行，形成协同效应。"接着，国内各类院校普遍开展了课程思政建设与思政课程改革，高职院校也不例外。目前，就思政课程与课程思政的关系与内涵学界已基本形成共识，研究性成果也较多。然而，从高职院校的角度出发，对思政课程与课程思政二者之间究竟怎样协同育人方面的研究还相对较少。本文从高职院校的角度，对思政课程与课程思政协同育人的影响因素进行了分析，并对思政课程与课程思政协同育人的路径做如下几方面的探究。

一、思政课程与课程思政的含义及二者的关系

思政课程，即高校思想政治理论课。思政课程是课程德育中系统进行思想政治教育的课程，是课程德育的主渠道，也是学生思想政治教育的主渠道。《关于进一步加强和改进大学生思想政治教育的意见》指出："高等学校思想

---

① 冯世勋：重庆公共运输职业学院马克思主义学院教师。

政治理论课是大学生思想政治教育的主渠道。思想政治理论课是大学生的必修课，是帮助大学生树立正确世界观、人生观、价值观的重要路径，体现了社会主义大学的本质要求。"这一表述充分表明了思政课程在课程德育中具有重要地位，同时也充分体现了社会主义大学所具有的鲜明底色，具有较强的意识形态属性。不难看出，思政课程的侧重点在于对学生进行马克思主义世界观、人生观、价值观以及道德观、法制观的教育，进而培养学生自觉运用马克思主义理论解决各类问题的能力。目前，高职院校普遍开设的思政课程包括《思想道德修养与法律基础》《毛泽东思想和中国特色社会主义理论体系概论》《形势与政策》等，这些课程是独具特色的，同时也是融思想性、理论性、政治性于一体的，是育人的主要载体。

课程思政，是指以构建全员、全程、全课程育人格局的形式，将各类课程与思想政治理论课同向同行，形成协同效应，把"立德树人"作为教育的根本任务的一种综合教育理念。课程思政，要求在高等院校所有学科专业中进行全面系统推进、并就学科专业进行思政要素的深入挖掘，在专业学科教学的过程中加入对大学生进行中国特色社会主义理论的教育、中国梦的教育、社会主义核心价值观的教育等，进而发挥专业课教学中的立德树人作用，全方位帮助大学生树立正确的三观。

通过对思政课程与课程思政内涵的分析，不难看出，思政课程与课程思政的本质含义实质上都在强调课程的思想政治教育功能，由此可见，思政课程与课程思政具有内在的、本质的联系，我们需要把它们有机结合起来才能形成强有力的协同效应，进而进行协同育人。

二、高职类院校思政课程与课程思政协同育人的制约因素

首先，教师思想认识方面的一些误区。教师对思政课程及课程思政的认识水平参差不齐，有的专业课教师一谈到学生的思想政治教育，就会单一地认为那是思政课老师和辅导员的事情，自己的职责就是教好专业课。也有极少数的思政课教师，在谈到课程思政教学的时候，经常对课程思政存在着各种担忧。存在这些误区，往往是因为教师没有正确理解思政课程和课程思政的内涵和关系，尤其对二者的协同育人功能思考不够，认识不足，进而很难达到思政课程与课程思政协同育人应有的效果。另外，就高职类院校而言，部分教师认为，高职学生多数是

理工科，文科方面的基础相对较弱，进而对学生的思政课学习要求没有放到应有的高度。

其次，广大的教师受传统教育教学观念的影响和束缚。"00"后的大学生由于成长环境等方面的原因，在思想、思维、观念等诸多方面与以往的大学生存在着不少差异。因此，传统的教学方式和教学观念在"00"后的大学生这里的问题便不断显现。比如，思政课程的部分内容与"00"后大学生的实际联系不够紧密，难以引起共鸣，进而影响他们课堂参与的积极性；思政课程的教学内容缺乏实践性，或者实践学时相对较少，导致校内校外的互动不够充分，不能让学生充分做到学以致用，进而影响知识的运用效果。就高职院校而言，结合高职院校的培养侧重点和学生特点，更要打破传统观念，通过灵活多样的教学方式激发学生的学习积极性和创造潜能。

再次，学校的教学方式相对单一。当前，信息化不断深入社会的各个领域，微博、微视、抖音等平台兴起；学习通、中国大学慕课、学堂在线等App不断涌现，学生获取信息和学习的渠道不断增多，而高校的教学方式仍停留在以传统的教师讲解为主，一定程度上忽视了多媒体教学的辅助，进而导致课堂气氛活跃度低、学生参与度低，影响了学生"抬头率"，教学效果不容乐观。除此之外，课程思政也停留在机械地灌输中，专业课教师中一定程度地存在着思政因素与课程的结合不够深入的情况，进而在课程思政中也难以引起学生的共鸣，育人效果自然也存在着一定程度的不足。就高职院校而言，要充分运用学生的实训课，搭建思政课程与课程思政的桥梁。

最后，缺乏课程思政的专业考核和评价机制。为了全面有效地推进课程思政建设，高等院校应将课程思政的内容作为重点纳入专业的考核和评价机制中。当前，课程思政建设还处在探索阶段，没有形成完整规范的体系，于是考评机制也存在一定的缺失，进而影响课程思政的发展和建设。即使部分高校将课程思政建设纳入了重点工作，但往往因为课程思政目前还处在探索中的现实而无法做到出台完善的考评机制。就高职院校而言，要结合院校的办学特色，完善考评机制，进而更好地建设思政课程和课程思政，在二者的协同育人方面做成符合本校实际的积极探索。

三、高职院校思政课程与课程思政协同育人的路径

首先，要做好制度建设。具体来说，就是要以思想为先导，从顶层做好统筹规划，建立一套完整的制度。比如，由专门部门负责和牵头，搭建思政课教师与专业课教师的衔接互动交流平台，进而建立和健全思政课程与课程思政的协同育人组织管理体系，以促进二者进一步的融合；创新制度方面的建设，如加大高职院校与其他非高职院校间的交流与合作，完善培训体制，鼓励思政课教师与专业课教师共同进行相关的课题研究等，给思政课程与课程思政协同育人提供制度方面的保障。

其次，进一步提升教师的思想政治理论素质和业务素质。一方面，就思政课程而言，高职院校的思政课教师要充分了解自己学生所学的专业，并与专业课教师展开深入交流，努力挖掘专业课程的思政因素，案例设计尽可能贴近学生的专业，进而引起学生的共鸣，提升思政课程的教学效果。如，在公共运输类专业的班级上课，就可以将"公交车坠江事件"作为案例进行公德教育。另一方面，就课程思政而言，高职院校的专业课教师要充分学习政治理论，提升自己的思想道德素养，进而根据自身专业特点，在备课中深度挖掘思政元素，巧妙地将思政元素与专业课结合，进而落实好课程思政的育人功能。比如，可以结合专业课的培养特点和学生未来的就业方向，将行业的发展情况及国家的最新政策进行融合，以丰富的教学形式展现给学生。

再次，不断地加强思政课教师和专业课教师的教师队伍建设。根据《高等学校课程思政建设指导纲要》的要求，所有教师要进一步强化育人意识、找准育人角度、提升育人能力，确保课程思政建设落地落实、见功见效。由此可见教师的思想道德素养直接影响着育人的效果，高职院校的教师也不例外。所以，要对高职院校教师的师德师风建设常抓不懈，努力建设一支业务能力精，思想道德水准高的教师队伍，高职院校要鼓励和支持教师不断学习，教师也要树立活到老学到老的学习理念。同时，要为教师提供学习的条件和机会，比如提供充足的图书资源、充分的培训机会等，让教师具有高效率的提升条件，进而不断地完善自身，更好地投入高水平的育人教学活动中。

最后，鼓励探索，不断创新教育教学模式。思政教育的目的不是让学生停留在知识的表面，而是要帮助学生树立崇高的理想信念，将学生的个人命运同国家的前途、民族的未来紧密联系，真正做到内化于心、外化于行。课堂讲授这一传

统的教学模式更多的是让学生记住了理论知识，而对理论知识的运用方面落实不到位。为此，我们要勇于探索，创新教学模式，来提升学生运用理论知识解决实际问题的能力。比如，在充分了解学生实际的基础上，将思政课程和课程思政有机融合，开展实践性教学，将书本知识与实践体验结合，通过实地调研、案例分析、参观学习等多种教学模式将知识学以致用，真正做到理论联系实际，达到知行合一的教学效果，同时也使得思政课程和课程思政协同育人的功能得到良好的发挥。

总之，包括高职院校教师在内的广大教育工作者，要克服实践中遇到的各种困难，努力学习，不断地全面提升自身能力和素养，对政治理论做到真信、真懂，并在教育教学过程中积极探索思政课程与课程思政的育人路径，进而做好育人工作，更好地将学生培养为合格的社会主义建设者和接班人。

参考文献

［1］习近平. 把思想政治工作贯穿教育教学全过程 开创我国高等教育事业发展新局面［N］. 人民日报，2016-12-09（01）.

［2］刘晓方. 思政课程与课程思政的相互促进［N］. 本溪日报，2020-10-12（004）.

［3］尹建平. 课程思政 强化价值观引领［N］. 山西日报，2021-02-23（011）.

［4］江先锋. "课程思政"背景下高校教师人文阅读的缺失现状与复位——基于上海7所高校的实证研究［J］. 渭南师范学院学报，2017（10）.

［5］龙兵、王昊. 推动思政小课堂同社会大课堂有机结合［N］. 长沙晚报，2020-09-29（006）.

［6］侯莎莎. "课程思政"理念指导下的管理学教学改革［J］. 陕西教育（高教），2020（12）.

［7］俞海洛. 发挥好课程思政与思政课程协同育人的重要功能［N］. 河南日报，2020-10-23.

［8］赵美凤. "思政课程"与"课程思政"协同育人探析［J］. 武汉冶金管理干部学院学报，2020，30（4）：72-74.

"课程思政"与"思政课程"协同育人路径研究

郭素敏[①]

【摘　要】"课程思政"是指学校的教学活动都要以"立德树人"这一根本任务作为教育目标，以思想政治理论课（以下简称"思政课"）为主体，引导其他课程都能够实现课程教育应有的育人功能和价值导向。本文从课程思政与思政课程协同育人的提出、理论及实践意义、研究及发展现状、需解决的问题、发展目标及路径探析等方面对此问题进行了初步探索，并给出了相应对策建议。

【关键词】课程思政；思政课程；背景意义；协同育人

一、"课程思政"与"思政课程"协同育人的提出

2016年12月习近平总书记在全国高校思想政治工作会议的讲话，2018年5月习近平总书记在北大师生座谈会上的讲话，明确提出要坚持把立德树人作为中心环节，把思想政治工作贯穿教育教学全过程，实现全程育人、全方位育人，"用好课堂教学这个主渠道"，"所有课堂都有育人功能"，所有课堂都要守好一段渠、种好责任田。"课程思政"由此衍生出来。

高校"思政课程"指的是高校思想政治理论课，它是高校思想政治教育的主渠道，具有不可替代性。而"课程思政"实质是一种课程观念，是以立德树人为根本任务的一种综合的教育教学理念，"不是增开一门课，也不是增设一项活动，而是将高校思想政治教育元素融入课程教学和改革的各环节、各方面，实现立德树人润物无声"。"课程思政"，就是落实各类课程与思政课程同向同行，形成二者协同效应，实现全员全过程全方位育人的重要举措。在概念上，"课程

---

① 郭素敏：重庆公共运输职业学院马克思主义学院教师。本文为重庆市教委人文社会科学研究项目《新时代高职院校"思政课程"与"课程思政"协同育人路径研究》阶段性成果。项目编号：21SKSZ119。

思政"虽不同于思政课程，但在目的、意义上，"课程思政"又与思政课程有机统一。

二、"课程思政"与"思政课程"协同育人的理论及实践意义

立德树人涉及各学科、各类型的课程体系，"思政课程"体系只是其中不可或缺的一部分，甚或说核心的部分、发挥主渠道作用，但"思政课程"体系总有其边界。这种边界在某种程度上影响了"思政课程"育人功能的发挥。这就需要"课程思政"来补充。"课程思政"体现了教书育人，是对思政课程的细化、拓展、深入和补充完善，其本质是同向同行的。这两者的融合，也是"三全育人"理念的重要体现，真正做到显性教育与隐性教育融会贯通，实现思政教育从专人向全员的创造性转化，形成"同向同行"的"育人共同体"。

结合已有的研究和实践基础，从课程、课堂的角度厘清并探索"课程思政"与"思政课程"融合的一般路径，提出可操作的机制。而更重要的意义在于，更好地厘清相关部门在这两种类型课程建设中所做的努力，深入挖掘"课程思政"里面的"思政元素"和"思政课程"里面的"知识元素"，实现"思政元素"和"知识元素"的交叉融合，将"课程思政"与"思政课程"融合的路径以文本的形式，以实践的形式，通过反思，形成可供借鉴的研究成果。

三、同类课题研究及发展现状

2014年，上海各高校率先探索并实施"课程思政"改革，2016年12月全国高校思想政治工作会议，更加推动了高校"课程思政"的改革，2017年，"课程思政"引起了学术界的关注，全国各高校开始了"课程思政"改革实践。目前以"课程思政"与"思政课程"为关键词的研究论文共2 603条，集中发表于2019年的，共占1 666条，其中2018年发表的占第二，共509条，再次是2017年发表的，共128条，也就是在这三年研究成果颇多。现有的"课程思政"与"思政课程"同向同行的研究呈现以下特点。

1. 国家相关政策文件要求"课程思政"与"思政课程"协同育人

2004年10月中共中央、国务院印发《关于进一步加强和改进大学生思想政

治教育的意见》。该《意见》明确指出，要深入发掘各类课程的思想政治教育资源，在传授专业知识过程中加强思想政治教育，使学生在学习科学文化知识过程中，自觉加强思想道德修养，提高政治觉悟，要把大学生思政政治教育摆在学校各项工作的首位，贯穿教育教学的全过程。

2016年12月，习近平总书记在全国高校思想政治工作会议上提出："要用好课堂教学这个主渠道，各类课程都要与思想政治理论课同向同行，形成协同效应。"强调高校思想政治工作关系高校培养什么样的人、如何培养人以及为谁培养人这个根本问题。要坚持把立德树人作为中心环节，把思想政治工作贯穿教育教学全过程，实现全程育人、全方位育人，努力开创我国高等教育事业发展新局面。2017年2月中共中央、国务院又印发了《关于加强和改进新形势下高校思想政治工作的意见》。该《意见》强调指出，加强和改进高校思想政治工作，事关办什么样的大学、怎样办大学的根本问题，事关党对高校的领导，事关中国特色社会主义事业后继有人，是一项重大的政治任务和战略工程。

从上述文件精神和习近平总书记在全国高校思想政治工作会议上的讲话可以看出，国家的顶层设计非常重视"课程思政"与"思政课程"的融合问题，这为本课题研究提供了可能。

2. 理论研究成果丰富，有指导意义

邱仁富在《"课程思政"与"思政课程"同向同行的理论阐释》中提出，"思政课程"与"课程思政"同向同行要着力把握几点：在"同向"方面，要解决政治方向的一致性问题、育人方向的一致性问题、文化认同的统一性问题；在"同行"方面，要解决步调一致、相互补充、相互促进、共享发展的问题。要正确处理"同向"与"同行"的辩证关系，"同向"是"同行"的前提，"同行"是"同向"的目的。"课程思政"唯有与"思政课程"保持"同向"，才能为"同行"创造条件，最终实现结伴同行，形成协同效应。

这里主要研究高校思政课与各类课程没有很好地融合发展的原因。非思政专业教师虽然也能认识到思想政治教育工作的重要性，但他们以为这是思政老师、辅导员、院系领导的责任和义务。相当一部分老师对"课程思政"这一概念了解不多、体会不深，以为"课程思政"就是在课堂教学中抽几分钟进行时事与政治的教育，从而使高校思政课与各类课程仍然处于半游离状态，大思政的格局还未真正形成。

四、"课程思政"与"思政课程"协同育人建设需解决的问题

1. 课程协同问题

一定数量的专业课教师在思想政治方面理解不深,缺乏专业课教学与思政教育相结合的意识。课程协同的关键在于如何挖掘出各门专业课、通识课程中蕴含的思政元素,并结合专业课的知识点,对学生全方位地进行思想政治教育。

2. 教师协同问题

专业课教师与思政课教师属同一队伍,都是以有效提高大学生的思想教育从而达成立德树人为根本目标。专业课教师作为隐形思政的传播者更应与思政课教师齐心协力,做到研究与创新并举,共同推进课程思政,协同育人,形成育人合力。

3. 载体协同问题

在新时代背景下,"把立德树人的成效作为检验学校一切工作的根本标准",要求学校的党政工团学、思政课教师、专业课教师等,要完善协同育人的机制与载体,形成一个"育人为本,德育为先"的教育环境,使高校思想政治教育润物无声地进入学生的思想深处。

五、"课程思政"与"思政课程"协同育人建设的发展目标

1. 构建"思政课程"与"课程思政"融合育人体系

高校党委作为思想政治工作的责任主体,要加强组织领导,统筹安排,各个职能部门和院系要分工负责,各司其职,全体教师要加强学习,共同参与,全员融入。从顶层高度构建思政课、通识课、专业课全方位联动的思想政治教育课程体系。

2. 构建教师深度合作的育人共同体

强化"育人共同体"理念,努力提高思政课教师和非思政课教师的思想政治教育素养,思政教师和非思政教师要共同参加各种形式的政治学习,加强研讨,强化立德树人的教育理念,让"育人共同体"理念深入人心,让教书和育人的理念化为每个教师的自觉行动。

3. 完善"思政课程"与"课程思政"融合保障制度

首先，要建立融合发展的课程改革制度。学校教学主管部门要统筹教育资源，明确教学内容和相关要求，鼓励非思政课程老师进行课程思政的改革和创新。其次，要建立课程思政教学效果考核评价制度，改革创新评价方式，激发教师创新的主动性与积极性。

六、"思政课程"与"课程思政"协同育人的路径探析

"思政课程"与"课程思政"融合发展的思路、方法、模式还不够成熟，融合发展的经验还比较欠缺，我们需要"摸着石头过河"。

1. 创新工作机制、实践路径，积累经验

协同育人的建设路径包括课程设计创新、内容体系创新、方法运用创新、理论阐释创新、课程组织创新、效果评价创新等。在实践中，应注重挖掘各门课程的思政要素。如：汽车行业是一个复杂的集电子、材料、机械、能源、信息及美学等一体的高级知识载体，同时也是当今世界使用量庞大的载运工具、造成能源短缺和环境污染问题的主体之一。因此学习"汽车理论"不仅会涉及技术进步，同时与国情世事、焦点视野、责任意识等亦具有千丝万缕的联系。由此结合课程的研究对象和学习内容，选择与"汽车理论"关系密切的科技进步、节能减排和安全生产三个方面进行思政元素的挖掘。

2. 创新教育队伍的管理方式

一方面，积极组织开展思政课教师与专业教师的交流研讨活动，选派优秀思政课教师深入二级学院指导课程思政建设工作，增强该类课程的思想性、政治性；另一方面，专业课教师对学生的深入了解、对课程内容的全面反馈、对课堂教学的实施评价，都将大大有益于思政课程教学，最终达到提升二者协同效应的目的。要注重提升专业课教师的思想政治素养与思想政治教育专业素养，在教育内容上要准确定位思政课程与课程思政之间的关系。课程思政建设要在所有专业全面推进，强化思政教育有机融入教学全过程的方式方法，明确课程教学目标与人才培养目标达成度的关系，让每一位教师承担好育人责任，让每一门课程发挥好育人作用，将专业课程与弘扬真善美结合。专业教师还应适时地利用自己的专业知识储备，正确剖析所学专业在国家建设、社会经济发展中的重要性，帮助学

生树立职业理想。

3. 通过"融入式""渗透式"教学培养学生综合能力和创新能力

"课程思政"的实施不是生硬地说教和灌输，应该是"润物细无声"的过程，是在老师指导下，以学生"做"为出发点、过程和归宿点（自学、搜集资料、说、讨论、剖析自我、制定自己的实施方案）。体现两个"结合"：一是思想道德教育与专业相结合；二是课堂教学与课外实践教学相结合。拓展人文素质选修课程的思政内涵，根据学校独特的办学定位、办学传统，整合思政教育资源，统筹规划，完善"课程思政"体系。

4. 高校可打造协同育人网络信息平台

利用互联网信息技术，对各方思政育人资源进行深度整合。加强网络建设，开辟思政类网站或者公众号平台，并充分利用网络资源，把学习资料发布网上，让学生进行专题阅读，并结合学生实际设置问题，为研究式教学提供了良好的条件。

参考文献

[1] 习近平. 把思想政治工作贯穿教育教学全过程 开创我国高等教育事业发展新局面[N]. 人民日报, 2016-12-09.

[2] 邱仁富. "课程思政"与"思政课程"同向同行的理论阐释[J]. 思想教育研究, 2018（04）.

[3] 郑凯新, 张勤, 张绣宇. 课程思政背景下思政课程改革的着力点探索[J]. 课程教育研究, 2019（10）.

新形势下高校辅导员与思政课教师协同育人实践探索

张言顺[①]　张渝政[②]

【摘　要】随着社会不断发展和变革,许多高校十分重视对学生优秀思想品德和正确道德观念的建设,一个学生优秀思想品德和正确道德观念的形成离不开辅导员的谆谆教导和思政课教师的经验传授。当前,高校思政课教师与辅导员为提升协同育人取得了不错的效果,高校学生的思想政治素养有所提升。然而,高校辅导员与思政课教师仍存在一些困境。本文主要围绕高校辅导员与思政课教师促进交流与沟通、建立协同育人工作机制、深化理论与实践活动、搭建多维度育人平台对辅导员和思政课教师进行实践探索。

【关键词】辅导员;思政课教师;协同育人

习近平总书记在全国高校思想政治工作会议的重要讲话中明确指出,要坚持把立德树人作为中心环节,把思想政治工作贯穿教育教学全过程,实现全程育人、全方位育人,努力开创我国高等教育事业发展新局面。协同育人既是推动我国教育事业发展的重大战略,也是贯彻落实全国高校思想政治工作会议精神的必然要求。针对高校而言,协同育人理念强调通过环境条件的变化,进而形成各育人主体和各部门之间相互协调、相互配合,实现资源优化配置的有序结构。这种方式不仅能够有效地避免各育人主体单兵作战的局面,而且对于提升教育水平、实现育人目标有积极作用。辅导员是开展大学生思想政治教育的骨干力量,始终坚持立德树人为根本任务,爱护学生、关心学生、服务学生,是大学生成长中的知心朋友、人生导师和标杆榜样。同时,辅导员和思政课教师与大学生的关系最为密切,是承担育人的两大主体。2018年5月4日习近平总书记在北京大学师生座谈会上的讲话指出,教师要时刻铭记教书育人的使命,甘当人梯,甘当铺路石,

---

① 张言顺:内江师范学院化工学院教师。
② 张渝政:重庆公共运输职业学院马克思主义学院,三级教授。

以人格魅力引导学生心灵，以学术造诣开启学生的智慧之门。高校鼓励辅导员走进思政课讲台，将工作中的实践经验与思政课专业知识相结合，寓教于乐。

一、高校辅导员与思政课教师协同育人的内涵

在协同育人的过程中，高校辅导员与思政课教师应平衡理念共识、资源共享和队伍建设三方面的内容，进而发挥高校辅导员与思政课教师协同育人的优势，提高高校辅导员与思政课教师协同育人的整体效果。理念共识体现在高校辅导员与思政课教师协同育人的过程中，首要注意的问题就是观念问题。理念共识是高校辅导员与思政课教师协同育人的基础，高校辅导员与思政课教师只有达成共识，才能保证全方位落实协同育人过程中的约束力，以推进高校辅导员与思政课教师协同育人的发展。资源共享体现在高校辅导员与思政课教师协同育人的过程中，资源共享是重要的环节，是通过对下游资源进行优化组合，达到1＋1>2的效果，其中也包括自身的资源间的有效分享和学校间资源的共同利用。只有促进高校辅导员与思政课教师二者队伍的建设，达到步调一致，才能将高校辅导员与思政课教师协同育人模式落到实处，发挥其应有的作用。

二、高校辅导员与思政课教师协同育人存在的困境

（一）高校辅导员日常事务和管理工作繁重

辅导员是高校教师队伍的重要组成部分，在学校中主要负责大学生的思想政治教育和学生日常事务管理工作。当前高校辅导员大部分承担着育人工作，无法有效与思政课教师进行学习交流主要体现在以下三个方面：

第一，高校辅导员职责范围广，在管理班级方面包含思想政治教育工作、班团建设和党建工作、班风学风建设工作、主题班会教育、心理健康教育、网络安全教育、职业生涯规划与就业指导教育等工作。

第二，很多辅导员所带学生人数远远超过《普通高等学校辅导员队伍建设规定》（第43号令）中的师生比不低于1∶200的比例规定，而有的辅导员需同时负责多个年级、不同专业的学生管理工作。

第三，高校辅导员每一学年都要开展学生资助育人工作、学生评优评价工作、校园危机事件处理、调节宿舍室友之间矛盾、与学生家长定期沟通等。这一

系列的日常管理工作占据了辅导员大量时间，使其无法潜心研究思政育人方法、创新工作模式。

（二）高校辅导员思政背景薄弱，育人模式单一

目前，高校辅导员专业背景多样，如思想政治教育、教育学、心理学、汉语言文学、美术等，非马克思主义理论专业的辅导员在高校居多，而对口的思想政治教育专业的辅导员较少。一方面，由于高校辅导员的人员配比不合理、思政专业背景欠缺、辅导员自身发展受限等，因此大部分辅导员的思想政治理论功底薄弱，在开展学生思想政治教育、德育教育工作时缺乏专业知识支撑和理论依据，育人效果往往流于形式。同时，辅导员育人模式仅局限在主题班会、形势与政策课、大学生职业生涯规划与就业指导课、心理健康教育、网络安全教育等，单方面的思想灌输难以达到理想的育人效果。如今，"00后"的新时代大学生，他们获取信息的能力强、渠道广、思维灵敏、喜欢新颖、灵活和有趣的教学模式，传统的课堂模式已经无法满足他们的需求。另一方面，由于辅导员与思政课教师属于不同部门，高校辅导员大部分时间在办公室忙于学生日常事务管理工作、处理烦琐事务，与思政课教师的沟通停留在课堂管理、学生出勤率、学风建设等方面，缺乏思政课专业的教学理念交流，形成了各司其职的理念。

（三）高校辅导员与思政课教师之间缺乏有效的沟通和合作

辅导员和思政课教师都是高校思政工作不可或缺的核心力量，二者间的关系是平等的，是相辅相成的。在实践过程中，辅导员与思政课教师之间未能搭建起有效的交流平台，两支队伍交集甚少，造成这一现象的原因主要体现在以下三个方面。第一，部分辅导员缺乏对学生的个性特点以及学生关注的热点问题的了解，而部分思政课教师未能很好地掌握学生的专业学习情况和科研创新能力。第二，部分辅导员教师对学生的第二课堂表现情况和校园文化了解不足，不能很好地走进学生心里，而部分思政课教师不能更好地帮助学生发挥所长同时做好科研育人等相关工作。第三，部分辅导员教师各自埋头于做自己的日常烦琐工作，未能学习思政课专业知识，而部分思政课教师只顾着给学生上思政理论课，没有带学生参加社会实践活动。辅导员和思政课教师在协同育人的过程中，有很多可靠资源没有得到有效利用，如辅导员与思政课老师带领学生参加暑期"三下乡"社会实践活动，辅导员与思政课老师参加马克思主义理论的学术论坛，辅导员与思

政课老师参加教学演讲比赛等，这些可靠资源有助于辅导员和思政课教师进行不断地学习交流，同时能有助于辅导员增强思想政治教育的实效性。

（四）辅导员和思政课教师保障制度不完善

协同育人机制涉及多方面，学工部、马克思主义学院、马克思主义教学研究室等部门，现阶段辅导员与思政课教师协同育人的统筹领导机制以及考核、激励机制均不够完善，在认定工作时间量上、结算课时费薪酬津贴上、评奖评优、评定职称职务上、人事调动薪酬上等，都有复杂的运行体系，虽然高校已陆续开展协同育人的机制建设，但在实际工作中没有形成统筹协作的平台，不能有效地通过制度建设实现协同育人。首先，没有搭建起有利于辅导员和思政课教师两支队伍互为指导、深度交流的合作平台和相应的制度保障。其次，在辅导员和思政课教师的考核机制中缺少协同育人的相关内容，难以激发其积极性，使得辅导员与思政课教师协同育人动力不足。最后，一些高校没有设立辅导员与思政课教师协同育人相应的激励、奖惩制度。

三、高校辅导员与思政课教师协同育人的实践探索

（一）促进高校辅导员与思政课教师的交流与沟通

有效开展高校辅导员与思政课教师协同育人模式的前提是加强高校辅导员与思政课教师之间的交流，了解对方的育人方式和工作态度，使整个育人队伍更加专业化。思政课教师一般都是马克思主义学院出身的、专业为马克思主义理论的人员，具备扎实而丰富知识理论基础。但是在实际教学当中，存在着很少与学生在课上进行互动交流、教师用传统灌输法教育等各种问题。另外，在高校招生的过程中，很多高校都因为招生不足而降低了招聘门槛，所以学生的学习能力和思想品德差异巨大，为有效解决这一问题，教育界提出了高校辅导员与思政课教师协同育人的理念，全方位把握学生的思想动态，帮助学生养成良好的思想道德品质。促进高校辅导员与思政课教师的交流和沟通，主要表现在以下三点：一是通过建立QQ群、钉钉会议等形式，将自己观察和了解到的学生情况进行分享和交流，制定科学的育人计划；二是要充分利用学生的优势对学生进行有针对性的交流和沟通，也可以借助网络平台进行交流和沟通；三是要充分利用主题班会的形式，主题班会具有形象性、趣味性、参与性的特点，在班会上让学生自由畅谈，

从面上理解学生的思想动态；通过个别谈话、谈心的方式，与学生进行直接思想交流，从深度上了解学生的内心世界，进而更好地帮助学生树立正确的价值观、人生观和世界观。

（二）建立高校辅导员与思政课教师的协同育人工作机制

高校辅导员与思政课教师的工作机制主要通过工作例会制、理论指导教师制和完善考核机制三种工作机制进行协同育人。工作例会制主要确保工作例会的组织管理，并由高校党委副书记、思政课专业教师、辅导员、校团委、宣传部、组织部等老师参加工作例会，会议由高校党委副书记负责主持。同时，要正确处理好辅导员与思政课教师协同育人的工作就要建立定期的会议制度。主要举措有三点：第一，每个月由思政课教师与辅导员召开一次研讨会议，会议主要围绕工作困难、工作重难点以及相应的建议等展开。第二，每学期开学初、中期各召开一次教学工作和学生工作会议，会议主要围绕研究教学状况，听取学生对老师教学和学生日常生活困难的建议，布置好、调整好和协调好育人工作等。第三，每学年召开一次关于协同育人教师工作座谈会，会议主要围绕总结问题、商讨改进措施，以及向全体教师分享协同育人经验等展开，便于借鉴升华。

理论指导教师制主要由辅导员和思政课教师通过开展一系列理论指导讲座，相互学习，补足自身短板。主要表现在以下两点：一是优秀骨干的思政专业课教师每个月以座谈会的形式对辅导员进行理论知识指导，与辅导员教师沟通交流、答疑解惑。二是辅导员应主动到马克思主义学院兼职上形势与政策课，组织好学生纪律、出勤等问题，对学生进行知识答疑。

完善考核机制主要由学校成立协同育人领导小组，对辅导员与思政课教师进行联合考核。将协同育人作为助力学生成长成才的总目标，制定具体的工作内容与考核体系，明确思政课教师与辅导员的分工与目标责任，将育人工作在一定程度上进行定量。

（三）深化高校辅导员与思政课教师的理论与实践活动

在深化理论与实践活动环节中，需要辅导员与思政课教师发挥自身的理论与实践优势，在活动中充分进行互补合作。主要举措有以下三点：

一是成立以学生骨干为主，思政课教师负责理论指导的理论学习兴趣小组。辅导员负责学生的组织工作和做好记录与备案工作，及时上报相关负责人。

二是思政课教师负责指导相关的学生社团、志愿者团队、社区服务等，对其进行思想政治理论辅导，而辅导员则应做好上述相应组织工作。同时，辅导员也可以参与思政理论讲课中，先以社团工作的理论指导作为"试水"，为日后的思政课堂做准备。

三是结合课堂内容，教师设计实践活动方案，以辅导员为主，组织实施，思政课教师参与指导，共同给出成绩评定。

四是设立"大班"课堂，"小班"研讨，实现辅导员与思政课教师身份的互换。"大班"授课、"小班"研讨是一种协同育人的创新方式，思政课教师通过大班授课，来安排一名辅导员参与到思政课教师的授课中，与学生、思政课教师进行互动。"小班研讨"则是辅导员组织学生进行课后研讨，邀请思政课教师共同参与讨论，加强辅导员、思政课教师和学生之间的互动联系。同时，辅导员和思政课教师也可以利用网络平台，如学生评论社区互动、主题网站教育、慕课、翻转课堂等形式进一步合作，增强协同育人的时效性。

（四）搭建高校辅导员与思政课教师的多维度育人平台

1. 建设爱国主义教育基地学习平台

辅导员与思政课教师可以组织学生参观中共"一大"会议遗址、红岩革命烈士纪念馆、东北烈士纪念馆、向警予纪念馆、邓小平故里等具有历史意义的红色文化和爱国主义教育基地，进行中国共产党成立100周年的党史学习教育，在讲授老一辈中国共产党党员如何发扬革命先进事迹，在教授弘扬爱国主义精神、凝聚中国力量的课程时，可以充分利用好这些教育基地。辅导员组织学生前往，思政课教师现场授课，在学生注目为国家民族复兴事业牺牲的英烈的物品下，在学生观看被侵略时的真实影像下，在学生倾听中国共产党党员被敌人逮捕入狱、宁死不屈而牺牲的真实感受下，学生更加深刻地感受到我们党是一个不畏强权、勇于斗争、不怕牺牲的英烈们的爱国之情。辅导员与思政课教师通过组织学生初步感受这具有历史意义的教育基地，辅导员与思政课教师再次带领学生进行现场授课，并组织学生进行小组讨论，促使学生意识到如何将个人理想与社会理想相结合，实现自己人生价值。

2. 建设多元主体参与的协作平台

辅导员要将思想政治教育融入学生的点滴日常，从细小处着手，从学生的实际需要出发。另外，要充分利用主题班会或者社会实践活动的形式，提升学生的组织能力、创新能力和语言表达能力。思政课教师是做好学生思政教育工作的主力军。思政理论课是进行思政教育的主渠道，教师必须守好这段渠，种好这片责任田，同时还要掌握培养学生的方法，知道如何在教学和生活中引导、启发学生，如何调动学生的学习热情，如何把被动教学变为主动教学。因此，辅导员和思政课教师重点就是培养学生的思想政治道德方面的品质，引导学生树立正确的价值观。

3. 建设志愿者服务等社会实践活动平台

建设志愿者服务等社会实践活动平台是提高新时代大学生组织管理能力、创新能力、语言表达能力的锻炼平台。同时，志愿者服务等社会实践活动不仅是奉献爱心，更是培养大学生的责任与担当。高校辅导员通过组织一些社会实践活动，如：组织敬老爱老义务活动、儿童福利院献爱心活动、体验周边乡镇生活等，鼓励支持学生积极参加活动，而思政课教师可以在学生出发前，做一些理论指导，更好让学生明白当代大学生的责任与担当。辅导员与思政课教师一同前往，为学生做好实践指导，在活动过程中为学生做好榜样，共同讲解好当代大学生责任与担当这一课。

参考文献

［1］傅秋野．高校辅导员与思政课教师协同育人的实践策略［J］．党史博采（下），2021（4）：62-64.

［2］庄钰静，曹旭．高校辅导员与任课教师协同育人机制构建［J］．黑河学刊，2021（2）：99-100.

［3］习近平．把思想政治工作贯穿教育教学全过程　开创我国高等教育事业发展新局面［N］．人民日报，2016-12-09.

［4］刘智．新形势下高校辅导员与专业教师协同育人开展立德树人工作的路径探析［J］．科教文化，2020（33）．

［5］刘华军．""辅导员＋"五位一体"协同育人新模式的构建与实践［J］．高校后勤研究，2021（1）：44.

［6］王倩．高校辅导员与思政课教师协同育人机制研究——以哈尔滨工程大学为例［D］．哈尔滨：哈尔滨工程大学，2014.

浅谈高职院校专业课教学如何有效融入思政元素

秦 英[①]

【摘 要】思想政治理论课提升思想政治教育的亲和力和针对性，满足学生成长成才的需要。发挥各门课程的思想政治教育功能，实现各类课程与思想政治理论课的同向同行，实现协同育人。明确为何学，学什么，如何学以及实施效果的评价与反馈问题，教学设计上要突出专业课的重点难点同时匹配思政素材，教学内容的选择和课程目标的设置要内置思政元素。

【关键词】思政课程；课程思政；专业课程；协同育人

一、思政课程与课程思政

思想政治理论课，即思政课程，是社会或社会群体用一定政治观点、道德规范，对其成员施加有目的、有计划、有组织的影响，使他们形成符合一定社会所要求的思想品德的社会实践活动，使学生了解并掌握中国特色社会主义理论的基本内容，并转化为拥护党、拥护社会主义的实际行动，是提升大学生思想政治素质，实现政治认同、思想认同、情感认同的主渠道，也是社会主义大学的优势所在。习近平总书记在全国高校思想政治工作会议讲话精神中指出："要用好课堂教学这个主渠道，思想政治理论课要坚持在改进中加强，提升思想政治教育亲和力和针对性，满足学生成长发展需求和期待，其他各门课都要守好一段渠、种好责任田，使各类课程与思想政治理论课同向同行，形成协同效应"。

课程思政，课程思政指以构建全员、全程、全课程育人格局的形式将各类课程与思想政治理论课同向同行，形成协同效应，把"立德树人"作为教育的根本任务的一种综合教育理念。课程思政主要形式是将思想政治教育元素，包括思想政治教育的理论知识、价值理念以及精神追求等融入各门课程中去，潜移默化地对学生的思想意识、行为举止产生影响。将马克思主义理论贯穿教学

---

① 秦英：重庆公共运输职业学院马克思主义学院，教师。

和研究的全过程，深入发掘各类课程的思想政治理论教育资源，从战略高度构建思想政治教育课程体系，其目的就是实现各类课程与思想政治理论课的同向同行，实现协同育人。以"课程思政"为引领，构建中国特色社会主义大学课程体系。

以"课程思政"为载体，探索"知识传授与价值引领相结合"的有效路径，推进"课程思政"改革，不是简单开几门课程，多增设一些活动，在学生价值观培育和塑造的过程中既切实提升了教师德育意识和价值教育能力，又促使学生能够真正"亲其师，信其道"，真正做到"在改进中加强，提升思想政治教育亲和力和针对性，满足学生成长发展需求和期待"。课程思政的本质是把握思想政治工作规律，教书育人规律，学生成长规律。关键是抓住教学这个主阵地和主渠道。教师明确"为谁教、教什么、教给谁、怎么教"的问题。教师是引领者，要走在学生前面，传道者自己首先要明道、信道，加强师德师风建设，就要坚持教书和育人相统一，坚持言传和身教相统一，坚持潜心问道和关注社会相统一，坚持学术自由和学术规范相统一，引导广大教师以德立身、以德立学、以德施教。在思政教育的过程中应该让学生清楚"在哪儿用力、对谁用情、如何用心、做什么样的人"。"课程思政"建设的重点在"思政"，没有好的"思政"教育功能，课程教学就会找不到发力的方向，从而导致课程教学中教授的知识、培养的能力和价值导向之间出现矛盾冲突，在惯常的教学当中我们的认识上往往会产生误区，认为价值导向就是思政课的任务，专业课只管培养学生的专业知识和动手能力，这是导致思政课和专业课程之间产生"两张皮"现象、各门课程之间无法"同向同行、协同育人"的矛盾根源。要紧紧抓住教师队伍这个"主力军"、课程建设的"主战场"、课堂教学"主渠道"，让所有教师和课程都承担好育人责任，使各类课程与思政课程同向，将显性教育和隐性教育相统一，构建全员全程全方位育人大格局。

专业课课程思政要能够体现党和国家意识、核心价值观、优秀的中华传统文化等，也就是我们思政课上讲的责任与担当。专业课课程思政要注重培养道德情操、社会公德、个人品德和职业道德和人文素养等，这也就是思政课上讲的如何做人。专业课程思政要体现一定的科学观。提升学生的学习能力、批判性思维、创新意识、学术诚信等，也就是我们思政课堂上讲的如何做事。

二、思政元素融入专业课程的设计理念与方法

（一）关于教学设计

首先解决教育教学的需求与问题，为何学——教育教学目的；其次探究解决问题的步骤与方案，学什么、如何学——目标与内容；最后解决实施效果的评价与反馈问题，效果如何——评价与反馈。教学设计上要突出专业课的重点难点，同时配置相应的思政素材。

（二）专业课课程思政教学设计的五个环节

（1）基本环节：教学的目标，内容，方法，评价，教学过程。
（2）重点环节：学生积极参与、实践，着重自我体验和感悟。
（3）关键环节：方式和引导类型。
（4）难点环节：评价意识和评价方法。
（5）与本专业课程教学元素融合。

（三）如何设置专业课课程思政目标

确立有效的教学目标，思政的刚性要着重体现，将课程的教育性提升到思政教育的高度。密切结合专业课程的特点和课程内容，发掘课程中蕴含的思政元素，教学大纲的制定凸显"专业思政"的理念和目标。实现学以致用，能够从"教育心理学原理"理解"以职业素养提升"为核心的课程思政教育；实现用以致学：能够从"多元教学设计模式"分析课程思政的教学行动方略；实现知行合一：能够设计并实践科学全面的课程思政教学。

（四）专业课程思政内容的选择和融入路径

1. 发掘专业课程中的思政元素

（1）从专业课程的知识点中发掘所蕴含的价值观、哲学、思维、逻辑、情感等思政元素，在挖掘时应依据课程归属或服务的学科和专业进行挖掘，不要说教和嫁接，避免思政元素与专业内容"两张皮"。

（2）价值模块整合。知识模块重组、广度延伸、深度解读、德育内涵发掘。由一个"知识—思政"点，发展到多个"知识—思政"点，由多个"知识—思政"点，形成一条"思政线"，由多条"思政线"形成一个"思政面"，进而

与专业理论和知识融为一体。

2. 对专业课程内容进行拓展

（1）发掘教学内容中所蕴含的马克思主义世界观和方法论，从历史与现实、理论与实践等维度深刻理解习近平新时代中国特色社会主义思想，结合专业知识教育引导学生深刻理解社会主义核心价值观，自觉弘扬中华优秀传统文化、革命文化、社会主义先进文化。

（2）把专业课中比较抽象的内容用鲜活生动的故事和案例讲出来，既接地气、有文气，更见视野、显水平。专业课思政要学会讲故事，讲大师成长道路，学科发展史，大国工匠，爱国卫士等。

3. 对教科书内容进行拓展

（1）"反面教材"的应用：纵观学科知识，剖析"流言"，思考和比较，提高辨识能力和社会责任意识。

（2）以针对性问题为线索，提出当前热点问题和难点要用辩证唯物主义和历史唯物主义的思维方式去看待事物。

（3）在教学材料选择上要能够突出中国元素、国家政策、意识形态和价值观追求。制定与课程相关的制度、规范。

（五）开展专业课课程思政的方法

1. 多元化的教学方法

讲：讲授环节以任务为驱动，学生根据教师预留的教学任务，有针对性地结合本专业所学知识，把思政元素融入课堂教学过程中，通过案例分享、情景模拟等形式让学生主动上台授课，不仅调动了授课对象的听课效率和学习兴趣，而且给授课主体提供了展现专业水平和个人能力的机会和平台。

查：任何教学活动都要围绕立德树人根本任务展开，翻转思政作为一种较好的教学创新模式。学生为了配合"翻转课堂"这种面对面补充答疑的前置学习方式，可以利用课外学习时间查阅相关思政教学元素，同时以问题聚焦的形式将思政元素和专业高度融合，提前转备好课堂中需要解决的疑惑。

做：在专业课的学习过程中，充分利用第二课堂，借助校内外社会实践、社会调研、微视频制作等多种形式开展第二课堂，将学生专业知识的学习研究和职业素质培养过程结合起来，理论联系实际，做到学以致用。

演：结合本专业人才培养目标与课程特点,充分挖掘思政元素，开展比如爱国主义、改革创新等思政元素的辩论赛、演讲、编剧、文艺会演，重构教学内容,做好教学顶层设计，细化教学实施，科学，合理地将"思政"融入专业课程教学，实现强声铸魂的课程育人目标。

论：在具体的学习过程中，学生根据本专业、本学科、本课程的科学精神、价值取向、伦理规范，借助论文、讨论、辩论、发微博、短视频等形式，将课程的思想性和价值性表现出来。

2. 组织和引导学生积极参与和体验

课程思政实施的基础是在于实践和主动参与以及情感性的释放，而德育的促进是侧重于情感体验和行为锻炼。所以专业课程思政从专业自身特点出发引导学生最大限度地参与实训实践。

3. 拓展教学时间与空间

专业课程思政要适应新时代、新要求和新挑战，把握有关思政理论课的新政策和目标要求做到两个结合：课堂内外结合和线上线下结合，加快推进教育信息化建设，既是深化教育教学改革的重要内容，也是推动教学方式转变、提高人才培养质量的重要发展趋势。

4. 人力资源应用

多学科知名教授、大师、专家共同参与教学活动，达到宏观与微观，视野与战略相结合，满足学生的期待。高职院校更要重视校企合作、运用社会实践基地、微博短视频网站等。

5. 课程评价与反馈

要从学生实实在在学习到的内容进行考察。在"学习到知识"和"感受到历史"中评价学生在课程思政中的获得感。人才培养效果是课程思政建设评价的首要标准，要建立健全多元、多维的课程思政建设成效考核评价体系。

（六）思政目标与专业课程的融合的"标准"

（1）课程与思政元素融合得自然，能够引起学生的情感共鸣。
（2）对课程知识的理解、掌握、拓展与深化能够激励起学生的学习动力。

三、在融入的过程中教师和学校的角色作用

第一,"课程思政"是当前高校贯彻落实全国高校思想政治工作会议精神的重要抓手,坚持"立德树人""德融教学"是所有教育工作者的神圣使命。"课程思政"就是要在学校课堂教学教育活动中,将课程作为教学的载体,将立德树人作为教学的根本,不断对教学中的德育元素进行挖掘。教师充分挖掘在专业课程教学中包含的思想政治元素的同时要在教学中融入做人做事的道理,让学生们看得见摸得着,能够入脑入心。教师把所挖掘的思想政治教育元素融入课堂教学,要选择合适的、多元的教学方法作为辅助,可采用案例教学法、问题教学法、启发式教学法、探究式教学法、讨论式教学法、情景模拟教学法、比较教学法、项目教学法等,通过创设问题情境、价值判断情境等培养学生分析问题、解决问题的能力,让学生在解决问题的过程中,认识问题和知识背后所蕴含的理论思维、方法论和价值判断,激发学生的思想碰撞和情感体验,实现对学生的价值引领。同时,教师也可以充分利用VR虚拟仿真等现代化多媒体教学手段,开展线上线下相结合的混合式教学、翻转课堂等,发挥多媒体技术在价值引导、情感传递和道德示范方面的优势作用。

第二,是学校要带着高度的责任心和极大的家国情怀来进行该项工作的设计、推广、落地和评价,提供资金配套支持,抓制度安排,以使得该项工作稳扎稳打,务实高效。学校可以组织精兵强将和优秀教学团队,在教学改革、课程建设、专业建设和师资培养过程中制定思政教育融入机制、实施方案和考核评价标准,真正形成全员育人、全程育人、全方位育人的动态新格局。

参考文献:

[1] 王学俭. 新时代课程思政的内涵、特点、难点及应对策略[J]. 新疆师范大学学报(哲学社会科学版),2020(2).

[2] 刘涛,官芮,唐洪涛. 专业课程融入思政元素的教学设计理念与方法[J]. 牡丹江教育学院学报,2020(09).

[3] 高德毅,宗爱东. 从思政课程到课程思政:战略高度构建思想政治教育课程体系[J]. 中国高等教育,2017(1):43-46.

嵌入式课程思政与思政课程融合路径研究
——以"停车规划与管理"课程为例

乔 昊[①]

【摘 要】"停车规划与管理"课程是高等院校交通工程专业的一门专业核心课程,具有很强的知识综合性和工程项目实践性。在教学工作中,不仅要从专业角度讲解,还应该传递人文理念,将"停车规划与管理"中的思政教育元素嵌入本课程的教学中。本文通过深入挖掘静态交通背后的思政教育元素,以实际案例为载体,研究嵌入式课程思政和思政课程融合路径,在学习专业知识、技能的同时,培养学生的大国工匠精神和家国情怀。

【关键词】静态交通;课程思政;融合路径

一、课程思政概念的提出

新时代,全面推进课程思政建设是高校落实立德树人的根本性战略举措。党的十八大以来,以习近平同志为核心的党中央全面加强党对教育工作的领导,坚持立德树人,先后召开全国高校思想政治工作会议、全国教育大会等重要会议,国家先后出台一系列"三全育人""课程思政"等建设性文件。2016年12月,习近平总书记在全国高校思想政治工作会议上提出:"要用好课堂教学这个主渠道,各类课程都要与思想政治理论课同向同行,形成协同效应。"《高等学校课程思政建设指导纲要》强调要紧紧抓住教师队伍"主力军"、课程建设"主战场"、课堂教学"主渠道",让所有高校、所有教师、所有课程都承担好育人责任,守好一段渠、种好责任田,形成协同效应,构建全员全程全方位育人大格局,科学构建课程思政的内容体系。

---

① 乔昊:重庆公共运输职业学院马克思主义学院,教师。本文为校级项目《课程思政教学研究示范中心》阶段性成果,项目编号:kcszzx-21-01。

在"3.18"学校思想政治理论课教师座谈会讲话中，习近平总书记再次强调立德树人是高校的立身之本，是高校工作的中心环节，是加强和改进思想政治教育工作的核心目标。国家先后出台一系列"三全育人""课程思政"建设性文件，这些文件均要求在大学各专业课堂中挖掘其中的思政元素，充分发挥课堂教学在大学生思想政治教育中的主渠道作用，实现思想政治教育与专业教育的有机统一。但在现实中，高校普遍存在专业技能知识与思想政治教育割裂的现象，存在知识教育与价值观教育脱离的问题，使"三全育人"理念不能得到有效实践。高职教育培养高素质的劳动者，所培养的一线工作人员社会需求量大，工作范围广，属于高等技术应用型人才。这批在一线工作的劳动者在工作中所体现出来的职业态度、职业道德、工作责任心对于能否胜任工作至关重要。

二、"停车规划与管理"课程分析及课程思政建设思路概述

进入21世纪，在机动车保有量快速增长和城市基础设施建设严重滞后的双重约束下，我国停车问题日益严峻。目前，停车难作为一个社会问题，已成为我国各大城市的顽疾，对城市经济、交通发展的制约日趋明显。"停车规划与管理"课程以"做好顶层设计、构建停车生态、精细化建造、智慧化管理"为主线，教学内容涵盖停车规划设计基本概念、停车调查与特征分析、停车设施需求预测、机械式立体停车库、停车设施设计、停车设施运营管理等章节。通过该课程，帮同学们建立清晰的思路和科学的方法，并将理论与实践紧密结合，扩宽学习视野。

在本课程中，通过系统研究"停车规划与管理"课程的内容，除掌握专业技术知识以外，为全面贯彻"三全育人"的教育理念，以实际教学案例为例，充分挖掘本课程中蕴含的思政元素，将思政元素以嵌入式的方式融入专业课程中，建设理论与实践紧密结合的"停车规划与管理"思政案例教学资源库。在学习专业知识的同时培养学生大国工匠精神和家国情怀，起到润物细无声的教育作用。

三、"停车管理与规划"中课程思政与思政课程融合路径研究

交通类高职院校课程教学过程中，对思政教育元素的挖掘尚不深入。究其原因，主要是缺乏正确的融合路径和协同育人体系的有效引导。为此，笔者拟从课程思政视域下思政教师与专业教师协同育人体系的构建，课程思政与思政课程融

合实施路径，专业教师与思政教师融合协同路径三个方面开展理论和应用研究，并通过实证的研究方法检验研究成果。

课程思政和思政课程二者有着相同的目标，都是要解决"培养什么样的人、如何培养人以及为谁培养人的根本问题"。但二者在解决问题的方法和手段上有一定的差异，思政课程重在对学生进行系统的马克思主义理论教育，引导其树立科学的"三观"，自觉提升自己的政治理论素养。课程思政要求高校的所有专业课程在讲授过程中进行思政元素的挖掘，进行思想政治教育的渗透。其目的是凸显并激发专业课教育教学的立德树人作用。因此，思政课程与课程思政二者之间是辩证统一关系，是落实和贯彻习近平总书记关于高等教育和高校思想政治工作重要论述的根本途径。

（一）课程思政视域下思政教师与专业教师协同育人体系的构建

在平时的授课中发现，某些专业课教师的政治素养有待提高，政治理论性有待加强。甚至有的老师还不清楚什么是"课程思政"，简单认为只是在课前十分钟讲一讲最新发生的国内外大事件。有些思政课教师在课堂上只讲理论知识，没有结合实际案例，内容空洞，与实际生活相脱节，不能引发学生共鸣。针对思政教师和专业教师中出现的此类问题，为切实发挥课程思政与思政课程协同育人的重要功能，提出以下解决路径：

第一，在学校党委领导和支持下，成立课程思政教学理论与实践研究中心，对课程思政的教育教学理论与实践进行研究。课程思政示范中心作用，将课程思政元素发挥到第二课堂，搭建课程思政平台，使课程思政的影响力覆盖全校，广泛发挥课程思政的实效性。在课程思政建设中聚焦标准研究、课程建设、教学指导、考核评价、教学质量诊断与改进等重难点问题，研究探索新模式、新路径、新载体，研究探索各类课程与思政课程协同推进，推动价值塑造、知识传授、能力培养、素质提高等深度融合。

第二，研究提升专业课教师政治素养，健全专业课教师考核和激励管理制度的实践路径。

教师强则教育强，教育强则国家强。教师的根本任务是教书育人，因此，必须全面提升教师素质能力，健全专业课教师考核和激励管理制度，深入推进教师体制机制改革。

提升专业课教师政治素养，首先要做好意识形态工作。加强典型宣传引领，定期开展集中教育学习，大力宣传优秀党员先进事迹。通过看纪录片、利用"学习强国"学习平台观看先进事迹等多种渠道，将学习宣传工作推向深入，做到认同、接受、践行相统一。其次，要注重师德师风教育，强化个人政治理论学习，将师德师风纳入年度教师个人考核。加强社会主义核心价值观教育，不仅要提升教师的专业教学能力，还要提升专业教师的政治素养、师德修养，起到言传身教的作用。再次，健全专业课教师考核和激励管理制度。深入推进《关于深化高校教师考核评价制度改革的指导意见》的贯彻落实，思想政治素质作为教师考核评价的基本要求，以发挥典型引领和示范引领作用，加强师德考核力度、完善科研评价导向、重视社会服务考核、从多方面、多角度不断深化教师考评制度。

（二）以思政元素与专业知识有机融合为切入点，研究将思政元素融入"停车规划与管理"专业课教学的实施路径

课程思政不能是简单地"相加"或"堆砌"，而应结合专业特点，分类实施方才有效。2020年6月正式印发的《高等学校课程思政建设指导纲要》中提出课程思政具体建设目标，使各个专业课教师都能在本专业中挖掘出符合本专业特点的思政元素。结合"停车规划与管理"课程内容以及对应的课程案例库，深入挖掘专业课程中的思政元素，通过系统性的探索和总结，建立课程思政教学案例资源库。

1. 将"爱岗敬业"融入"停车调查与停车特征分析"

车辆停放是道路交通中的重要内容，是交通车辆运行过程中不可分割的重要部分。通过停车资源普查，可以分析停车资源总量及空间分布情况，结合现有机动车分布情况，找出不同区域、不同用地性质停车难产生的原因，并可作为制定相关的停车管理政策的重要依据。在进行停车调查过程中，体现出工作人员的爱国敬业的精神，坚守自己的岗位，不漏下任何一个停车场设施的细节，排查问题，保证停车场安全运行。在停车管理方面，在管理工作中培养管理人员的服务意识、爱岗敬业意识、精益求精的工作态度，从思想上端正管理人员的工作态度。尽可能满足顾客需求，提升顾客对停车场地及车辆管理的满意度和认同感。

随着绿色低碳成为世界关注的热点，节能减排成为我国的重要国策，成为全社会的共同责任和高度关注的重点领域。在该课程的课程设计中，可以提升学生的环保意识，贯彻绿色发展理念，构建和谐共生的生态环境。

2. 将"绿色发展、和谐共生"理念融入"机械式立体停车库"

以"绿色发展、和谐共生"为目标，有针对性地提出促进绿色科技创新的对策。"提高土地和空间利用效率"是停车场建设发展的重要原则，解决停车难的必然趋势就是发展立体停车，向空间要车位。在城市里，用地资源紧张，过度开发建筑用地机械式立体车库相比普通地下停车库更能充分利用空间、节省土地面积、造价成本低、安全可靠且效率高，在节省土地资源提升停车的效率，缓解城市停车难的问题。将"绿色发展可持续"的理念融入教学中，在环境意识的基础上进行机械式立体车库的设计、建造、使用。

3. 将"工匠精神"融入"机械式立体停车库设计"

工匠精神是从业者的职业价值取向和行为表现。其基本内涵包括敬业、精益、专注、创新等。在建造机械式立体停车库时，需要综合考虑各种因素，以静态交通系统的效率为约束条件对现有和未来需建设的设施加以整合优化，必须对所设计的产品精雕细琢、精益求精，在技术上不断创新，在质量上追求极致。工匠精神理念在潜移默化中从更深层次的培养静态交通行业的专业人士。

（三）专业教师与思政教师融合协同路径

第一，打造课程思政教学一流团队。以"结对子"的方式将专业课教师和思政课教师组成团队，以课程思政和思政课程的有机统一为出发点，以教师团队为主力军，以课程建设为主战场，转变课程思政教学理念，积极推进课程思政建设。将隐形教育与显性教育相结合，深入挖掘专业课中的思政元素，努力将思政教育转化为育人优势，发挥育人作用，切实提升课程思政育人实效。思政教师和专业课教师要实施互相听课制度，将思政教育与专业知识有机融合，由浅入深，对学生进行潜移默化的教育。

第二，定期组织开展课程思政培训，凸显课程思政的多元化。转变传统专业课授课模式和教学理念，坚持政治性和学理性相统一，构建课程思政和思政课程协同育人机制，构建"课程思政"教学案例库，使专业教师和思政教师在教学理念和教学目标上达成一致。"课程思政"和"思政课程"的最终目标都是教书育人，"思政课程"更注重培养具有较高的政治素质、道德素质和马克思主义素养的人才。"课程思政"即把原先在课程教学中教师个人无意识的、片段化的、偶发性的思政教学转变为结合专业特色的、有设计的、系统性的教学行为。好的思想政治工作应该像盐，但不能只吃盐，最好的方式是将盐溶解到各种食物中自然而然吸收。全面推进课程思政建设更是如此，只有如盐在水，方能沁润心田。

第三，建设课程思政示范课，创新课程思政教学模式。着力打造一批具有典型示范作用的课程思政示范课，建立课程思政教学资源库。全面推进课程思政建设，课堂教学是主渠道，充分挖掘专业课当中的思政元素，不断深化思想政治教育渗透到专业教学中，将教育资源转化为育人资源，实现"知识传授"和"价值引领"有机统一。要使课程思政活起来，不仅要抓住课堂这个主阵地，还需要充分运用学习通、微信公众号等平台，进一步增强线上、线下课程思政的联动性，创新课程思政线上线下混合教学模式，形成交通运输类课程思政教学指南。

四、结语

以"停车规划与管理"课程为例，对本专业课程思政与思政课程融合路径进行了探究，该课程坚持隐形教育和显性教育相统一，既要通过显性教育有目的、有计划、有组织地开展教育活动，又要通过专业课中蕴含的思政元素向学生正面传达理论性、系统化的国家倡导的主流意识形态。坚持政治性和理论性相统一，把爱国情、强国志、报国行理念融入教学过程中，用真理的力量引导学生，切实将铸魂育人、立德树人落到实处。

参考文献

[1] 徐秀兰. 新时代背景下高校思政课程与课程思政的融合路径思考[J]. 汽车博览, 2021（09）: 68-69.

[2] 宋美超. 高职院校思政课程与课程思政的融合与创新[J]. 湖北开放职业学院学报, 2020（12）: 22-23.

[3] 贾书明. 新时代高校"思政课程"与"课程思政"协同育人路径探析[J]. 山东农业工程学院学报, 2020（8）: 119-126.

[4] 王颖. 大思政理念下"课程思政"与"思政课程"的融合与改革[J]. 时代报告, 2018（09）.

[5] 陆经伟. 构建思政教育推进就业的内容与途径[J]. 宁波教育学院学报, 2008（05）.

"文化自信"在高职院校思想政治理论课课堂中的运用
——以重庆公共运输职业学院为例

冯 梅[①] 陈定君[②]

【摘 要】"文化自信"是课程思政中重要的思政元素之一,在"毛泽东思想和中国特色社会主义理论体系概论"课中,重点把握关于文化自信的"一个专题、三个层面、一个核心"要义,以试点院校"交通文化"为特色,培育具有工匠精神的高级技能性人才,从教学内容、教学方法、课程考核内容和方式三方面进行研究与实践,并对研究予以评价,以坚定高职学生中国特色社会主义文化自信。

【关键词】文化自信;高职学生;"概论"课

坚定高职学生文化自信是思想政治理论课(以下简称"思政课")教学必须承担的重要使命,"文化自信"也是课程思政中重要的思政元素之一,需要结合学生的专业,充分挖掘这一思政元素并运用于思政课堂。选取试点高职院校重庆公共运输职业学院,借助该校交通文化特别是轨道交通文化特色,在"毛泽东思想和中国特色社会主义理论体系概论"课(以下简称"概论"课)中,教学内容以"一个专题、三个层面、一个核心"为重点,将"文化自信"内涵融入"概论"课教学中;其次,在教学方法上,把相对比较枯燥的理论宣传教育借助文化的载体进行呈现,充分发挥教师和学生的主体性,提升"文化自信"的育人效果;第三,对"概论"课考核方式和内容进行改革,强调"文化自信"的重要性;最后,对"文化自信"运用于思政课课堂进行反思。

---

① 冯梅:重庆公共运输职业学院马克思主义学院教师。本文为重庆市教委人文社会科研项目《"高职院校'课程思政'与'思政课程'融合路径研究"》阶段性成果。项目编号:20SKSZ112。
② 陈定君:重庆公共运输职业学院轨道交通学院教师。

一、教学内容融入"文化自信"

"概论"课中,对于"文化自信"相关的教学内容,主要通过"文化自信"进讲义、进教案、进课堂的方式融入。

(一)融入的教学内容

融入的教学内容可概括为"一个专题、三个层面、一个核心"。"概论"课第十章第三节"推动社会主义文化繁荣兴盛"专门以文化为主题进行了讲述,以此为专题,并在整个"概论"课教学从"三个层面一个核心"融入"文化自信",如下图所示。

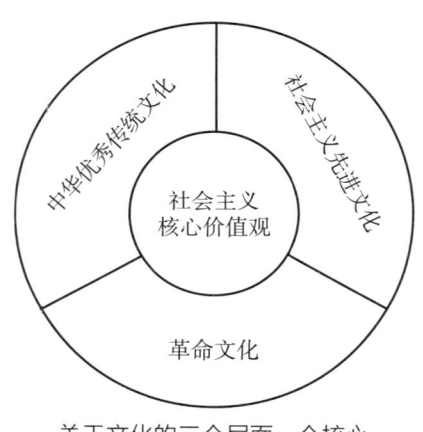

关于文化的三个层面一个核心

本应用着手于三个层面,正如习近平总书记在"七一"讲话中提到的,"在5 000多年文明发展中孕育的中华优秀传统文化,在党和人民伟大斗争中孕育的革命文化和社会主义先进文化,积淀着中华民族最深层的精神追求,代表着中华民族独特的精神标识"。据此,自信的文化,包含中华优秀传统文化、革命文化和社会主义先进文化,也是中国特色社会主义文化的源头。而核心"培育和践行社会主义核心价值观"既是思政课教学的内容,也是思政课教学的精髓,更是我们的育人目标。结合"概论"课教学的具体内容,融入"文化自信",也应从这"三个基本层面一个核心"着手。

（二）教学章节融入方式

以"概论"课为例，各章节融入方式如下：讲第一章毛泽东思想时，欲知其论，先知其人，先进入介绍毛泽东环节，从中华优秀传统文化涵养了毛泽东入手，讲他如何将中华优秀传统文化融入毛泽东思想里面；还可以结合毛泽东诗词，增强文化自信。

在讲新民主主义革命理论时，可融入新民主主义革命中的革命精神，例如五四精神、井冈山精神、长征精神、延安精神、西柏坡精神、红岩精神等；也可以结合重庆公共运输职业学院铁道机车专业学生的特点，谈谈诞生于解放战争炮火硝烟中的"毛泽东号"机车发展史。

在讲社会主义改造理论时，可以在农业社会主义改造中融入誉为冀中平原"社会主义之花"的耿长锁，在讲资本主义工商业改造中对全聚德烤鸭、荣氏申新纱厂的历史进行回顾。全聚德烤鸭、荣氏申新纱厂在重要关头进行了社会主义改造的明智之举本身就是很好的案例，荣毅仁亲自接待毛泽东参观申新纱厂，荣氏家族的爱国进步人士被毛泽东称为"红色资本家"。

在讲社会主义建设道路初步探索时，可以讲述这段时间涌现出的艰苦奋斗精神和创业精神，例如焦裕禄精神、大庆精神、铁人精神、雷锋精神等，借助当时的流行口号来体现那时的奋斗精神，例如"石油汉子一声吼，地球也要抖三抖""宁可少活20年，拼命也要拿下大油田"。

在讲邓小平理论时，结合"小康"的概念，即在《诗经·大雅·民劳》中"民亦劳止，汔可小康"找到源头，讲清楚人民自古以来对小康生活的向往如何能在当今社会实现，使学生感受社会主义制度的优越。结合重庆公共运输职业学院轨道交通专业高职学生，讲述邓小平当年坐日本新干线列车时感受到的速度，不仅希望能拥有这样快速的列车，更希望中国改革开放的进程更快，中国的发展更快。如今中国高铁复兴号已成为世界名片，单轨交通的世界一流水平，整个社会各层面的发展，已如邓小平所愿。

在讲"三个代表"重要思想中"始终代表最广大人民的根本利益"和科学发展观"以人为本"的核心理念时，结合中国传统的"民本"思想"水能载舟，亦能覆舟"理念，讲清楚人民为什么是工作价值的最高裁决者。

在讲中国特色社会主义进入了新时代的时候，将党的十八大以来思想文化取得的成就，从"文化走出去步伐加快，中国故事吸引世界目光"的角度，结合党和国家的"一带一路"倡议，将重庆公共运输职业学院与东南亚国家职业院校合作培养留学生的实践，作为文化走出去的典型案例给学生讲解。

在讲"中国梦"的时候，将"中国梦"的提出与中华民族关于梦想的古老传说故事结合，与近代受屈辱的人民渴望民族独立与解放的结合，与中华人民共和国成立后人民渴望解决温饱走向小康的向往结合，使学生对"中国梦"不仅有了整体的认识，还有了强烈的归属感、责任感、使命感。根据重庆公共运输职业学院学生专业特点，结合甘做轨道螺丝钉的高铁研磨师宁允展的工匠技艺和精神，以视频和分享体会的形式，把奋力实现"交通强国"梦作为学习目标进行重点讲述。

在讲推动社会主义文化繁荣兴盛时，直接将"文化自信"作为一个专题，讲清楚树立文化自信的重要性。

在讲构建"人类命运共同体"理念时，结合中国源远流长的"天下为公，世界大同"的"和"文化，讲清楚这一理念的大气磅礴、世界担当等。

（三）融入注意显性知识和隐性知识的运用

上述内容属于显性知识的应用，已在教学材料中体现，如讲义、教案等，并且已走进课堂。当然，文化自信是对学生人文素养的培养，应在思政课教学中无所不包，无所不容。本研究强调显性知识与隐性知识的科学运用，特别将试点高职院校重庆公共运输职业学院与交通有关的文化融入"文化自信"素养的培养中。在内容设置、学时分配上把握了"融入"的内涵，做到了适度，并注重少而精，以免冲淡"概论"课的政治性质和树立其他"三个自信"（道路自信、理论自信、制度自信）的原则。例如在内容设置上只稍微提一下相关的文化案例，每节课不超过10分钟，对于文化专题专门用两个课时完成。涉及文化本身的内容，只在课堂上抛砖引玉，激发学生自主学习的兴趣，利用业余时间或其他文化课来补充。思政课教师鼓励学生将这些学习内容借助作业和实践的形式，获得加分鼓励，增强对文化自信的理解和把握。而且，融入文化的时候，从马克思主义理论的高度，运用马克思主义辩证法进行阐释，指导当代大学生从更高层面、更深层次来理解中国特色社会主义文化。

二、教学方法上借助交通文化的载体进行呈现

试点院校重庆公共运输职业学院思想政治理论课教师打破了传统教学模式，

变换运用各种方式,将"文化自信"运用于思政课课堂。在"概论"课中,主要以交通文化元素为切入点,以学生为中心,重视工匠精神的培育,在课堂上进行展示互动,激发教师、学生学习的主体性,从课前、课中、课后整个教学过程融入"文化自信"。

(一)课前备课备学生体现文化

课前主要在于备课,备学生方面,试点高职院校重庆公共运输职业学院学生以城市轨道交通类、铁道机车类理工科学生为主,以"交通"为特色,将"文化自信"进讲义、进教案,例如课件制作含有交通文化风格。

(二)课中在实践教学和理论教学方面体现文化

课中主要在实践教学和理论教学方面,这也是重点体现环节。利用主题式教学、课堂讨论、文化才艺展示等方式,结合相关文本、音响资料整合成课件,利用学校多媒体教学设施,体现交通文化元素,烘托交通文化氛围;特别地,在课堂展示时,将中华传统节日文化,儒家仁、义、礼、智、信文化,结合参与的各种劳动、轨道交通服务礼仪文化,例如轨道红马甲、三下乡活动、铁路春运社会实践、国家服务礼仪大赛,通过学院多媒体报告厅、校园浮雕广场进行交通文化演出和展览等,并将演出和展览的成果以视频、图片等形式呈现课堂,同时阐释其背后深层次的文化内涵——高等职业教育中工匠精神的培育。例如在课堂中插入"朝闻天下"电视节目《大国工匠 高铁研磨师宁允展》,视频中有中国高铁的国际名片CRH380A型列车,这是李克强总理向全世界推销中国高铁的车模,其中一个技术人员宁允展负责了这个列车的制造工序。他负责的这个工序,在中国,乃至全世界所有高铁生产线上都要靠手工研磨,按照国际惯例,留给手工研磨的空间只有0.05毫米左右,磨小了转向架落不下去,磨大了价值十几万元的主板就报废了。0.1毫米的时候,国内大概有十五个人能干,到了0.05毫米的时候,别人都干不了,目前只有他能干。这就是工匠的技艺。而且他不愿当班长,甘愿做螺丝钉,继续钻研技艺,真正做到了干一行,专一行,爱一行,这也就是工匠精神魅力之所在,永远值得我们发自内心去尊敬。这一典型案例,有利于高职学生工匠精神的培育。

（三）课后体现文化的自觉和自为

课后主要在作业方面（以文字、视频等形式）体现交通文化元素；而贯穿整个教学过程的，教师的素质以及考核评价标准偏向文化元素，让学生能在教学中体味文化，形成文化自觉，树立"文化自信"，并让一部分有文化特长和爱好的学生树立传播中国文化、让文化走出去的情怀和理念。

三、课程考核方式的改革体现对"文化自信"的重视

以"文化自信"为侧重点，重视过程考核，特别注重学生在课堂中的表现，以及课外文化活动的参与和成效，展示形式多样化。加分形式以个人和小组的形式，激发学生参与的积极性，如下表所示：

表1 考核形式融入文化举例

考核形式	课前文化经典分享	课中文化互动	课后文化作业
课堂考核形式	每个小组派一名代表或全部上台来分享与本节课内容相关、与专业课相关的文化，形式不限，可以是PPT、视频、表演等，必须是原创	经过老师的讲解，在课堂进行互动，回答问题、辩论、讲演、弹幕等形式。例如在课堂中插入中国高铁的国际名片CRH380A型列车的故事	请学生寻找文化体裁，制作相关视频、图文等，对本章节的内容进行复习，回顾和预习下一章节的内容，并在课堂展示学生优秀作业
课外活动	参与校园文化活动、校园劳动实践（轨道红马甲志愿者活动、铁路春运志愿者活动、三下乡活动等）、革命文化活动（参观红色革命纪念馆、做义务解说员等）……例如在校园文化活动中，融入学院交通特色的工匠精神、浮雕广场交通文化等，让学生在勤奋、尚志青春飞扬的交通校园文化中树立"交通强国"的使命担当		
期末考试	期末试卷中含文化自信相关的主观、客观题型，例如论述题：通过你在学院学习和劳动过程中参与的社会实践，谈谈如何坚定文化自信，建设社会主义交通文化强国？		

四、对"文化自信"运用于思政课课堂的反思

首先,通过"文化自信"运用于高职院校思政课课堂教学的研究与实践,教师自身的文化水平、教学能力不断提高。通过文化学习、课题研讨和课堂实践探究,对高职学生践行社会主义核心价值观起了极大的推动作用,并撰写了相关教学论文。其次,学生文化自信的素养得到了很大提高。2019年底,试点高职院校重庆公共运输职业学院共2 000多人,参与调查问卷的1 877名高职学生中,有1 745人,占比92.97%,认为我们学习的中华优秀传统文化对自身的发展和适应社会的需要有帮助。相比2018年,在本研究以前,参与调查问卷的1 982名高职学生中,有927人,只占比46.77%,认为我们学习的中华优秀传统文化对自身的发展和适应社会的需要有帮助。前后数据的差距,一是国家大环境对"文化自信"的宣传教育;二是学院执行"三全"育人的共同努力;三是本研究起了直接推动作用。

在2019年底,试点院校重庆公共运输职业学院高职学生对自身的文化自信程度评价的结果中,有362人对自身文化自信程度评价很高,占19.31%;有1 432人对自身评价一般,占76.37%;有72人对自身评价很差,占3.84%;其他不做定论的有9人,占0.48%;这说明绝大部分对自身文化自信程度评价比较中庸,评价很高的次之,评价很差的占极少数(现在的工作是对这极少数进一步关注和培养)。评价一般占多数虽然可能确实存在一般自信的状态,但总的来说,呈正态分布,而且本研究在一定程度上促进了高职学生对文化自信的理解,有意识地树立文化自信。

另外,通过"文化自信"在思政课课堂中的运用,课堂民主、平等、和谐的氛围日益浓厚,学生的自主学习能力、合作探究能力、解决问题的能力均有不同程度的提高,例如被称为"佛系青年"的少数高职学生,本来"佛系"对待大学文凭,对待大学课堂,对待自己的未来,但经过文化的渲染和激发,居然鲜活了起来,有了目标和追求,主动参与到思政课教学活动中。主要表现在他们捡起童年的记忆和成长中的爱好,在课堂中大胆展示才艺,课下主动与思政课教师谈心,表达自己潜意识里的被现实埋没了的文化自信。与此同时,文化展示很好地激发了学生的好奇心,求知欲,学生的个性也有了广阔发展的空间,增强了学生的获得感、幸福感,培养了学生的自信。

最后，经过本研究与实践发现不足，高职学生在继承中华优秀传统文化过程中，对中华优秀传统文化知识缺乏了解，对中华传统文化容易断章取义，继承的积极性不高，大多"佛系"继承，继承过程中存在功利性，继承方式死板、单一。面对这些问题，应继续加强对中华优秀传统文化知识的普及，重视树立高职学生的文化自信、在"三全"育人的过程中渗透、在批判中继承，在继承中创新。

参考文献

［1］ 习近平. 习近平谈治国理政第二卷［M］. 北京：外文出版社，2017：36.
［2］ 程俊英，蒋见元. 诗经注析［M］. 北京：中华书局，2017：632-635.
［3］ 冯梅，黄江，郭钦. 高职学生中华优秀传统文化继承问题与应对策略［J］. 现代职业教育，2019（160）：64-65.
［4］ 习近平. 决胜全面建成小康社会 夺取新时代中国特色社会主义伟大胜利——在中国共产党第十九次全国代表大会上的报告［R］. 北京：人民出版社，2017：40-44.
［5］ 刘奇葆. 坚定文化自信传承中华文脉［J］. 党建，2017（05）：6-10.
［6］ 张瑞涛. 评价中华优秀传统文化应正确认识的六大关系［J］. 思想理论教育，2019（03）：33-39.

文化自信背景下高职英语课堂思政教学探索

何 佳[①]

【摘　要】高职阶段的英语教学活动中，为有效提升学生综合素质，课程思政元素的融入显得尤为重要。在英语课堂教学中发挥思政的作用，丰富英语教学内容，提高文化自信和学生素质对实现既定教学目标有着积极作用。本文从理论上就文化自信背景下在高职英语教学过程中融入思政元素的重要性以及问题和措施进行探究，促进提高高职英语课堂教学质量和学生的综合素质。

【关键词】文化自信；英语教学；思政融入

党的十八大以来，习近平总书记在多个场合谈到中国传统文化，表明了习近平总书记对传统文化、传统思想价值体系的认同与尊崇。2015年5月4日他与北京大学学子座谈，也多次提到核心价值观和文化自信。习近平在国内外不同场合的活动与讲话中，展现了中国政府与人民的精神志气，提振了中华民族的文化自信。习近平总书记指出："我们要坚持道路自信、理论自信、制度自信，最根本的还有一个文化自信"。那么，何谓文化自信？文化自信是一个民族、一个国家以及一个政党对自身文化价值的充分肯定和积极践行，并对其文化的生命力持有的坚定信心。

目前，随着国家对职业教育的普及，高职学生数量大幅提升。目前，高职学生思想主流积极向上，但消极因素不容忽视；心理总体稳定健康，但心理压力和困惑较大；部分学生学习目标不够明确，存在学习动力缺乏的现象。因此帮助学生树立文化自行，明确学习目标，提高学习动力，具有较大的意义。

提升文化自信背景下的高职英语教学活动中，为有效提升学生的思想政治素养和综合学习能力素养，需要教师采取创新的方式，调动学生学习英语的动力，

[①] 何佳：重庆公共运输职业学院公共管理学院教师。本文为重庆市高等职业技术教育研究会教育科学研究规划课题《"一带一路"背景下高职英语课程思政的实践与研究》阶段性成果，项目编号：GY201086。

提升学生综合素质。高职生学习英语知识时，动力不足以及基础薄弱是常见问题，通过课程思政融入，丰富课堂教学的内容，改变教师的教学形式，有助于促进学生主动学习，从而提升高职英语课程的学习效果。

一、文化自信背景下英语教学思政融入的重要性及问题

（一）文化自信背景下英语教学思政融入的重要性

文化自信背景下的英语教学活动中，为有效提升学生综合学习能力，教师在实践中科学融入思政元素，对丰富学生学习的内容，拓宽英语课堂教学知识有着积极作用。思政融入对培养学生文化自信发挥着重要的作用，是提高学生文化自信的重要渠道，是促进高素质技能型人才发展的重要方式，是学生人文素养的重要内容，把文化自信和思政内容相结合起来，对学生全面素质发展有着积极意义。文化自信背景下的英语教学思政融入，能强化学生民族自豪感及自信心，有助于学生践行社会主义核心价值观，对实现高质量的教学目标有积极作用。

（二）文化自信背景下英语教学思政融入问题

当前高职英语教学思政融入还存在着一些问题，从以下几点进行阐述：

1. 教学和育人目标脱离

高职英语教学的目标和思政育人的目标没有联系起来，两者脱离，这就会影响两者教学作用充分有效发挥出来。英语教学中有的教师认识到思政育人的重要性，而在思政育人方面有很强的哲理性，说教为主，抽象难懂，没有将教学和育人目标紧密联系，这必然会影响最终教育的效果。

2. 内容上没有有效融合

英语教学融入思政，需要从内容上进行有机融合。内容是教育的资源，把英语教学内容和思政内容有机融合起来，才能真正有助于提升教育的目标，最大程度上提升教育工作开展的效果。英语教学中没有从内容融合方面进行优化，必然会影响最终的教育效果。

二、文化自信背景下英语教学思政融入的措施

文化自信背景下的英语教学中思政融入，教师需要采取科学有效的方法灵活运用，以下融入措施需要加强重视：

（一）挖掘内容科学融入思政内容

英语课堂教学中涉及的内容比较丰富，教师为提高英语课堂教学质量，在思政融入的时候要科学选择内容，结合文化自信的要求，以培养学生文化自信意识为基础，将传统优秀文化以及红色革命文化等融入英语教学中去，让学生能够正确地认识我国民族文化的价值，提高学生民族文化的认同感，让学生在学习英语知识的时候不断提高自己的素质能力、思想水平，发挥思政知识内容的作用价值，让学生在英语课堂中能有思想上的转变。教学中教师自身要有准确定位，以德育人理念融入英语教学目标中去，促进学生在英语教学活动中发挥主观能动性，如此才能为学生学习进步打下坚实的基础。

针对高职英语课程性质特点，把握好所要挖掘拓展的重点。作为文科类通识课程，高职英语应突出培育高尚的文化素养、健康的审美情趣、乐观的生活态度，重视价值引导和优秀传统文化的传承，引导学生自觉弘扬和践行社会主义核心价值观，不断增强"四个自信"。

（二）思政情境合理创设

高职英语教师应积极开展课程思政教学改革工作，将思想政治教育工作融入课程教学，通过以学生为主体、教师为主导的教育系统结构性变革，教学方法和手段的改革要为课程思政目标服务，通过纵深发展和横向拓展，形成思政元素全面融入高职英语课程全过程教学内容的完善体系。课程思政元素和教学内容进行融合时，应突出前瞻性、可行性和协同性要求，注重统筹作为公共基础课的育人作用。明确课程思政教学改革思路、内容和方法，紧紧围绕任务和价值目标，以提升高职学生的文化素质为立足点，通过课程的项目化改革、实践教学的改革、教学模式的改革、教学方法的改革、信息化技术的植入等途径来推进高职英语课程思政。

高职学生在学习英语知识的过程中，为能有效提高学生学习能力素质，需要从思政教育情境创设方面加强重视，以学生为中心优化思政教育的内容，让学

生在学习中发挥主观能动性。学生在进入英语情境中了解思政知识，树立正确的三观，提高文化自信心。教师在英语教学中通过角色扮演以及情境对话等方式，促进学生通过英语表达，把英语课堂情境化，让学生成为课堂的真正主角，激发学生英语知识学习的兴趣，引导学生情感上以及思想上的积极投入，只有从这一要点加强重视，才能对学生综合素质的提高起到促进作用。例如：教学中为学生讲述商务接待以及文化交流的相关内容，把中国自然风光以及人文历史放在情境中，让学生进入情境中练习以及交流，加强学生民族自豪感以及爱国热情。教师为学生布置课后作业的时候，要求学生通过收听中国国际广播电台或观看中央电视台，了解时事新闻，要求学生对收听的内容总结以及分析讨论，在这样的情境学习环境中，能有效提升学生英语实践能力，提高学生文化自信心。

（三）结合专业特征强化教师职业道德

加强高职英语教师思想政治教育，增强"四个自信"，提高育人意识，切实做到爱学生、有学问、会传授、做榜样。转变教师重知识传授、能力培养，轻价值引领的观念，通过多种方式，引导广大教师树立"课程思政"的理念，以思想引领和价值观塑造为目标，充分运用教研活动、集体备课、老教师传帮带、教材教案编写、优秀教师示范等手段，开展课程思政教育技能培养，让教师能利用课堂主讲、现场回答、网上互动、课堂反馈、实践教学等方式，把知识传授、能力培养、思想引领融入每堂课的教学过程之中。

教师在英语教学中融入思政，注重和学生专业特征紧密结合起来，让学生在课堂中发挥主观能动性，针对学生职业道德进行培养，让学生能够结合自身岗位要求加强英语知识学习。如针对物流工程专业的学生，教师通过把工匠精神优良职业精神和英语内容相结合，帮助学生树立职业操守信念；对于旅游专业的学生，教师可通过热门景点介绍以及名胜古迹作为授课的要点，积极引导学生通过英语实践交流，提高学生职业道德素质。

加强师德师风建设，引导高职英语教师自觉将思政教育融入课堂教学过程中；强化思想理论教育和价值引领，发挥通识类课程的育人功能，充分发掘和运用教材和教学内容中蕴含的思想政治教育资源，建立充满德育元素、发挥德育功能的高职英语课程教学体系。教师要转变思想政治教育只是思想政治课的任务等狭隘认识观念，认识到"立德树人"应该是全员参与、全课程参与，从而促使授课教师、各项教学活动与教书育人同向同行，促进思想政治教育与知识体系教育的有机统一，构建协同育人机制，提升高职英语课程的人才培养能力。

三、结语

全面贯彻党的十九大精神和习近平新时代中国特色社会主义思想，坚持社会主义办学方向，落实立德树人根本任务。按照价值引领、能力达成、知识传授的总体要求，深化学校课程思政教学改革，引导教师进一步了解课程思政，认识到高职英语课程开展课程思政的重要性和必要性，深入挖掘教学内容的思政元素，更好地发挥高职英语课程育人作用，从而促进学生的全面发展，培养学生的职业素养与能力。

总之，高职英语教学中，为有效提高学生综合素质能力，教师通过思政融入，结合文化自信的教学要求，教师要在不同的教学环节进行科学设计，激发学生对英语知识学习探究的动力和兴趣，只有从基础教学方面进行优化设计，才能真正为学生学习进步打下坚实的基础，最大程度上提升学生综合学习素质，为学生可持续发展提供助力。

参考文献

[1] 徐磊，芦瑶."大思政"格局下高职英语教学"课程思政"教学探索[J].校园英语，2020（38）：114-115.

[2] 朱丽艳."课程思政"背景下思政教育融入高职英语教学的路径研究[J].现代职业教育，2020（30）：68-69.

[3] 陈蕾吉.论"课程思政"在高职英语教学中的有效融合[J].现代英语，2020（14）：8-10.

[4] 祁有晶，吴宁.高职英语教学中的课程思政教育浅探[J].现代英语，2020（13）：16-18.

基于信息技术的高职思政课任务驱动式教学改革与实践

吕文丽[①]　段晓英[②]

【摘　要】为适应素质教育和新课程改革的要求，进一步提升我校思政课的教育教学质量，提高学生的综合素质，在结合我校学生及中班授课模式等现实基础上，依托信息技术对现有《思想道德修养与法律基础》（以下简称"基础课"）开展了"有效教学——高效课堂"的任务驱动式教学改革，用心探索了一条"教育观念新、教学方法活、学生实践实、课堂效率高"的教改新路。

【关键词】信息技术；任务驱动；改革

一、"基础课"任务驱动式教学改革与实践的背景

21世纪伴随着互联网技术的迅猛发展，教育信息化成为时代发展的必然趋势。我院的学生大多属于"95后"，是由电子产品伴随着长大的一代，他们中大部分人喜欢"说网话、办网事、过网日"，他们有着年轻人共有的特点——热情、积极、充满活力，然而也存在自我评价偏低、对传统理论教学缺乏兴趣、自制力较弱等现象。因此，我校《思想道德修养与法律基础》课（以下简称"基础课"），更应该突出学生的主体地位，顺应时代发展潮流和思政课教学规律，把"基础课"与现代信息技术融合，充分利用信息技术架起"大社会"和"小课堂"之间的信息桥梁，通过拓展学生学习的时空环境，开辟指尖上的"基础课"。

然而现实中信息技术与我校"基础课"教育教学融合度并不高，信息技术在"基础课"教学过程中虽有涉及，但不够深入。比如：（1）教学过程依然主

---

① 吕文丽：重庆公共运输职业学院马克思主义学院教师。本文为重庆市教委人文社会科研项目《"00后"高职学生劳动意识培养与实践研究》阶段性成果。项目编号：19SKSZ107。

② 段晓英：重庆公共运输职业学院教务处教师。

要依据"课标"和教材,以教师的讲授为主,知识传递的方法、手段较单一,不能够契合当今高职学生认知的特点;(2)在教学理念方面依然是以教师为中心进行教学设计、开展教学活动,学生依然是知识的灌输对象和被动的接收者;(3)在学生学习的环境方面,我院的"基础课"教学普遍存在着师生共处于同一时空环境里,师生间交流更多体现为直接面对面的单一教学方式;(4)在评价考核方式上,我院"基础课"期末考试虽对传统的"千人一卷"的期末考试方式进行了改变,但是在调动学生学习的积极性和主动性方面,尤其在利用"学习通"平台进行期末考试过程中的操作技能和平台资源的开发方面还有很大的改进空间;除此之外,尽管目前高职院校都有基于在线课程资源进行课程改革的需求,但是在线课程资源内容和形式的困乏制约了"基础课"课程改革的可持续发展,诚然推动思想政治教育传统优势与互联网信息平台的高度融合,增强"基础课"的实效性、时代感和吸引力是课程改革的必然趋势。

二、"基础课"任务驱动式教学改革与实践的目标

根据教育部对高职院校人才培养目标的总体要求,针对我校"基础课"教学过程中存在的主要问题,通过结合我校学生具体学情及中班授课方式等实际,旨在构建以"课堂专题研讨+课外自主研修+网络自主学习+实践教学模块+多元教学评价"五位一体的教学模式、以信息技术为重要手段、以任务驱动教学方法为特色的"基础课"课程育人体系,通过坚持教育观念新、教学方法活、学生实践实、课堂效率高的教改理念,提升"基础课"的时效性,增强学生对"基础课"的获得感。在"基础课"的课堂教学过程中是以"任务"为载体,以突出学生学习的主体性,培养学生自主学习潜力、情感态度,提高课堂教学效率为目的。与传统的教学模式相比较,其突出优点是发挥学生的主体作用,突出学生的自学行为,注重学法指导,强化潜力培养,并注重学生间的互助交流,把学生由观众席推向表演舞台。具体如下:

1. 把教材体系转化为教学体系——以教材为纲又体现高职教育特色

以教材为纲,就是不失全国通用教材的主要内容和基本要求;所谓体现高职特色,就是针对高职的培养目标、教学规律和学生的特点对教材进行优化组合和拓展。教材为纲和高职特色相结合,是通过以"必须""够用""贴近实际、贴

近生活、贴近学生"为原则选择和扩充教学内容，教材内容做充分优化，对教材内容进行适当切片，力争构建针对性强，操作性强的教材体系。

2. 重点以能力培养为导向

毋庸置疑，教学的知识目标、情感目标、意志目标、行为目标最终要服务于能力目标。"基础课"在实际的教学过程中以学生在社会生活尤其是职业活动中需要的各种能力作为教学的最终目标来优化组合教学内容进行教学安排。

3. 以学生"积极做"为重要路径

以学生"积极做"为出发点、过程和归宿点，始终都是教师指导学生"做"（自学、搜集资料、说、讨论、剖析自我、制定自己的实施方案）。

4. 以任务为驱动

学生要针对自身情况制定每个学习项目的实施方案，使学生不得不掌握相关的理论知识并针对自身的现状制定出切实可行的学习方案。

5. 以信息技术手段为支撑

运用互联网使"基础课"活起来，推动思想政治教育传统优势与互联网信息平台的高度融合，增强"基础课"的时代感和吸引力。

6. 体现四个"结合"

一是将思想教育、道德教育、法律教育相结合；二是课堂教学与课外实践教学相结合；三是坚持教育学生与自我教育相结合；四是坚持教学与教研相结合。

三、"基础课"任务驱动式教学改革与实践内容

教师应注重学生学习的全过程，引导学生的自主发展，透过学生的自主学习、合作探究和师生的互动交流，实现教与学的相互结合、相互促进。基本包括：课前预习，课堂学习，课内训练，课后拓展。依托现有的"基础课"进行"精品在线开放课程""雨课堂""学习通"应用与开发模式研究，以任务为驱动，以"教学过程设计、教学过程管理、教学效果评价考核"为抓手，对"基础课"展开教学改革，提高教学效果。

（一）教学过程设计

1. 借助信息技术构建以问题为导向的模块化思政课堂

教师应从高等职业教育的特殊性出发，结合高职学生特点，通过泛雅课堂、移动新媒体、网络问卷调查等形式征集学生的主要困惑点和兴趣点，借助大数据分析等技术对学生的问题进行梳理和总结，同时将教学内容整合成"思想篇""道德篇""法律篇"三个模块，根据教材四级目录的特点，针对学生实际修订课程标准、编制教案、制作课件、精选案例，最后在教学模块的基础上，采用专题的形式进行教学。

2. 借助网络平台、协调资源组织思政教师实现网络集体备课

网络集体备课主要包括备教材、备教学目标、备教学方法、备教学资源、备练习、备作业等，重点要研究教与学的方法与策略。

3. 利用在线开放课程资源尝试进行"翻转课堂"的教学设计

教师将与课堂教学相关的音频和视频等学习资料提前开放给学生，引导学生基于学习资料积极思考问题，带着问题进课堂，使用"翻转课堂"这种面对面补充答疑的前置学习方式。

4. 依据教材内容和学生特点，有针对性地进行微课教学设计

教师应根据高职学生实际需要恰当选题，在微课制作过程，把每一次课都当成自己的一部作品，教师在过程中承担导演、编剧、演员等多种角色，精心编写教案，制作课件，设计教学环节，坚持"形式为内容服务"的原则，打造短时、容量小、非结构化、切片化、方便、快捷、高效的微课教学内容。

5. 利用信息技术强化"网络＋作业展示"的实践教学模式

教师应利用信息技术丰富思政课实践教学的内容与形式。一方面师生可以通过读经典、诵诗文、演小品、制作PPT、说观点、讲故事、演唱歌曲、拍摄微电影、绘制经典画、学习交流会、辩论赛、讲课比赛、新闻搜集等方式进行互动体验式教学。另一方面学生可以通过参加党团组织活动、学生社团活动、春运志愿者活动、和谐班级文明寝室创建活动、传统文化沙龙活动、社会调查等校内外实践活动实现"基础课"实践教学的目标，达到"网络＋作业展示"的实践教学模式的效果。

（二）教学过程管理

借助"雨课堂"平台进行教学过程管理，以设计课堂管理规则、实施课堂管理规则、反思修改课堂管理规则为原则，在此基础上根据实际的教学需要进行过程管理。尝试将信息技术手段贯穿课前、课中和课后等整个教学环节，对比研究管理效果。

（1）借助"雨课堂"平台，课前通过扫二维码对学生进行出勤管理。

（2）课中以随机点名的形式对学生进行提问，通过设计课堂小测验让学生更好地记住知识点，同时学生可以对课堂中不懂的问题随时通过手机端口进行问题反馈，老师及时进行答疑解惑。

（3）课间学生可以通过发送微弹幕，给老师留言与老师交流，活跃气氛。

（4）课后通过学生提交或者点击预留作业对学生进行课后监控。

（三）教学效果评价考核

（1）充分利用"学习通"平台进行无纸化、多样化考核，不断解决我校"基础课"考核过程中存在的问题，及时更新题库资料，将教学过程考核作为重要指标纳入最终考核评价体系中。同时对学生的学习态度、能力等进行综合性分析，考核目标旨在突破时间、空间局限，提高考评效率，增强考评效果，切实提高整个考评体系的科学性和合理性。

（2）通过对比研究的方法，将信息技术与"基础课"教学融合前后各教学环节展开调查，通过对学生发放调查问卷等多渠道客观评价教学效果。在此基础上总结教学改革经验，发现教学改革过程中存在的典型问题，为进一步结合学院实际进行"基础课"教学改革奠定必要基础。

四、"基础课"任务驱动式教学改革与实践成果总结

（一）构建了我院特色的"基础课"课程育人体系

针对我院"基础课"教学过程中普遍存在的问题，本研究从高等职业教育的特殊性出发，立足我院办学特色和学生实际，在对重庆部分高职院校现有的课程育人体系进行系统研究的基础上，以《思想道德修养与法律基础》课为例，依托项目研究进行课程改革，历经4年多的探索与实践，构建了以提升高职"基础课"实效性为目标、以"课堂专题研讨＋课外自主研修＋网络自主学习＋实践教

学模块+多元教学评价"五位一体为教学模式、以信息技术为重要手段、以任务驱动教学方法为特色的"基础课"育人体系。

（二）荣获"课程改革示范课"

本研究依托"基础课"，结合《高职思政课任务驱动式实践教学改革研究》《基于信息技术提升高职思政课教学实效性研究》等14个项目（其中已结题5项，在研9项）展开教学改革，在此期间通过翻转课堂、微电影大赛、演讲比赛、PPT展示、辩论会、论文写作、情景模拟、新闻播报等活动丰富教学形式，增强了"基础课"的实效性与趣味性，同时根据我院专业调研及工学结合过程中用人单位对学生职业道德表现的反馈信息为案例展开教学，增强了对学生进行职业道德教育的针对性和务实性，改革效果明显。在2019—2020学年第一学期课程改革试点课程验收中，"基础课"获评重庆公共运输职业学院"课程改革示范课"。在此期间先后参与编写相关教材4部；荣获各类教学技能竞赛奖8项；公开发表学术论文20余篇；录制教学微视频1套（11个）、制作精品课件1套（共7章）；学生部分精品作业视频1套（以青春、道德、爱国、法治等为主题，共60个）、学生主题演讲获奖人数9人、学生作业PPT1套；先后形成"基础课"教学效果调查问卷、调研分析报告、任务驱动式实践教课程改革试点成果分享、课程改革经验总结、实践教学典型案例分享、"雨课堂"日常学习资料、"学习通"期末考试等资料各1份。

（三）完成我院"基础课"精品在线开放课程的建设并投入使用

"基础课"精品在线开放课程教学团队结构分工合理，教学设计与方法恰当，教学内容与资源丰富，教学互动评价有序，符合在线学习的总体特点，教学效果优良，学生受益较多。在重庆市高校在线开放平台上，本教学团队已创建课程《基础课》1门，其中课程简介、课程公告、教学团队、课程章节（包括授课视频、作业、测验、作业等关键性教学资源）、考核评价、参考资料等基本资源已上网，并且在教科研团队的共同努力下，根据实际教学需求完成了课程章节视频资源的拍摄任务，目前已对2019级学生开放并投入使用（包括观看视频及课件、提交作业、进行测验、参与互动等学习任务）。除此之外，本课程建设内容无政治性、思想性等问题，不涉及国家安全、保密及其他不适合在线公开传播的内容，不存在侵犯知识产权、肖像权以及其他与现行法律法规相悖的问题。

前期建设情况。截至2021年3月20日，课程团队共制作并上传课程章节（包括绪论部分）共7章内容，上传课件总数89个，其中PPT课件23套；总共上传视频总数65个，时长303分钟（其中原创视频30个，视频总时长277分钟，原创视频数量占总章节的90%以上）；上传非视频资源数24个、作业和测试49次、习题总数118个，参与人数643人，相关资料和信息的上传率高达95%以上（如表1所示）。

表1 课程建设情况统计

课件数	授课视频		非视频课件数	作业和测验			公告	互动交流		教师在线总时长（小时）	学生在线总时长（小时）
	个数	总时长（分钟）		次数	习题总数	参与人次	课程公告个数	教师发帖数量	学生发帖数		
89	65	303	24	49	118	643	1	29	7 145	149.9	29 006.1

后期使用情况。在课程后期的投入使用过程中，截至2021年3月20日，共有1 266名学生参与选课，8名团队建设成员参与建设，其中学生在线学习时长29 006.1小时，教师线上建设答疑登录次数时长149.9小时，教师发帖数29个，学生发帖数高达7 145个，学生参与互动积极性高，互动效果良好；学生参与作业和测验人数643人，参与率近60%。（如表1所示）

（四）做实、做强"基础课"实践教学，形成了以"列车上的思政课"为特色的实践教学模式

在"基础课"实践教学过程中，"需要在项目的总目标下，具体设计任务形式，选择适当的专题任务，根据项目目标的要求，提出与项目相统一的任务目标，并为学生布置明确可执行的任务，使学生明确任务的目标、实施流程，从而更好地掌握任务完成的尺度，而教师要在任务中发挥指导作用，既要为学生提供方向上的指导，又要给学生提供自主学习、自主探究的创造空间，使学生充分发挥其主体作用。"针对我校的实际情况，思政教师充分利用第二课堂，提供专题模块化教学体系，供学生根据自身兴趣、特长选择，进一步将实践教学做强、做实。根据我院办学特色，致力于抓好"基础课"实践教学，由辅导员、思政课老

师带队，通过组织学生参加春运、暑运等社会实践活动，让学生切身感受改革开放40多年来我国铁路、轨道和公共交通的飞速发展，将"基础课"实践教学开展到了列车上，形成了以"列车上的思政课"为教学特色的"基础课"实践教学模式，为培养德智体美劳全面发展的交通运输行业建设者和接班人作出了重要贡献。

参考文献：

［1］ 张瑞荣. 开展参与式教学让高职思政课教学"活"起来［J］. 党史博采（理论），2015（7）：62-63.

课程思政背景下高职院校思政课程改革的着力点探索

郭素敏[①]

【摘　要】在课程思政的背景下，加强思政课程建设仍是重中之重。高职院校思想政治理论课应以习近平新时代中国特色社会主义思想为指导，进行全方位全过程教改，革新教学方法，构建师生对话平台，不断提高思想政治理论课实效性。

【关键词】高职院校；思想政治理论课；教学改革；实效性

课程思政是"三全育人"工作格局中的重要工程。深入推进思政课程与课程思政同向同行，必须紧紧抓住教师队伍"主力军"，推动课程思政建设全员参与；主动建好课程建设"主战场"，推动思政教育和专业教育全方位融合；牢牢把握课堂教学"主渠道"，推动思想政治工作全过程贯穿。在课程思政的大背景下，加强思政课程这一"主渠道"建设仍是重中之重。思政课程不仅是思政教育的主渠道，更是人才培养的主阵地，影响着大学生的思想品质和能力素养，更影响着中华民族伟大复兴的中国梦的实现。

一、思政课程发展过程中存在的问题

思想政治理论课程是大学生在大学阶段必修的公共课程，对于高校学生的世界观、人生观与价值观的正确塑造起着极为关键的作用。近年来，各个高校思想政治理论课普遍重视坚持理论与实际相结合，注重发挥实践环节的育人功能，创新推动学生实践教学和教师实践研修。坚持教学与科研相结合，努力攻克教学难关，强化马克思主义理论学科和科研对教学的支撑作用。坚持教师讲授与学生参与相结合，注重师生教学互动，充分调动学生学习的主动性和积极性。坚持课堂

---

① 郭素敏：重庆公共运输职业学院马克思主义学院教师。本文为重庆市教委人文社会科研项目《新时代高职院校"思政课程"与"课程思政"协同育人路径研究》阶段性成果。项目编号：21SKSZ119。

教学与日常教育相结合，积极拓展思想理论教育渠道，创新发挥第二课堂的教育作用。坚持思想政治理论课与专业课相结合，注重发挥所有课程的育人功能，所有教师的育人职责。但思政课程在发展过程中存在以下问题：

（1）高职院校学生相对本科生而言，存在重技能、轻理论，重专业知识、轻公共基础知识的特点。虽然党和国家高度重视思政教育，许多高校也在思政课程改革上做了众多创新。但高职院校学生对于专业课之外的通识课兴趣不大、积极性不高。

（2）大班、合班人数众多，课堂秩序普遍松散，教师很难采取互动或实践方式教学，"一言堂""灌输式"授课成为主要选择。思政课程普遍采用传统教学理念，课程体系缺乏科学性，理论灌输多于实践探索，而当今学生善于思考、对新鲜事物极为敏感，因此，以往应试教育式的教学模式已无法契合当今学生的思维方式。另一方面，由于理论教学占据大部分时间，实践教育未受到重视，使学生无法通过实践加深对理论的认知，影响学习效果和教育质量的提升。

（3）评价方式缺乏科学性。目前，考试还是采取闭卷考试，而且题型多为客观选择题或判断题，主观性题目尤其是没有严格答案的探究性题目较少。这种方式可能使学生认为考试只要在期末突击一下及格就行了。另外，目前考核方式主要采取的是平时成绩和期末成绩相结合的方式，这种考核主要停留在对书本知识的考核上，忽视了对学生实践方面的考查，没有使学生把理论转化为自觉的行动，造成了知行脱节，不利于学生形成学习自觉性和主动性。

（4）长期以来，高校思想政治教育存在"孤岛"困境，思政教育与专业教学"两张皮"现象未能根本改变，体现在：教育理念上，不能正确认识知识传授与价值引领之间的关系；队伍建设上，教师育德能力和育德意识有待提升；人才培养上，各门学科思想政治教育资源没有得到充分挖掘；管理机制上，多部门合力推进思想政治教育的机制体制有待进一步完善。归根到底是"全课程、全员育人理念"没有完全树立起来。

二、思政课程改革的着力点

1. 教学内容联系学生生活实际，增强教学内容感染力

一是针对社会实时热点问题，以《新闻周刊》播报的形式组织学生开展课堂讨论，提高学生辩证分析现实问题的能力和时代责任感。学生才是思政课程的主

体，只有学生加强重视，思政教育的实效性才能得以提高。2016年12月，全国高校思想政治工作会议召开后，随着党和国家及高校加大对思政课程改革的力度，学生的重视程度有所改善，但仍需进一步强化课程的核心地位，着力以学生为本深化思政课程改革，发挥其在思政教育中的关键作用。

二是在教学内容的安排上更加注重学生成长过程中遇到的困惑和问题。大部分高职学生进入大学时成绩不理想，和同期进入本科的同学比，可能会有失落的情绪，对未来的自信心不足，有针对性地现身说法或者引用同样背景却获得成功的学长学姐的事例，帮助学生指明方向，增加信心，让教学更具有针对性。

三是通过对重庆部分高职院校"00后"大学生的感恩意识现状进行摸查，对影响高职学生感恩意识形成与发展的各项因素进行探讨，并通过高职院校的课程育人体系改革、职业素质教育与社会实践、感恩文化营造等方面的实践，切实提升高职院校学生的感恩意识水平，为高职院校培养适应新时代需求的复合型人才提供助力。

四是以"00后"高职学生劳动意识量表开发研究为前提，对高职学生的劳动意识与实践现状、成因进行分析，基于改革课程育人体系、创新学生职业素质教育与社会实践体系、完善劳动文化氛围营造体系，形成高校与社会、家庭共同培育学生劳动意识与实践的互动研究路径。

2. 加强对学生职业素养的培养

一是注重提高学生的职业道德修养。现代化的企业需要为人低调、做事认真，具有情怀的高素质的专业化人才。学校培养的一定是符合社会需求的人才。教师在思政课教学中要结合自己所带班级的专业特点，引用不同的教学案例，让学生了解本行业应具有什么样的职业道德素养才能胜任日后的工作。另外，着重培养所有行业都注重的素质，比如诚信、沟通、合作、高效、专业等素质。

二是强化学生的职业法律知识培养。现代社会是遵法、守法、用法的社会。学生毕业后，更需要法律素质的支撑。日常教学中，要注重对学生进行《劳动法》《合同法》等方面知识的培养。在日后学生职业生涯中，遇见类似问题时，也能拿起法律的武器保护自己。

3. 改革教学方法，构建师生对话平台

在教学方法上要采用形式多样的教学方法。例如可以采用主题演讲、辩论赛、模拟法庭、手工制作、教学PPT展示、合唱红歌等方式提高课堂的趣味性，吸引学生的注意力。这些方式将间接地提高学生们的信息搜索、分析问题、良好沟通等方面的能力。

在项目化教学的实践基础上，进一步改革完善高职思政课教学实践中的任务驱动式教学法。通过情景案例教学、话题辩论等形式制定任务目标，研究学生分组模式及分组依据，研究教师在学生小组完成任务过程中应起到的主导作用。通过教学改革的方式提高学生对思政课的获得感和积极性。通过"中国大学生慕课""雨课堂"等工具更好地改进教学过程，提高教学效果。在课程改革和对课程建设成果不断推广的基础上，提高思政课教学团队的教学水平，深化和完善教师培训体系，深化岗前培训、课程轮训、学习交流、骨干教师研修和在职培训，使教师进一步了解国情、区情，开阔视野，丰富教学素材，从而提高其理论素养、教学水平和科研能力。加强思政部名师工作室建设，开展研讨、讲座等多形式的活动，加强工作室建设，扩大思政教科研团队影响力。

挖掘具有思政教学元素的案例，创建一个师生对话式教与学的平台，在教师激励、引导、促进中，激发学生的积极主动性，让其学习与探究，学会解决课程、生活、思想中的现实问题，在引导、平等、激励、友好的对话氛围中，培养学生的情感与态度、知识与能力。

提升学生的思想道德素质和法律素质。敦促学生养成良好的学习习惯，引导学生学会课前预习、自主学习，培养学生发现问题、解决问题的能力。通过在线精品课程的建设，实现翻转课堂教学，提升教学实效。

4. 创新课程考核方式，提高教育教学实效

目前，思政课程大都通过笔试考核，部分引入课堂讨论、专题报告等附加形式，鼓励学生课堂参与的积极性。但笔试比重高、考核形式单一仍受到学生普遍关注。保证考试能够客观、公正地检验学生对知识的掌握情况的前提下，可进一步加强试题库建设，建成覆盖全教材、题型多样、重点突出、难易适中的试题库，力争无纸化考核，改变千篇一律的期末考核方式。

5. 整合线上、线下教学资源，实施专题化教学改革

一是重新整合教材内容，结合大学生们的实际需求实行专题化教学，进一步深化对教材的挖掘的同时，也能适应学校、学生的实际发展需要。

二是有效配置教学资源。实践教学也可实施专题化教学。将学生的实践教

学板块按专题化教学模式进行改革，分成不同的专题。学生可以根据自己的实际情况和兴趣爱好选择适合自己的专题。教师也可以根据自己的学术背景、特长以及研究方向选择适合自己指导的专题，这样就可以实现最优的教学资源配比。

三是加强网络建设，开辟思政类网站或者公众号平台，充分利用网络资源，把学习资料发布网上，让学生进行专题阅读，并结合学生实际设置问题。这样为研究式教学提供了良好的条件，打通思政教师与学生直接交流的渠道。

6. 构建"课程思政"体系，优化教学育人环境

高校思政教育要通过思政课程与其他课程协同进行。同为育人主阵地，其他课程应从育人的本质出发，与思政课程同向同行，实现"思政课程"向"课程思政"的转变。这样不仅能将思政教育"润物细无声"地融入日常教学，树立"全员、全过程、全方位育人"的核心理念，实现"大思政"教育，也是加强思政课程教学实效的重要支撑。课程思政与思政课程的创新方向、建设路径要以高校教育目标为指导、为参照，并贯穿教学的全过程。高校教育的最根本任务是明确培养什么人、怎样培养人、为谁培养人的问题并予以完美解答，具体的解答过程则消解于日常的教学过程。因此，课程思政与思政课程的创新方向应朝着怎样将思政课程做得有高度、有深度、有温度，同时怎样将这些思政要点更好地融入各学科的专业知识点行进教育。具体的建设路径则包括课程设计创新、内容体系创新、方法运用创新、理论阐释创新、课程组织创新、效果评价创新等，使其共同作用于立德树人的高校思想政治教育工作。

三、结语

高职院校思想政治理论课改革要结合高职院校的实际特点与学生的现实情况，有针对性地进行教学改革。教学改革的内容与方法要能与学生的实际需求相契合，具有可操作性与实效性，这样高职院校思想政治理论课的教学改革才能真正实现它的应有之义。

参考文献

[1] 王学俭,李新科.高校思想政治理论课教育教学中存在的问题及对策研究[J].思想政治教育研究,2006(02):29.

[2] 高德毅,宗爱东.从思政课程到课程思政:从战略高度构建高校思想政治教育课程体系[J].中国高等教育,2017(1):43-46.

[3] 郑凯新,张勤,张绣宇.课程思政背景下思政课程改革的着力点探索[J].课程教育研究,2019(10):68-69.

浅析线上线下混合式教学模式在高校思政课中的应用

乔 昊[①]

【摘　要】随着互联网时代的到来，传统的线下授课模式已经不能满足"网生代""00后"学生的需求，基于"00后"学生的特点，线上教学模式应运而生。本文对线上线下混合式教学含义及特点进行阐述，在当前互联网快速发展的背景下，分析线上线下混合式教学在思政课中的应用前景。从学生、教师等多角度分析指出目前思政课在信息化建设中存在的问题，并针对具体问题给予相应策略。

【关键词】线上线下；思政课；混合教学

　　思政课是大学公共基础课中的一门重要课程，以促进学生形成良好的思想品德、培育强烈的爱国情感、增强法治意识为培养目标。思政课以社会主义核心价值观为主线，培养大学生形成正确的世界观、人生观、价值观、道德观和法制观。近年来，国家先后出台了关于思政课课程建设的相关文件，习近平总书记在2019年3月18日召开的学校思想政治理论课教师座谈会上强调："要理直气壮开好思政课，推动思想政治理论课改革创新。"思政课是落实立德树人根本任务的关键课程，其作用不可替代。思政课教师责任重大，我们必须时刻牢记共产党员的政治信仰，坚定正确的政治立场，成为大学生人生道路上的指导者和引路人。但纵观目前思政课育人实效，差强人意。以笔者所在高职院校为例，思政课是大部分学生最不重视的公共课之一。笔者通过多种方式和渠道深入调查其原因，归纳起来主要有以下四点：授课方式传统老套、教学模式单一、课程内容没有及时更新、教学手段落后。随着互联网时代的到来，互联网已经深入人们生活的方方面面，传统的线下授课模式已经不足以满足"网生代""00后"学生的需求，基于"00后"学生的特点，线上教学模式应运而生。当前高校思政课应根据授课对

[①] 乔昊：重庆公共运输职业学院，马克思主义学院教师。本文为校级项目《课程思政教学研究示范中心》阶段性成果，项目编号：kcszzx-21-01。

象特点，有针对性地摸索出适合思政课教学的线上线下混合式教学模式，增强学生学习兴趣，提高课堂教学质量，强化立得树人实效。

一、线上线下混合式教学模式的含义及特点

1. 线上线下混合式教学模式的含义

线上线下教学模式主要由"线上"（网络教学）+"线下"（面授教学）两大部分组成，线上教学主要通过应用信息科技和互联网技术开展教育教学活动，在丰富的网络资源中筛选出与思政课程相关的资源，给学生提供更加全面、生动、具体的学习途径。通过网络，学生与教师不用考虑相互之间的距离就可以开展教学活动，让教学内容的传播更方便快捷。此外，借助网络课件学生还可以根据自己的时间安排学习内容和进度，随时随地、想学就学的想法得以实现。线下教学相对于线上教学而言，线下教学更侧重于学生与教师的现场互动，有助于充分开展实践教学活动，使学生感受到更具亲和力与现实感的课堂氛围。

线上线下混合式教学是指以传统课堂教学为主体，合理有效地使用网络信息资源、网络交流平台、网络电子技术等新媒体手段，把当前网络大数据中丰富的教学资源与现有学习工具及课堂教学进行有效地整合，为课堂添加现代元素，提升学生上课的学习积极性，从而提升教学效果，实现高吸引力及教学实效性的创新教学模式。

线上线下混合教学模式的总体思路是：坚持"以学生为主体，教师为主导"的教学理念，合理利用教学资源和技术，将线上教学与线下教学有机统一，在课前、课中和课后各个阶段体现两种手段的优势互补，以达到最佳的教学效果，满足新时代对高校思政课的要求。

2. 线上线下混合式教学模式的特点

（1）教学内容：线上线下混合式教学模式可以利用网络信息资源，线上教学内容的开放性这一特点，突破了年龄的限制，使其他想学这门课程的学生都可以学习。以PPT、音频、视频等方式补充传统教学课堂内容，打破45分钟教学课堂素材的局限性，也打破了线下教学方式的死板、单一的教学模式，有效梳理教学体系，提高教学内容的完整度。

混合式教学的特点是通过"线上"+"线下"两种教学组织形式的有机结

合，使学生的学习过程由浅到深。同时，线上教学也是弥补了课堂教学时间有限的遗憾，能将教师在课堂上没有讲透的知识在线上进行补充和完善。因此，线上教学不是传统课堂教学的照搬，而是基于线下学习成果而展开的更加深入的教学活动。混合式教学模式是对传统教学模式的一种改革，将传统教学的时间和空间都进行了扩展，因此也就决定了混合式教学模式不是整个教学活动的锦上添花，而是整个教学的必备活动。

（2）教学方式：线上线下混合式教学模式基于传统教学课堂，利用3D视频及VR虚拟仿真方式等先进多媒体信息技术手段，更好地保证学生与教师间的有效互动，保证内容侧重点的传递效率，并且通过网络中添加课前热身、课后开放式思考题、章节测试等内容优化传统课堂教学模式"只在课堂上"的这一缺点，实现传统教学手段与线上信息化教学方式的优势互补，丰富教学手段形式，提高教学吸引力。以思政课教学为例，可以通过建立全国爱国主义教育基地VR实训室、红色文化展播等方式丰富教学内容，提高学生学习兴趣。在线上学习时，学生也可以随时给老师留言提问或和老师交流互动。

（3）教学评价：通过线上手段，教师能够随时查看教学课程中学生的学习情况，有效记录学生的考核结果，真正实现过程考核与结果考核的有效结合，打破传统的以期末考试为判断标准的结果考核，实现考核评价方式的多元化与科学化。

二、线上线下混合式教学模式在思政课堂教学中存在的问题

1. 学生角度

线上线下混合教学模式，对于思政课来说是一种新颖的授课模式，对于学生来说也是思政课程的一种全新的体验。"00后"的学生更倾向于内容生动、形式多样的线上教学模式，但在实际运用过程中，笔者发现以下问题：

（1）学生对思政课重视程度不够。这与传统思政课的考试方式及考试难度相关。根据笔者调查发现，在多数高职院校中思政课学期末是以考查为主，如以提交论文或小组作业的形式完成考核。即便是考试，试题难度系数也不高。因此，对于这种难度系数不高的考试课，学生重视程度自然会大打折扣。

（2）线上线下教学模式虽然新颖，可以吸引学生学习注意力，但部分学生没有把注意力放在知识上，而是将注意力放在片面的形式中，或一边开着线上学

习的页面一边在做与学习无关的事情。这一点与教师如何运用好线上线下混合式教学模式，有效监督学生学习效果有关。

（3）在进行线上线下混合式教学时，怎样能使学生不分散注意力，更好地集中完成教学内容，达到教学目标和效果，也是对任课教师的一大挑战。

2. 教师角度

线上线下混合式教学模式只是一种教学方法和模式的创新，其本身对提高思政课教学质量并没有显著的效果。将线上线下混合式教学模式与思政课进行有效衔接，达到学生与教师之间的良性互动，还需要一个磨合的过程。在目前开展的线上线下混合式教学中，还存在以下问题：

（1）思政课教师信息化素养不足。在新媒体时代，多样化的教学手段进入课堂，正在迅速取代"板书+讲授"的传统教学方式。教师的信息化素质直接决定了高校思政课的生动性和实效性。但目前有些高校教师缺乏信息化素养，其主要表现在：不会使用新型教学平台，部分教师在教学中没使用过新媒体教学手段，没有掌握基本的计算机操作技能。目前部分教师对信息化教学的理解仅停留在PPT的使用上，对于信息化教学的发展及信息化技能的培养存在一定的局限性。

（2）思政课教师对新模式重视不足。部分教师没能跟上时代的发展，反而排斥教学信息化，仅仅把网络教学平台的建设流于表面，认为将传统课堂与互联网相结合在提高教学质量上没有实质性意义。其根本原因在于没有充分认识到信息化对教学和科研的重要性，没有感受到信息化所带来的便捷。

（3）从校级层面来看，应加大对思政课线上平台建设的投入力度，着力培养中青年教师搭建线上教学平台、丰富线上教学资源的能力。使每一位教师能够认同这种新型教学模式，并能够运用到实际的教学当中。

三、线上线下混合式教学模式在思政课课堂中的有效措施

针对学生对思政课重视程度不够、上课注意力不集中等问题，可采用四阶段法增加学习任务量，提高学生学习兴趣。

（1）线上教学资源准备阶段。思政课线上教学资源是否丰富、教学内容质量的高低，都会直接决定线上思政课教学的开展成效。在线上教学中，教学内容

的选取应更加精炼，教学目标明确，重点难点清晰。对于重难点部分，可以通过3D视频及VR虚拟仿真方式进行展现；在思政课中加入"课前热身""课上思考""课后总结"三部分内容，运用线上线下结合的方式，改变思政课传统的教学方式，提高学生学习积极性。这需要教师提前做好线上教学平台的搭建、建立丰富的教学资源库，将在课堂上无法充分展现的知识点搬到线上，突破线下授课的时间和空间限制。

（2）学生线上自主学习阶段。线上自主学习过程也是学生自我思考的过程，对于学生资料阅读能力、问题分析能力以及自主学习能力的提升大有裨益。

课程开始前，提前让学生预习，在后台可以随时监控学生自主学习进度，重难点掌握情况，在课堂上更有针对性地实施教学方案。

课程开始时，教师需要将本节课中的教学逻辑及重点难点，本节课内容的历史背景等问题进行深度剖析，使学生对本节课内容形成基本认知。通过借助线上教学资源，如图片、视频等，将课程内容更为直观地展现在学生面前，创设教学情境，激发学生学习兴趣，加深学生对教学内容的理解。

课程结束前，结合课堂重点或难点通过扫描二维码观看视频的方式布置开放性课后思考题，在网络教学平台中对重点知识进行在线测试。章节测试环节计入学生的平时成绩，考核学生对知识的掌握情况，督促学生课后复习。测试全部完成后，将测试与课后思考题分数相结合，为成绩达到标准的学生增加平时成绩，提升学生的获得感与成就感。

（3）针对授课教师，可针对性地开展关于网络信息技术的培训课程，提高教师操作网络平台的能力和数据分析能力，保证所有参与培训的教师掌握基本计算机操作，扫清"网盲"。

（4）高校可将把线上线下有效结合的思政课列为典型案例，让更多的教师走出舒适区，看到如何在教学内容不变的前提下，提高教学质量，提升学生学习热情，并制定相应的评估机制和激励机制，制定科学有效的评价标准，鼓励教师掌握信息技能，使用信息技术。

四、结语

高校思政课是落实立德树人根本任务的关键课程，是德育工作的主渠道。本文结合线上线下混合式教学在思政课课堂中的应用效果，从学生、教师等角度分析当前思政课在信息化发展中遇到的问题和挑战，针对学生提出四阶段法，针对教师提出展开培训、设置奖惩等策略，为提高思政课课堂教学质量提供了新的思路。

参考文献

［1］ 中央新闻移动网．习近平住处召开学校思政课教师座谈会［EB/OL］．（2019-03-18）［2020-05-10］．http：//news.ifeng.com/c/719J16zruzr.
［2］ 吴晓芹．浅议线上线下混合式教学模式在思政理论课课堂教学中的有效运用［J］．法制与社会，2020（05）：196-197.
［3］ 陈娟．浅议线上线下混合式教学模式在思政理论课课堂教学中的有效运用［J］．文教资料，2018（10）：184-185.
［4］ 高峰，陆玲．高职院校思政课线上线下混合式教学模式研究［J］．淮南职业技术学院学报，2020，20（01）：17-18.

"三全育人"背景下高职院校辅导员思想政治教育初探

温阳阳[①]

【摘　要】高职院校的辅导员作为思想政治工作的骨干力量在推进"三全育人"工作中还有一些不足，主要是"三全育人"的意识不强，理论水平不高、重管理服务功能轻思想政治教育的功能。在"三全育人"的背景下，辅导员被赋予更多新的使命。

【关键词】"三全育人"；辅导员；思想政治教育；新使命

2016年12月7日，习近平总书记在全国高校思想政治工作会议上强调：要坚持把立德树人作为中心环节，把思想政治工作贯穿教育教学全过程，实现全程育人、全方位育人，此项工作关系党培养什么人、如何培养人以及为谁培养人这一根本问题。高职院校辅导员是开展大学生思想政治教育工作的骨干力量，在深入推进"三全育人"的过程中如何发挥辅导员的作用，赋予辅导员新角色、新使命是一项至关重要的课题。

一、新时代下"三全育人"的内涵

2017年2月27日中共中央、国务院印发《关于加强和改进新形势下高校思想政治工作的意见》明确指出："坚持全员、全过程、全方位育人。"习近平总书记在全国高校思想政治工作会议上指出：要坚持把立德树人作为中心环节，把思想政治工作贯穿教育教学全过程，实现全程育人、全方位育人，努力开创我国高等教育事业发展新局面。习近平总书记在北大师生座谈会上的讲话中再次强调，要把立德树人的成效作为检验学校一切工作的根本标准，真正做到以文化人、以德育人。高职院校建设得是否好，培养的人才是否有用，关键在于是否落实了立德树人的根本任务，这为高职院校开展"三全育人"工作赋予了新的内涵。

---

① 温阳阳：重庆公共运输职业学院轨道交通学院教师。

目前很多高职院校的"三全育人"工作的具体实施主要通过考核教师的"育人"指标，比如：教师参与"思政课程"的效果，担任班级导师、实习指导老师的情况，参与学生就业指导和创新能力培养的程度来完成。高职院校从管理、服务、育人三个维度把握学生成长成才规律，引导学生成长成才。"三全育人"为高职院校更好地开展思想政治教育工作提供了基础保障；为整合教师资源，发挥协同育人的功能提供了捷径；为提升大学生人才质量，推动"立德树人"人才培养目标的实现进行了有效的探索。

二、高职院校辅导员思想政治教育的现状

在《普通高等学校辅导员队伍建设规定》中指出：辅导员是开展大学生思想和政治教育的骨干力量。辅导员应当努力成为学生成长成才的人生导师和健康生活的知心朋友。辅导员能够第一时间了解学生的思想动态、心理健康状态、学习生活的每一方面，既是学生工作的"大家长"，又是他们的"大哥哥""大姐姐"，辅导员具有开展大学生思想政治教育的天然优势。然而，辅导员在开展思想政治教育中也存在一些不足。

（一）部分辅导员树立"三全育人"的意识不强

"三全育人"是落实立德树人任务的重要途径，是辅导开展思想政治教育的重要内容。大学生的成长成才是辅导员、教师、行政部门、学校、家庭、社会、国家各方力量共同作用的结果，但是部分辅导员协同联动、共同教育的意识较差，对"三全育人"理念理解不透彻。部分辅导员对自身的角色定位有偏差，认为辅导员的工作是单线的、机械的，是负责上传下达、发通知、收材料、查宿舍的"表格""表姐"，缺乏将事务性工作和思政教育统一贯穿、统一联系的意识，缺乏将思想价值引领贯穿于教育教学的全过程和各个环节。辅导员在学生成长成才的过程中付出是最多的，始终奋斗在教育的一线，无时无刻不关注着学生，关注着学生的思想变化、心理动向，清楚地了解每个学生的兴趣爱好、家庭情况。因此，辅导员不仅是管理者，更是思政教育的服务者。在"三全育人"的改革春风中，辅导员应该转变工作思路，增强"三全育人"思政格局，深化工作体制机制、打造一流的工作模式，发挥辅导员的光和热，培养又红又专、德才兼备的社会主义建设者和接班人。

（二）部分辅导员的理论水平不高

辅导员是开展学生日常思想政治教育和管理工作的组织者、实施者、指导者，因具备较高的政治素质和坚定的理想信念，具有较强的政治敏锐性和政治辨别力，应掌握思政教育工作相关学科的基本原理和基础知识、具备开展思政教育理论教育和价值引领工作的能力。但由于部分辅导员的专业背景是理学、工学、医学、艺术类等，不是思政专业科班出身，所以存在思政理论素养不足、理论基础薄弱、理论水平不高的问题；由于辅导员日常事务性工作较多、每日工作较为繁杂、事无巨细，缺乏学习理论知识的时间和精力，学术研究水平有待提高。院校要针对辅导员存在的问题，不断加强对辅导员队伍的管理和培训，如上课、开班会、参加辅导员名师工作室、各类研讨会和培训；同时，不断提高考核标准和改善考核机制，提升育人队伍的综合素养、专业能力和科研水平，帮助辅导员队伍向专业化和职业化方向迈进。

（三）部分辅导员重管理服务功能轻思政教育的功能

辅导员是开展大学生思政教育的管理者和教育者，具有教师和管理人员的双重身份，两者同等重要、缺一不可。有些高职院校重管理轻教育，在辅导员考核标准中放入过多的管理量化指标，在学生成长成才中更关注《学生手册》中的管理规定，按规定、按制度管理学生，忽视了学生成长成才规律和思想政治教育规律。辅导员对学生的管理效果可以较快显示，而思政教育是一个漫长的循序渐进的过程，管理往往见效快同时失效也快，无法形成一种稳定又长久的约束，而思政教育是深入心灵、走进思想的教育，更为深刻和稳定，能够形成坚定的价值观念。院校应在考核标准中减少量化标准，加重对学生的价值观、道德、思想、品质的引领，这些才是育人的根本，才是落实立德树人任务的核心，让辅导员真正成为实际意义上的管理者和教育者。

三、"三全育人"背景下高职院校辅导员的新使命

辅导员作为思想政治教育组织者和实施者，面对新形势新要求，要准确深入理解"三全育人"的内涵，认清楚辅导员思政教育的现状。辅导员应当把握学生成长成才的规律，明确自身职责，做好"三全育人"的资源整合，落实立德树人

的根本任务。

（一）辅导员成为"三全育人"思政教育的承担者

辅导员务必提高自身政治站位，履行为党育人、为国育才的职责，明确辅导员是全员育人中的重要一员，是新时代高校思想政治教育的承担者。辅导员在高职院校中不仅承担着管理、服务学生的角色，同时更是大学生思想政治教育的主体，担任着管理、服务、教育的多重角色，在高职院校思想政治教育工作的地位不可复制。

1. 辅导员是思想政治教育内容的传授者

辅导员做好思政教育内容传播者的前提是用理论武装头脑，具备足够的知识储备，了解马克思主义理论、哲学、社会科学等基本原理和基础知识；掌握思政教育基本理论、基本知识、基本方法；熟练大学生思政教育工作实务。只有辅导员的理论素养、道德情操提升后才能不断提高学生的"思想水平、政治觉悟、道德品质、文化素养，让学生成为德才兼备、全面发展的人"。辅导员应帮助学生树立正确的世界观、人生观和价值观，帮助学生坚定中国特色社会主义道路自信、理论自信、制度自信、文化自信，帮助学生处理好思想认识、学业生活、交友择业、价值取向等方面。

2. 辅导员是思想政治教育过程的组织者

辅导员在开展大学生思想政治教育的过程中的关键是组织实施，思政教育的效果是否显著关键要看过程实施的效果。在辅导员九大工作职责的具体实施中融合着思想政治教育的元素，比如在开展大学生就业帮扶中，针对就业困难群体辅导员要通过多种教育媒介、家长、班委、学生等方式了解学生就业困难的原因，掌握学生职业观的取向以及学生自身是否需要帮扶的意向，只有遵循大学生成长成才规律和思政教育规律，才能帮助学生，才能取得思政教育的成效。辅导员是思政教育的教育者，学生是受教育者，教育过程中的方法和内容是媒介，只有三者有机结合、紧密联系，才能切中思政教育的要点。

3. 辅导员是思想政治教育效果的呈现者

辅导员每日与学生朝夕相处，是大学生的人生导师和知心朋友，是思想政治教育的一线工作者。学生如果出现了思想偏差、心理困惑、价值观摇摆等问题，辅导员总能够第一时间发现。因此，大学生思想政治教育的效果在辅导员工作中更容易呈现和凸显，辅导员有着天然的思政教育优势。例如，开展示范班级建设、精品早读、主题班会、统计就业率及就业对口率、跟踪毕业生的延后发展等都是辅导员思政教育效果呈现的载体。

（二）辅导员是"三全育人"的协同联动者

"三全育人"不是辅导员一人的事情，更不是单靠辅导员就可以实现的事情。辅导员通过自身角色扮演，应当做好育人工作的协同联动者，发挥组织协调功能，努力形成和谐育人氛围。学生工作涉及生活、学习、思想、心理、资助、价值观、交往、择业等，同时，而学生的专业学习、通识教育、生活环境、校园文化环境、生涯成长环境等也都依赖于辅导员的协同联动。教务处、学生处、安保处、后勤部门、学校团委宣传部门、就业指导部门等既单方面对学生产生影响效力，同时也借力于辅导员的日常管理工作和协调工作发挥作用。

辅导员应当走进生的思想深处、走进学生的心灵，走得越深入学生对辅导员越信任，就越会增强对老师、学校、社会、国家的认同感。因此，辅导员要做好"三全育人"的协同联动，真正起到润滑剂和催化剂的作用。辅导员作为协同联动者，应当做好各教育主体、教育客体和教育媒介之间的良性互动，形成同行同向的教育合力，构建学生成长关爱服务体系、学生自我教育、自我成长体系，营造全员参与的思想政治教育氛围和学生自我觉醒与自我成长的氛围。

（三）辅导员是"三全育人"的推动践行者

1. 加强辅导员对自我角色的定位

辅导员要充分认识"三全育人"是落实立德树人根本任务的体现，是推动大学生思想政治教育工作的指南。理念决定行动，辅导员只有深刻理解"三全育人"的内涵，才能转变工作观念，才能落实"十大育人"体系。辅导员工作是学生的第一课堂，能够及时发现"三全育人"中存在的问题，推动各方完善沟通机制，协调共进，同向而行。

2. 提升辅导员对"三全育人"的参与度

打造一批政治强、业务精、纪律严、作风正的辅导员队伍，提升辅导员的专业化水平至关重要。辅导员要根据不同年级、不同时间、不同专业开展形式多样的主题班会和教育活动。例如，大一年级的入学教育、专业认知教育，加强学生对大学生活的感知，提高学生对专业的认同感；大二年级的心理健康教育、情感观教育、素质能力拓展教育等，提升学生的抗压能力、受挫能力和学习能力；大三年级的就业指导教育、职业生涯教育，帮助大学生顺利就业。辅导员从课上课下、线上线下、校内校外通过谈心谈话、家校沟通、进宿舍进课、学业帮扶、经济救助等方式开展"三全育人"工作，有助于提升辅导员的参与度。

3. 完善辅导员"三全育人"的机制建设

辅导员因兼具教师和干部双重身份，具备上传下达、联系沟通的身份优势。因此，要充分发挥辅导员在育人主体中的组织协调作用，推动教师队伍落实教书育人工作本职，推动高校党政干部队伍提高专业化、职业化的教育管理能力，推动高校不同育人主体落实立德树人的育人责任，形成集党政干部、专业课教师、班导师、辅导员等育人主体为一体的上下联动工作机制，构建多位一体的学生成长成才关爱服务体系。

参考文献

［1］张文风. 对高校"三全育人"的若干思考［J］. 学校党建与思想教育，2018（2）.

［2］王宏. "三全育人"视域下辅导员思想政治教育路径研究［J］. 财富时代，2021（04）.

［3］魏金明. "三全育人"背景下高校辅导员新使命与角色定位［J］. 思想理论教育队伍建设，2020（2）.

［4］沈佳. 从辅导员角度谈高职院校学生思想政治教育［J］. 湖北开放职业学院学报，2021（1）.

［5］聂靖. "三全育人"视角下高校辅导员角色定位及履职路径［J］. 高校辅导员学刊，2018（1）.

坚守教育初心　担当育人使命
——论新时代高校辅导员的使命与担当

张言顺[①]　张渝政[②]

【摘　要】高校辅导员既是大学生成长成才的引路人,又是他们人生成长的指导老师。作为新时代辅导员应该坚守教育初心,担当育人使命,只有坚持以马克思主义为指导、以立德树人为根本任务、提升个人道德素养为基础,尊重学生、关心学生和服务学生,才能无愧时代、不负嘱托,才能主动承担起培养能够担当民族复兴大任的时代新人的使命。

【关键词】新时代;辅导员;使命与担当

一个时代有一个时代的使命与担当。2021年是中国共产党成立100周年的一年,也是实施"十四五"规划、开启全面建设社会主义现代化新征程的第一年。在常态化疫情防控特殊背景下,站在"两个一百年"奋斗目标历史交汇点上,面对新时代、新征程、新使命,高校辅导员要引导大学生充分认识到,从全面建成小康社会到基本实现社会主义现代化,再到建成富强、民主、文明、和谐、美丽的社会主义现代化强国,这是一项前无古人的伟业。同时,高校辅导员要认真学习习近平总书记在庆祝中国共产党成立100周年大会上讲话中提出的"一代代中国青年把青春奋斗融入党和人民事业,成为实现中华民族伟大复兴的先锋力量"。因此,高校辅导员作为开展大学生思想政治教育的骨干力量,在解决好"培养什么人、怎样培养人、为谁培养人"这个根本问题上发挥着主力军的作用。落实立德树人根本任务,不仅要培养德智体美全面发展的社会主义建设者和接班人,还要培养担当民族复兴大任的时代新人。同时,高校辅导员担负着大学生日常思想政治教育的重要任务。青年大学生有朝气、有活力、有斗志、有激情,做好青年大学生的人生导师和知心朋友是党和国家对辅导员的殷切期待,能

---

① 张言顺:内江师范学院化工学院教师。
② 张渝政:重庆公共运输职业学院马克思主义学院,三级教授。

稳定高校辅导员的教育初心，增强高校辅导员的育人担当精神。

一、新时代高校辅导员使命探讨

中国特色社会主义进入新时代，新的时代必然赋予人们新的使命，对高校辅导员而言，则意味着新的责任和担当。高校辅导员作为最前沿的基层思想工作者，如何把大学生培养成中国特色社会主义事业合格建设者和可靠接班人，是高校辅导员的责任和使命。这种责任和使命主要体现在以下几方面：

首先，引导青年大学生坚定理想信念。是确立人生价值取向的最高准则，是大学生正确的世界观、人生观、价值观的力量源泉。实现第二个百年奋斗目标，建成富强、民主、文明、和谐、美丽的社会主义现代化强国，这是一项前无古人的伟业，也是一项任务艰巨的大业，需要每一个人付出艰苦努力。青年大学生作为这一伟业的未来建设者和接班人，他们是否具有坚定的理想信念将直接关系到他们在未来社会主义现代化建设事业中的成败。但青年大学生的成长成才不是一日之功，它需要高校辅导员在青年的成长之路上不断引导和帮助，高校辅导员要教育、引导大学生坚定理想信念，把实现中华民族伟大复兴中国梦这一事业装心中，把社会历史责任扛肩上，为实现党的最高理想和最终奋斗目标做出应有贡献。

其次，帮助青年大学生练就过硬本领。实现第二个百年奋斗目标，全面建设社会主义现代化国家，青年一代要树立远大理想，但如果没有过硬的本领，理想的实现、责任的担当就会变得虚无缥缈。党的十九大报告指出："青年一代有理想、有本领、有担当，国家就有前途，民族就有希望。"掌握过硬本领是以习近平同志为核心的党中央对新时代大学生提出的殷切期望和培养要求。大学生练就过硬本领，没有捷径，一定要努力学习科学文化知识，增强实践能力，这就迫切需要高校辅导员帮助大学生养成良好的学习习惯、掌握正确的学习方法，使勤于学习、敏于求知成为大学生的行为自觉。

再次，引导大学生树立正确的世界观、人生观和价值观。为练就过硬本领，新时代大学生 要牢固掌握科学文化知识，就必须持有正确的学习目的、永恒的学习动力和科学的学习方法，而这一切的基础是正确的世界观、人生观和价值观。正确的世界观、人生观和价值观是新时代大学生树立全心全意为人民服务思想的源泉。只有树立了正确的世界观和人生观，他们才能更好地为实现第二个百年奋斗目标——全面建设社会主义现代化国家而努力奋斗。所以高校辅导员思想政治教育要把立德树人作为核心和根本，引导大学生树立正确的世界观、人生观和价值观。

二、新时代高校辅导员担当探讨

辅导员的担当体现在帮助学生成长成才和坚持创新求索。首先是帮助学生成长成才，辅导员作为大学生的人生导师和知心朋友，要始终坚持以思想政治教育为抓手，把学风建设作为各项工作的总落脚点，引导学生学会做人、学会学习，经常性地深入课堂、宿舍等地，充分了解每一位学生的思想、学习和生活状况，对特殊的、有困难的学生要个别关照，促使大学生发扬爱国主义精神、传承红色文化、学习革命前辈的优良传统，担负起民族复兴的大任。真正地帮助学生成长成才。其次是坚持创新求索，主要表现在辅导员要具备较强的创新科研能力、交流适应能力，要勇于积极探索，将创新求索的发展理念运用到辅导员的日常事务工作、班级建设工作、学风建设工作、心理健康和就业指导工作等方面，在实践中创新，用创新成果更好地服务实践。提升专业能力，加强专业修养。

三、新时代高校辅导员实现使命与担当的根本路径

（一）坚持以马克思主义为指导

马克思主义哲学是坚持理论性和实践性的统一。它不仅能科学地解释世界，更重要的是强调改造世界。马克思主义认为，改造社会要通过不断地实践，掌握一切事物变化、产生和发展的规律。同时，马克思主义还指出，理论必须从实践中来，又回到实践中去，并在实践中接受检验，在实践中得到丰富和发展。对于新时代高校辅导员而言，要深入学习和领悟马克思主义并认识其理论价值，通过理论指导实践促进学生成长成才。而马克思主义理论是经过长期实践探索，符合中国国情和发展的科学理论，对国家和个人发展均具有重要指导意义。正如习近平总书记强调："要坚持不懈传播马克思主义科学理论，抓好马克思主义理论教育，为学生一生成长奠定科学的思想基础。"国家的发展离不开人才，大学生是培养社会主义建设的重要力量。因此，辅导员在日常工作中应该结合实际情况，将马克思主义和中国特色社会主义理论有机地联系在一起，强化思想政治教育和价值引领。辅导员在落实学生日常事务中促使当代大学生培育和践行社会主义核

心价值观，把社会主义核心价值观融入教书育人的全过程，引导学生树立正确的世界观、人生观、价值观。

首先，树立正确的价值观。理想信念能够支撑人的精神世界，价值观在一定程度上决定了人生的追求和发展方向。新时代高校辅导员掌握马克思主义原理，在开展大学生思政工作时就能引导学生正确理解党和国家的大政方针，增强大学生的时代责任感。

其次，树立崇高的世界观。新时代高校辅导员要结合大学生的个性特点、心理特征等实际情况，坚持理论联系实际，具体问题具体分析，通过自身的思想情操和理论知识，最大限度地激发学生形成向上向善的精神追求。在处理具体事务时，要充分发挥历史唯物主义和辩证唯物主义的作用，将两者结合应用到实际工作当中。

最后，掌握科学的方法论。新时代高校辅导员要吸收和应用马克思主义理论当中的精华，在方法论上则必须坚持"实事求是"的方法论，学以致用。在实际的学习工作中还要充分权衡个人意识与主流思想，修正自身的观念偏差，全方位强化个人修养。

（二）回应新时代号召，做一名坚定信仰者、积极传播者和忠实践行者

习近平总书记在全国高校思想政治工作会议上强调："高校教师要坚持教育者先受教育，努力成为先进思想文化的传播者、党执政的坚定支持者，更好担起学生健康成长指导者和引路人的责任。"辅导员作为高校教师队伍的重要组成部分，理应积极响应新时代号召，率先学习习近平新时代中国特色社会主义思想，做一名坚定信仰者、积极传播者、忠实践行者，努力做到三个坚持。

首先，要坚持用新思想武装头脑。高校辅导员应做到认真阅读原著、学原文、悟原理，全面准确把握新思想的核心要义、时代内涵和实践要求，紧密结合习近平总书记的奋斗足迹和为民情怀，深刻领悟新思想的理论魅力。

其次，要坚持用新思想指导实践。高校辅导员要围绕高校学生教育管理实践中的现实问题，切实把学习成效转化为破解难题的思维方式、攻坚克难的本领能力和做好育人工作的行为习惯。确保党和国家的决策部署要求落到实处、取得实效。

最后，高校辅导员要坚持用新思想推动工作。将新思想和新要求全面、及时、准确地传递给青年学生，激励广大学生牢固树立共产主义远大理想和中国特

色社会主义共同理想，坚定不移听党话、跟党走，自觉增强"四个意识"，不断坚定"四个自信"，自觉与祖国和时代同心同向同行，将个人的青春梦想主动融入实现中华民族复兴中国梦的伟大事业，在为人民利益不懈奋斗中，不断续写人生辉煌，唱响"奋斗的青春最美丽"的绚丽之歌。

（三）坚守"铸魂育人"重要阵地

新时代高校思想政治工作坚守"铸魂育人"，关键在于引领大学生塑造符合新时代要求的思想理念和价值观念。习近平总书记在全国教育大会和全国高校思想政治工作会议上分别强调"教育是国之大计、党之大计"，"思想政治工作是学校各项工作的生命线"，"高校思想政治工作关系培养什么样的人、如何培养人以及为谁培养人这个根本问题"。因此，新时代高校辅导员要引导大学生群体高度自觉地增强价值定力，学习和强化马克思主义为什么"行"、中国共产党为什么"能"、中国特色社会主义为什么"好"这三个理念，使之成为大学生思想重塑的关键力量，能够有效筑牢大学生的思想根基。

大学生思想政治教育是一项重中之重、刻不容缓的事业，需要有一支坚强而有力的队伍一以贯之地传承奋斗。从广义来讲，学校、家庭和社会在大学生思想政治教育中均肩负各自责任。从狭义来讲，专业课、思想政治理论课教师、辅导员和班主任等都在不同程度和位置上承担着德育为先、育人为本的义务。教育部出台的《普通高等学校辅导员队伍建设规定》明确指出："辅导员是开展大学生思想政治教育的骨干力量，是高等学校学生日常思想政治教育和管理工作的组织者、实施者、指导者。"将辅导员作为骨干力量，体现出高校辅导员这支队伍是不可或缺和无可替代的。

（四）坚持立德树人的根本任务

"立德树人"一词由来已久，"立德"来源于《左传》中的"太上有立德，其次有立功，次有立言，虽久不废，此之永不朽"。这强调了立德即培养高尚品德和提高自身道德修养的重要性。"树人"最早源自《管子·权修》中的"一年之计，莫如树谷；十年之计，莫如树木；终身之计，莫如树人。"这强调培养人才的时间之久与难度之大，因而我们培养的人才一要有利于国家进步和社会发展。大学是立德树人、培养人才的地方，是青年学子学习新知识和新文化、提高自身本领和才能、放飞青春梦想和展望未来的地方。

大学生是一个国家的希望，也是建设社会主义事业的继承者，习近平总书记曾多次强调"国无德不兴，人无德不立"，"道德之于个人、之于社会，都具有基础性意义，做人做事第一位的是崇德修身"。教育讲"立德"，既要立生之德，亦要立校之德、立师之德。坚持立德树人，是高校辅导员必须遵循的教育理念和追求的工作目标。《普通高等学校辅导员队伍建设规定》强调，辅导员要恪守爱国守法、敬业爱生、育人为本、终身学习、为人师表的职业守则；围绕学生、关照学生、服务学生，把握学生成长规律，不断提高学生思想水平、政治觉悟、道德品质、文化素养。因此，新时代高校辅导员要培养出德才兼备的学生，重心应放在大学生社会主义核心价值观的培育与践行上，引导学生正确认识时代责任和历史使命、正确认识远大抱负和脚踏实地，培养学生成为一名为国家、为社会、为人民做出贡献的建设者和接班人。

（五）坚定立场，做好政治担当

当前，随着国际形势的不稳定、各种社会思潮碰撞摩擦、自媒体的高速发展，一些社会现象在网络上被过度曲解，加上境外敌对势力的各种渗透，给一些"00后"大学生坚定理想信念带来一定的困惑。

对大学生的传统价值观构成极大的冲击和挑战。对此，我们必须正确认识，理性应对。我们要应用马克思主义立场、观点和方法，深入研究和分析西方社会意识思潮，加强社会主义意识形态建设。正如习近平总书记曾指出："建设具有强大凝聚力和引领力的社会主义意识形态是全党特别是宣传思想战线必须担负起的一个战略任务。"对高校辅导员来说政治担当应当放在首位，而面对学生所坚持的观念和信仰的困惑，辅导员应当坚持不懈地对学生进行政治上的引导和纠正，通过利用班团活动和党建活动，宣讲中国共产党的光荣历史，用习近平新时代中国特色社会主义思想武装大学生的头脑，以坚定的政治意识和正确的政治方向感知时代使命。

作为一名新时代高校辅导员，要坚决负起政治担当，为学生坚定理想信念和锤炼品格意志照亮前进的方向，要高举中国特色社会主义伟大旗帜，以毛泽东思想和中国特色社会主义理论体系为指导，在工作中不断增强思想自觉、政治自觉和行动自觉，做中国特色社会主义思想的坚定信仰者、积极传播者、忠实践行者，教育和引导学生自觉树牢"四个意识"，坚定"四个自信"，坚决做到"两个维护"。

（六）提升个人素质能力

素质和能力是辅导员开展各项工作的"道"和"术"，而素质能力提升的前提则要求辅导员必须立足新时代舞台，坚守教育责任和正确的价值追求，主动把个人的职业发展与高校立德树人根本任务紧密结合起来。因此，辅导员要提升个人素质主要应具备以下三点：

第一，要明道信道，学会领悟抬头是方向，低头是清醒。坚持马克思主义指导地位，拥护党的意识和行动，学懂、弄通、悟透习近平新时代中国特色社会主义思想，以明道、增底气，从内心深处真正树立"四个自信"，旗帜鲜明地同各种错误思潮做斗争，促进学生全面发展。

第二，要提升爱岗敬业精神，不断自我学习和自我锤炼。新时代要有大情怀，辅导员应将自身职业素养和情怀融入学生工作中，细心观察和善于发现每一个学生的亮点，给学生指导与鼓励，努力使个人的情怀融入服务学生、爱护学生、关心学生的理念，在"乐业"中实现个人价值。

第三，修炼自身人格品行，做好大学生的榜样。辅导员的工作态度、言行举止直接影响到学生对老师的评价，影响学生毕业以后的工作态度。因此，辅导员要热爱工作、对工作认真负责，让学生学习辅导员的奉献精神和工作中的忘我境界。

参考文献

［1］ 习近平. 在庆祝中国共产党成立一百周年大会上的讲话［EB/OL］. 新华网. http://www.xinhuanet.com/politics/leaders/2021-07/15/c_1127658385.htm.（2021-07-15）［2021-08-06］

［2］ 习近平. 在全国高校思想政治教育工作会议上的讲话［EB/OL］. 中国共产党新闻网http://dangjian.people.com.cn/n1/2016/1209/c117092-28936962.html.（2016-12-09）［2021-08-06］

［3］ 李星举. 浅析"三全育人"视域下高校辅导员的使命与担当［J］. 作家天地，2020（10）：134.

［4］ 孙壮. 论新时代高校辅导员的使命担当［J］. 思想理论教育导刊，2020

（2）：140.

[5] 习近平. 青年要自觉践行社会主义核心价值观——在北京大学师生座谈会上的讲话[N]. 光明日报，2014-05-05.

[6] 邓子念. 立德树人视域下高校辅导员形象研究[J]. 阜阳职业技术学院学报，2020（1）：16-17.

[7] 朱悦珉. 坚守教育初心，担当时代重任——论新时代高校辅导员的使命与担当[J]. 现代职业教育，2020（12）：60.

[8] 靳学斌. 新时代高校辅导员的初心使命和责任担当[J]. 现代交际，2020（5）：116.

高职心理健康教师课程思政能力提升策略探索

胡 梅[①]

【摘 要】心理健康教师是心理健康课程思政的实施主体，其课程思政能力直接关系到课程思政建设的实施效能。本文结合心理健康教师在思想认识、理论储备、课程设计等方面存在的现实困境，提出心理健康教师应加强自身修养、增强课程思政意识，积极转变角色观念、主动开展课程思政探索，加强学习、持续提升"挖掘—融入—反思"能力，职业院校应提供环境支持、建立保障机制，多策并举，共同提升教师的课程思政能力。

【关键词】心理健康；教师；课程思政

课程思政的提出给高职学校的心理健康教育带来新的机遇和挑战。作为大学生心理健康课程建设主体的教师，其思想政治素质、职业道德素养、业务能力和教学水平的高低决定了课程建设成果的好坏。习近平总书记在全国高校思想政治工作会议上要求："传道者自己首先要明道、信道。高校教师要坚持教育者先受教育，努力成为先进思想文化的传播者、党执政的坚定支持者，更好担起学生健康成长指导者和引路人的责任。"广大教师要主动将课程思政与教学改革融为一体，实现高质量知识传授和能力培养，实现入脑入心的价值塑造，最终实现"同心同德"的教育目标。

一、心理健康教师课程思政能力面临的挑战

（一）思想认识不到位

（1）高职心理健康教师承担课程教学和学生心理咨询的任务，在心理育人过程中发挥着中坚作用，也是实现心理健康教育融入高校思想政治教育的关键。目前多数高职院校的专职心理健康教师都是心理学专业出身，在作为心理咨询师

---

① 胡梅：重庆公共运输职业学院公共管理学院教师。

的时候，按照伦理守则要求，咨询师要避免把自己的价值观强加给当事人，这使得部分教师认为大学生心理健康教育教学也应保持价值中立，所以在教学中对课程思政有抵触情绪。

（2）大多数心理健康教师，和其他专业教师一样认为"思想政治工作是校领导、党务干部、思政课教师和辅导员、班主任的事情，与专业教师和其他人员没有关系；有的专业教师认为专业课堂只负责传授专业知识和专业技能；有的教师认为教学任务的完成也即育人任务的完成等"，正是持有这种看法，导致广大心理健康教师在无意识中成了高校学生思想政治教育工作的"旁观者"和"看客"。

（二）环境条件的限制

（1）在很多高职学校，大学生心理健康课程普及时间短，招聘的部分青年教师缺乏丰富的社会经验和人生阅历，存在理想化的倾向，容易受错误思潮和极端言论的影响。在互联网＋背景下，一些似是而非、混淆视听的言论也可能潜移默化影响着青年教师的价值判断和思维方式。

（2）很多高职学校存在师资不足问题，大学生心理健康课程存在课时缩减、大班授课等现象，一般教师授课以课程讲授为主，体验式的教学难以展开，加之大学生心理健康课程教学内容丰富，导致大多数教师没有时间与精力开展课程思政探索。

（3）高职院校生源复杂，学生层次参差不齐，据调查，学生焦虑、抑郁、自卑等心理问题普遍存在，学生心理状况的复杂性要依靠心理疏导、心理健康教育进行解决，导致心理健康教师工作量增加，忽略了对课程思政的研究。

（三）思政知识储备不足

大多数心理健康教师接受的思政教育来源于大学的思政课程，因为没有接受专业的思政教育，导致大多数课程思政教师缺少马克思主义理论和中国特色社会主义理论的知识储备。他们在思考、评析理论与解决现实问题时，往往缺少辩证唯物主义逻辑框架，缺少历史唯物主义所要求的人民立场，尤其是缺乏应对当前国内外意识形态斗争的阵地意识。

（四）教学设计能力待完善

大学生心理健康教育与课程思政拥有共同的培养目标，虽然在日常的教学中就穿插有思政元素，但是所讲授的思政元素是零散的，不成系统的。课程思政要求结合课程和教育对象进行思想政治教育系统设计与规划，对教师的知识构成、理念贯彻和方法运用等方面提出了很高的要求。

二、心理健康教师应具备的课程思政能力

（一）充分挖掘课程中的"思政元素"的能力

教师要对教材进行分析与二次加工，充分挖掘课程中的思政元素，让学生在掌握技术技能，提升信息素养的同时，加强思想政治教育，实现知识技能和思想双目标教学。心理健康课程中可以挖掘的思政元素如下：

（1）结合教学内容，融入爱国主义思政教育。

心理学成为一门独立的学科，是以1874年美国心理学家冯特建立心理实验室为标志，但是我国古代就有相似的探索，如孔子、孟子、庄子等先辈就开始探索心理现象。使学生了解我国古老灿烂的文化，学习先辈精神，有利于培养热爱祖国的深厚感情，增强民族意识，激发民族自豪感和求知欲。

（2）结合教学内容，融入人生三观思政教育。

目前部分高职学生人生目标不明确、思想信念不坚定，对自我没有充分的认识，认为自己读的高职，和其他本科的同学相比是"失败者"，于是非常自卑，所以讲到"自我意识""压力与挫折"的时候，教师要引导正确认识自己的定位，坚定理想信念，树立正确三观。又如职业生涯规划，在确定人生目标的时候，教师不仅仅要考虑学生自身条件，更要引导学生能将个人梦想与中国梦完美结合，使其更有成就感，价值感。

（3）结合教学内容，融入职业素养等思政教育。

在讲授职业生涯规划的时候，鼓励大学生主动把自己的职业理想和国家发展结合在一起，要有责任担当，要有民族精神、创新精神，具有国际视野。讲到学习时，也要鼓励学生学习课程不要浅尝辄止，要具备改革创新精神、钻研精神，要有勇攀高峰的气魄。

（4）结合教学内容，开展人文素养、科学精神等思政教育。

在情绪管理、压力应对内容中介绍中国传统文化中养生健身方法及生活哲学，传递中国传统哲学中"尊重自然""清静无为"等生命观、人生观，突出身体、心理、精神与环境四者之间的和谐统一。

（5）结合教学内容，开展社会主义核心价值观等思政教育。

社会主义核心价值观是社会主义核心价值体系的内核凝练和集中表达，为高校立德树人工作确立了根本依据，为大学生心理健康课课程思政改革提供价值指引。

（二）课程思政融入心理健康课程的设计能力

大学生心理健康教师要将思想价值引领元素融入课程教学内容设计、课堂讲授等环节，要根据课程标准和实际教学需要，优化教学设计、创新教学方法，主动匹配学生的兴趣点和情感共鸣点，让大学生心理健康课程更接地气、更有生气。

（1）"故事"教学法。以典型的人或事吸引学生注意、启发学生思考。如以神舟十二的三名航天员的成长历程引导学生个人梦想与国家梦想相结合，人生才更有价值等。

（2）"情景"引导法。如"职业生涯"专题中设计关于"某毕业生因对工作态度不端正被公司辞退"的剧本，组织学生将剧本以情景剧的舞台形式表现，让学生认识到热爱、珍视自己的工作和事业的重要性，渗透"敬业"价值准则。

（3）巧用"案例分析"。在大学生心理健康课程中有很多学生身边的案例，能够培养学习者有效理解、分析和解决问题的能力。如讲到人际交往，引入宿舍的矛盾，和学生一起分析不得体的社交带来的困惑，进而衍生到自由、和谐、平等、诚信、友善的社会主义核心价值观。

（4）互联网＋教育背景下，多元网络平台综合运用，延伸思政教育半径。通过线上精品课程、QQ、微信群构建师生互动平台，老师、同学之间加强思想互动、交流、探索。

（5）加强互动体验。譬如，"人际关系专题"中设计"盲人拐杖""信任背摔"，通过团体内发生的人际交互触动个体情感，促进自发思考人际交往中真诚、信任的重要性，融入"诚信"价值准则。

三、心理健康教师课程思政能力提升策略

（一）加强自身的道德修养，做学生的表率

教师是学生的领路人，只有教师方向明确，将正确的价值观内化于心，才能

帮助学生树立正确的"三观"。心理健康教师要了解自身的薄弱环节，自觉接受马克思主义理论、中国特色社会主义理论体系、社会主义核心价值观和中国优秀传统文化等教育，要将知识传授、能力培养的功能与"进行"的价值引领功能有机结合起来。

（二）积极进行角色转变，主动参与课程思政

一部分大学生心理健康教师除了教学外，还承担着心理咨询任务，要积极做好角色转变。在做心理咨询的时候，按照职业伦理要求，保持价值中立的态度是职业要求，但是作为一名心理健康教师，要及时转换角色。习近平总书记在全国教育大会上指出，我国是中国共产党领导的社会主义国家，这就决定了我们的教育必须把培养社会主义建设者和接班人作为根本任务，培养一代又一代拥护中国共产党领导和我国社会主义制度、立志为中国特色社会主义奋斗终身的有用人才。所以，广大心理健康教师自觉树立"全课程育人理念"，在教授学生心理健康知识的同时，把为人处世的基本道理、社会主义核心价值观的基本要求和实现民族复兴的伟大理想与责任担当等思政教育内容融入课程教学之中，充分发挥好课程的思想引领和价值导向作用。

（三）提升教师"挖掘—融入—反思"的教学能力

课程思政的目标是将思想政治教育融入课程教学各环节，挖掘课程中的思想政治教育元素，并与心理健康知识有机融合，有的放矢、精准施策。首先培养教师主动开发与思想政治教育相匹配的教学内容，培养挖掘知识背后的思想元素、道德元素、政治元素的能力；其次在教育教学设计上，可以首先把学生感兴趣的人际交往、恋爱心理等内容作为出发点，把学生思想发展教育与心理健康教育相结合，让学生在专业知识的学习和实践中确立科学的世界观、人生观和价值观，奠定学生成长成才的思想基础。

（四）学校要提供环境支持

高职学校必须认识到课程思政的重要性，把课程思政建设作为重中之重，高标准、严要求，整体推动学校课程思政的内涵建设和高质量发展。首先，加强调查研究，掌握大学生心理健康教师的现状、思想特点和现实需求，否则课程思政就是纯粹的任务和负担。

其次，提供系统的课程思政培训。目前，许多高职院校的教师培训主要集中于专业知识、教学技能方面的训练，对思政知识技能的培训相对较少，高职院校可以通过"学习强国"平台，引导广大教师广泛学习马克思主义及其中国化理论成果、党的路线方针政策、习近平总书记系列重要讲话精神。

再次，完善考核评价机制。学校在人才引进、教师资格认定、职称评聘、职务晋升、评优评先等环节，要强化对教师思想政治素质、职业道德水平的考核要求；日常工作中加强对教师师德师风、课程思政等方面进行督导；对个别评教情况欠佳教师，及时开展谈话谈心，消除师德师风隐患。激励广大教师自觉成为党执政的坚定支持者、社会正能量的积极传播者、学生健康成长的指导者和引路人。

综上所述，课程思政是一个系统工作，教师的思政能力提升也不是一蹴而就的，一方面，广大教师要积极行动起来，主动参与到课程思政中；另一方面，高职学校要高度重视，不断完善相关管理和激励制度以及具体支持措施，为提升教师课程思政教学能力给予大力支持和帮助。

参考文献

[1] 习近平. 把思想政治工作贯穿教育教学全过程 开创我国高等教育事业发展新局面[N]. 人民日报，2016-12-09（1）.

[2] 韩宪洲. 整体把握"三大规律"的主要特征 推进高校思想政治工作改革与创新[J]. 思想教育研究，2018（4）：9.

[3] 高德毅，宗爱东. 从思政课程到课程思政：从战略高度构建高校思想政治教育课程体系[J]. 中国高等教育，2017（1）：43-46.

[4] 黄彦旎，魏奇彬. 社会主义核心价值观融入高职院校学生心理健康教育探究[J]. 科教文汇，2021（06）：172-175.

[5] 邵广，铁振. 课程思政与高校教师队伍建设[J]. 航海教育研究，2018（2）：109-112.

浅谈"三全育人"理念下高职院校"课程思政"建设

杨金梅[①]

【摘　要】新形势下,高职院校"课程思政"建设是深入贯彻习近平新时代中国特色社会主义思想,落实立德树人根本任务,促进大学生德智体美劳全面发展,提升大学生思想政治教育工作的有效途径之一,是实现"全员育人、全过程育人、全方位育人"理念的落地之策。本文从"三全育人""课程思政"内涵,"课程思政"建设存在的问题,"课程思政"建设路径三方面进行探究,促进"课程思政"持续健康发展。

【关键词】三全育人;课程思政;路径

2017年2月,中共中央、国务院《关于加强和改进新形势下高校思想政治工作的意见》提出,坚持全员、全过程、全方位育人(以下简称"三全育人")。2017年12月,教育部在《高校思想政治工作质量提升工程实施纲要》中明确指出大力推动以"课程思政"为目标的课堂教学改革,自此贯彻落实"三全育人"理念下的"课程思政"建设如火如荼地展开。高职院校以"三全育人"为指引,从理论上厘清"三全育人""课程思政"概念,立足存在的局限,探究"课程思政"的路径。

一、"三全育人""课程思政"的内涵理解

(一)"三全育人"内涵理解

"三全育人"是指全员育人、全程育人、全方位育人。2016年,习近平总书记在全国高校思想政治工作会议上指出:"要坚持把立德树人作为中心环节,把思想政治工作贯穿教育教学全过程,实现全程育人、全方位育人"。"要用好课堂教学这个主渠道,思想政治理论课要坚持在改进中加强,提升思想政治教育亲

---

① 杨金梅:重庆公共运输职业学院马克思主义学院教师。

和力和针对性，满足学生成长发展需求和期待，其他各门课都要守好一段渠、种好责任田，使各类课程与思想政治理论课同向同行，形成协同效应。"2017年，中共中央、国务院《关于加强和改进新形势下高校思想政治工作的意见》明确指出，"要坚持全员全过程全方位育人。要把思想价值引领贯穿教育教学全过程和各环节，形成教书育人、科研育人、实践育人、管理育人、服务育人、文化育人、组织育人长效机制"。对此，"三全育人"理念首先明确全员育人，高校中承担不同任务的部门与人员之间的原有关系，不能满足这一新的要求。"全员育人"需高校中的各部门和不同学科教职人员，进行新的职责定义，使高校中的所有工作人员既有序分工又围绕在同一个目标进行育人，即"全校一盘棋"。在课堂上，除思想政治教育工作者，其他学科教学者也需进行育人工作，这就是本文探究"课程思政"的理解。

（二）"课程思政"内涵理解

"课程思政"是指以构建全员、全程、全方位育人格局的形式，让各类课程与思想政治理论课同向同行，形成协同效应，把"立德树人"作为教育的根本任务的一种综合教育理念。"课程思政"是将思想政治教育元素融入各学科教育中，促进立德树人的教育本质，创新思想政治教育方式，将显性与隐性教育有机结合，提升教育结构的立体多元性，增强思想政治教育的效果。"课程思政"是在思想政治理论课以外的全部课程中融入思想政治教育元素，其并非指具体某门课程或某项活动，而是一种将思想政治教育元素深度融入学校课程教育教学全过程的体系与理念。

"课程思政"早于"三全育人"，但"三全育人"涵盖的内容更丰富，两者同向同行，促进教育本质。

二、高职院校"课程思政"建设存在的问题

（一）高职院校"课程思政"建设的顶层设计缺乏

高职院校在课程思政建设中缺乏顶层设计的理念与思路，政策文件可执行性小，缺乏具体的实施和执行计划以及科学的考核和评价标准。部分院校只有一个总体的纲领，缺乏细化的执行性纲领，总体纲领的总体规划不足，系统统筹较差。个别院校为应付上级检查出了一个文件，不够重视。

（二）高职教师"课程思政"建设的意识不足

部分教师存在一种根深蒂固的观念，认为思想政治教育是思想政治理论课教师的工作任务，专业课教师就是上好专业课，专业课和思想政治课两者之间没有契合点。这种观念导致高职教师进行"课程思政"建设的积极性不足，不能深入挖掘专业课程的思想政治元素，认为从专业课程中寻找思想政治元素难度太大，将它们完全的分离，只停留在教书层面上，教书育人的真谛未落实，因此不能主动参与"课程思政"建设中，即使被学校要求参与，某些教师也存在消极敷衍的态度，严重影响"课程思政"建设总目标的实现。部分高职教师认为高职学生学业基础薄弱，学生的吸收消化能力就差，课堂中教授应专注专业知识，"课程思政"无疑是占用时间搞形似主义，不能起到良好的效果。

（三）高职教师"课程思政"建设认识偏差

部分教师认识到学科教学需要进行"课程思政"，但在学科教学中怎样融入"课程思政"欠缺方法。在"课程思政"中，将专业课讲成了思想政治理论课，大量的内容和时间用于讲思政，把专业课程的教学主旨搞偏了。还有的教师不知道如何开展课程思政，为融入思政元素而融入，只是简单地把所谓的思政元素硬搬到课程教学中，未能将专业课程中蕴含的思想政治教育资源采取隐性教育方式，潜移默化地融入专业课程教学中，只在形式上下功夫，起不到润物无声和春风化雨的教育效果。

（四）"课程思政"评价体系未完善

目前高职院校的学科教学质量评价对专业标要求严格，缺乏对思政元素的要求，不利于"督促教师不断加强自身政治素养锤炼和学生政治素质引导"。目前高职院校的课程评价，基本从专业知识与技能方面进行评价，在课程思政中存在"两张皮"现象。对课程思政的评价不完善，对教师的教学和学生的思政教育效果缺乏明确的要求，对评价要素、评价指标等不够，缺乏行之有效的课程思政评价体系。部分高职院校将课程思政的考核评价脱离于课程教学另设置一套评价标准，课程思政建设置于空中阁楼中。

三、高职院校"课程思政"建设的路径

（一）制定"课程思政"建设可执行性纲领

高职院校在制定"课程思政"纲领时，必须有科学标准的考核指标，不能是空泛地阅读文件。课程思政设计有一定的指标，在专业人才培养方案中要有思政元素的合理嵌入。专业人才培养方案中，要契合专业特点有具体的思政元素；要按照立德树人、德技双馨的要求，构建符合职业成长规律、思政规律、认知规律的课程体系以及实施的相关教学设计。

（二）培养高质量"课程思政"建设教师队伍

"课程思政"建设首先要提高教师的育人意识，课程思政才能凸显成效，落实立德树人根本任务。对于专业课教师要摒弃重"教书"而轻"育人"的观念，认为思想政治教育就是思政教师的事情，只注重专业课的教学。党的十九大报告指出："培养德智体美全面发展的社会主义建设者和接班人"，这就给教育者指示培养"什么人"的问题提供了明确方向。因此，全体教师都应将自身视为思想政治教育者，才能形成"三全育人"的"大思政"格局，才能做好"课程思政"建设，才能使人才培养朝着正确的方向迈进。

加强教师培训，打造一支符合新时代新要求的课程思政教师队伍，以满足"课程思政"的建设和发展，是高校的重要任务之一。

一是加强高职教师马克思主义理论培训，提高思想觉悟和政治站位，使教师自觉用马克思主义的世界观和方法论分析问题、解决问题。要邀请马克思主义理论研究的名师大家走进教师培训课堂，把理论讲清楚，把世情国情讲透彻，使教师充分认识到马克思主义理论及其中国化的思想是指引中华民族实现伟大复兴中国梦的必然选择，使教师深刻认识"自由化"等错误思想的危害，摒弃错误思想，并杜绝其在课堂上的传播，自觉践行课程思政。

二是加强课程思政的相关文件学习，落实党中央的有关决策部署。充分学习和正确认识习近平总书记有关"立德树人"的重要论述，学习党中央、教育部关于课程思政改革和推进的系列文件，是保证课程思政正确前进方向的第一步。开展教师轮训，提高教师的政策领悟能力，把握课程思政带来的机遇和挑战，逐渐深化课程思政教学改革，从而提升教师育人实效。

三是加强课程思政实践成果的学习，取他人长处，补自身不足。高校要提供

资金支持，发挥校际交流作用，分门别类地对通识课、专业课教师开展课程思政实践成果学习，以研讨会、学习班、交流组等多种多样的形式，将他人的有益成果吸取到自己的课堂中。

四是加强课程思政理论创新、实践创新的学习，不断推动课程思政向前发展。世情、国情无时无刻不在发生变化，教师也应审时度势，丰富和拓展课程思政的理论旨趣和实践内涵。高校应当对教师定期开展课程思政前沿理论的培训和探讨，提升教师对课程思政的理解，推动教师创新课程思政教学方法，形成优质课堂，真正在课程思政的改革和发展中引领学生成长。

（三）制定"课程思政"考核制度

制度化的考核评价，是高职院校提高课程思政质量的重要保证。高职院校课程思政的考核要针对多元化的主体，强化师德师风建设。考核评价包含对教师的绩效考核和对学生的学习效果考评两个层面。教师的绩效考核包含课程思政育人目标、课程思政教学设计、课程思政案例提炼、课程思政团队建设、课程思政教学实施（教书育人）等；学生学习效果的考评，要从学生获得感、学生满意度、学生学习实效、学生学业成绩评定、职业素养与工匠精神提升状况等进行评价和考查。

考核评价主体科学化，应由职教专家、学校督导、思政课教师、专业教师、行业企业专家、学生共同组成评价小组，通过定期听课、召开教师和学生座谈会、学生评教等形式，了解学生对课程的接受程度和实施成效。建立系列化的课程思政教学案例，将社会热点问题、专业领域内重点关注的问题、实践中有代表性的问题融入案例中，充实思政元素，强化德育功能。建立课程思政负面清单，强化课程思政考核评价结果的运用，将课程思政的开展情况应用于教师的教学考核、职称评定以及绩效激励等方面，以增强教师实施课程思政的内动力和获得感。

四、结语

综上所述，高职院校"课程思政"建设需要在"三全育人"的理念下进行全方位的审视，厘出问题，对症下药，促进"课程思政"建设更上新台阶，切实落实教育中的立德树人本质。

参考文献：

［1］习近平在全国高校思想政治工作会议上强调：把思想政治工作贯穿教育教学全过程　开创我国高等教育事业发展新局面［N］．人民日报，2016-12-09（01）．

［2］习近平．在全国高校思想政治工作会议上的讲话［N］．人民日报，2016-12-09．

［3］吴晶、胡浩．习近平在全国高校思想政治工作会议上强调：把思想政治工作贯穿教育教学全过程开创我国高等教育事业发展新局面［J］．中国高等教育，2016（24）：5-7．

［4］赵继伟．"课程思政"：涵义、理念、问题与对策［J］．湖北经济学院学报，2019（2）：114-119．

浅析高职院校课程思政中的隐性思想政治教育

贺秀峰[①]

【摘 要】随着时代不断发展,高职院校人才培养除了传统的培养模式外,对于如何在现有人才培养的方案中强化课程思政的探索进行了持续研究。但在课程思政的实施中,思政元素的运用和教学过于死板,特别是专业课教师在教学过程中对于课程思政的收效甚微,为此本文探讨了如何在课程思政教学中合理地运用好隐性教育,以期为课程思政教学进行更好地开展和取得更好的效果。

【关键词】课程思政;隐性思想政治教育;思想政治教育

一、隐性思想政治教育

隐性思想政治教育是由隐性教育逐步演化而来,隐性教育最初是由美国一位教育学者在隐性课程中,通过非教学计划中的课程对学生的个性产生影响的非正式教学性质的课程。通过"春风化雨""润物无声"的方式帮助学生塑造正确的三观,将思政元素融入专业课教学,让学生在不知不觉中受到思政教育,从而较好地实现课程思政的教学目的。

隐性思想政治教育是在课程思政的大背景下,由专业课教师在授课过程中通过较隐蔽的教育方式,让学生不知不觉中接受教育,相较于显性思想政治教育来讲有明显优势。第一,教师通过隐性思想政治教育,不脱离专业课教学的教学计划安排。第二,用语言或情景营造不同的教学氛围,使学生在不自觉中受到启发,引发学生的思考。第三,隐性思想政治教育有利于减少学生对课程思政背景下的教学过程,产生抵触和逆反的心理,保持愉悦的心情在完成专业课知识学习的同时,接受思想政治教育的信息。

---

① 贺秀峰:重庆公共运输职业学院马克思主义学院教师。

二、高职院校在践行课程思政中存在的问题

我们要牢牢把握"立德树人"这项根本任务,特别是对于高职院校来讲,绝大部分学校人才培养计划都过多地注重专业知识的培养,而忽略思想政治教育的重要性,在进行专业课知识学习的同时,如何把握好隐性思想政治教育的方式和方法,就显得尤为重要。而在课程思政的践行过程中,主要存在以下几个突出问题:

1. 课程思政在课程设计上流于形式

在近几年,课程思政工作开展虽然取得了一些成就,但总体上来讲,在课程设计上思政元素的挖掘不够深入,例如工学类专业的学生,在教学过程中,课程思政往往是流于表面和形式,没有深入挖掘思政元素中的"元素"二字。部分专业课教师在课程思政的背景下,不注重结合实际,在课程思政的实施过程中内容缺乏新意,使专业课成为另类的思政课程,未能达到应有的教学效果。

2. 专业课教师对学生思想了解不够

大部分专业课教师也意识到,对于当今受教育的大学生,年龄普遍介于18岁到23岁之间,他们的认知基本定型,思想活跃,感情丰富,加之当今信息发达,学生获取信息的渠道极多,而作为教育工作者,与学生存在年龄和思想上的差异,往往难以理解学生的真实想法。

3. 课程思政中思政元素运用生硬,思政元素运用重复率高

教育部在《高等学校课程思政建设指导纲要》中明确指出:"课程思政要紧紧围绕坚定学生理想信念,以爱党、爱国、爱社会主义、爱人民、爱集体为主线,围绕政治认同、家国情怀、文化素养、宪法意志意识,道德修养为重点优化课程思政内容供给,系统进行了中国特色社会主义和中国梦教育、心理健康教育、中华优秀传统文化教育。"从纲要中可以看见,课程思政包含学生成长的方方面面,但在实际的教学中,教材中的思政元素较为单一,如何牢牢把握"立德树人"这项根本任务,排在首位的依然是"德"的问题,我们缺乏在课程思政背景下的知识点切入,教材和相关课程教案的制作和整理需要花费教师较多时间,并且教育效果并不乐观,同一个思政元素,被多位专业课教师反复提及,未达成

学生在受教育过程中的预期效果，反而让学生对过多的重复的显性教育产生抵触情绪。

4. 课程思政教育急功近利，模式化痕迹明显

学生的教育过程是一个长期性过程，需要从综合性、全局性、发展性的需求去进行考核，要注重课程思政的过程教育，但学生更多时间只是通过某次课程思政教育，就以测试的方式来解决和检验思政教育的效果。不能只通过做题、写报告、写总结、写心得体会的方式来进行检验和总结。教师将思想政治教育进行模式化，过于简单和显性的教育形式并未引起学生思想上的反思和共鸣，反而让学生产生学习疲劳和逆反心理。

5. 课程思政中隐性思想政治教育资源不足

课程思政中隐性思想政治教育落脚"立德树人"根本任务，承担着"三全育人"的重要使命，但目前缺乏素质过硬的教师团队，各高职院校思想政治专业教师与非思想政治专业课教师的联系不足，在思政元素的挖掘和协同育人上未形成协同效应，思政教师与非思政教师之间未树立大思政观。立德树人是新时代思想政治教育的立足点，但高职院校因专业背景和特点对思想政治教育的重视程度不足，专业化水平有待进一步提高，对思想政治教师的认同感和引领作用认识不足，缺乏有效开发和利用软性资源的引领示范团队。

在软性资源上，对于校园文化、教师示范、优秀学生的典型性示范挖掘与研究不足，重视程度不够。目前课程思政在思政元素资源上的运用上过分强调灌输式教育，内容缺乏亲和性，忙于培养浮于表面的"道德人"规范，未能充分结合社会实践，学生的实践参与性与思想共鸣不足，缺乏思想引导，未能促进学生的反思和成长。

三、基于隐性思想政治教育对高职院校课程思政进行优化

1. 课程思政在专业课上实现职业特点的结合

在课程设计上要抓住专业课程特点，结合典型案例挖掘职业道德教育资源，加强学生的职业道德教育，培养学生的安全意识、服务意识、责任意识、法律意识。

2. 进行科学的调研工作，牢牢把握学生思想动态

积极发挥隐性思想政治教育的优势，发挥受教育者主动学习的兴趣动力，强调感情的自然表现，由浅入深地逐渐进入学生的内心。这是一项系统性工程，需要专业课教师发挥育人作用，要了解学生思想动态。首先，专业课教师需要多了解学生感兴趣的热点话题，找准开启学生心灵的钥匙，在课程设计中加入学生感兴趣的时政热点，结合网络把握当下流行用语，使专业知识与思政元素自然融合。其次，专业课教师要加强学习，了解学生对课程思政的不同偏好，通过隐性思想政治教育展开话题，避免显性思想政治教育的灌输式和填鸭式引发学生思想抵触，牢牢把握多种方式传道授业，激发学生兴趣，使学生在学习过程中真正学有所得。

3. 结合专业课程特点，减少思政元素运用的重复率

习近平总书记在全国高校思想政治工作会议上强调，要用好课堂教学这个主渠道，各类课程都要与思想政治理论课同向同行，形成协同效应。要形成协同效应，就要明确思政课程和课程思政的区别，不能将专业课程讲成了思政课程。明确在这个问题上，专业课教师要牢牢把握隐性思想政治教育的方法，挖掘隐性思想教育中的职业道德教育资源，与专业课相结合，培养学生的职业道德意识。例如工程类专业，可以加强学生对精准测量、工程质量、责任意识等方面挖掘思政元素；轨道交通类专业，可以结合思政热点，灵活运用"一带一路"倡议和中欧班列、长征精神、两路精神等引出相关知识要点，也可以通过港珠澳大桥、北京大兴国际机场、贵州"天眼"射电望远镜、三峡水电站等大型国家超级工程的介绍和建造过程，增强学生的民族自豪感和民族认同感；文科类专业，可以将中国传统文化应用到专业课程，从经典人物和故事对学生进行隐性思政教育，从专业发展历程、大师成长之路和教师的个人经历中挖掘榜样力量，从国家大事和文化前沿讨论热点问题，激发学生的学习兴趣。

4. 加强课程思政制度建设，重视课程思政的过程教育

高职院校课程思政建设需加大理念和政策上的支持，在新的时代背景下，新的理念促进课程思政新的发展，关键在于高职院校制度建设的导向作用。高职院校应用高职院校制定规章制度来促进课程思政中的隐性思想政治教育的发展，牢牢把握过程教育，将考核机制的结果式考核运用到过程考核中去，充分发挥过程考核的积极作用，高职院校制度建设需紧跟院校专业特点，结合本校特点制定符

合本校发展和专业特点的制度，从课程设计、专业建设、科学研究等方面入手。高职院校隐性思想政治教育是新时代"双高计划"背景下高职思想政治教育改革和发展的必由之路，是高职院校贯彻学习习近平新时代中国特色社会主义思想发挥"三全育人"的核心要点。高职院校课程思政中的隐性思想政治教育将肩负起新的使命和任务。

5. 加强高职院校隐性思想政治教育资源开发与利用

高职院校在思想政治教育前沿中，需通过政策导向为思想政治教育资源起到主导作用，需要通过各种方式激发教师的积极性，并充分利用各种线上线下资源丰富隐性思想政治教育资源的开发和储备。在这个崭新的时代，走中国特色社会主义道路，为党和国家培养人才，必须紧跟时代脉搏，将时代精神融入课程思政教学中，而高职院校思想政治理论课自始至终占据着思想政治教育的前沿和高地。

课程思政中的思想政治教育资源开发，需要紧密联系专业课教师和思政课教师之间的联系，用最新最好的理论来武装和加强隐性思想政治教育资源，要站在全校的层面上考虑和把握学校思政课程资源的开发和利用。特别是加强隐性思想政治教育资源的挖掘，学生对课程缺乏兴趣、不积极思考、不认真学习，极大原因在于课程资源不够丰富，学生对相关学习缺乏兴趣。这是一个长期性的问题，为解决这个问题，如何更好地实施课程思政，增加学生的兴趣，在快乐中学习，在思考中学习，这是每一个教育工作者都需要面对的问题。"工欲善其事，必先利其器"，充分说明思想政治教育资源的重要性。只有丰富的思想政治教育资源，丰富的思政教育元素，并且合理地运用到教学中，特别是隐性思想政治教育，才能让学生在不知不觉中接受思想政治教育。

隐性思想政治教育也必须与显性思想政治教育相融合，结合线上资源的开发利用，例如"厉害了我的国""大国重器"、抖音上的央视新闻、《人民日报》等媒体的视频资源，丰富隐性思想政治教育资源库，将枯燥的学习变为趣味性的学习，在引导学生的同时去探寻事物之间的本质，让学生在学习中思考，培养学生的创新思维能力。通过隐性思想政治教育的不断学习，改变现如今学生谈到思政课就唉声叹气的情绪，改变现今教育中比较常见的灌输式和填鸭式的教育模式。同时加强专业课教师的充电和学习，利用好假期进行相应的学习，特别是具有专业特点的知识积累，发挥好教师的示范作用，将隐性思想政治教育先育师再育人，为党和国家培养有担当的时代新人，为建设中国特色社会主义具有重大的现实意义。

参考文献

［1］ 刘海荣，范文静，齐立海. 论提高高校专业课程思政建设质量的有效途径［J］. 2020（17）；59-60.
［2］ 李文忠、赵博文. 课程思政教育中隐性知识教育研究［J］. 2020（06）：124-125.
［3］ 教育部. 关于印发《高等学校课程思政建设指导纲要》的通知［Z］. 2020-05-28.

关于高校推进课程思政建设着力点的五点思考

冯世勋[①]

【摘　要】课程思政建设是新时代教育教学改革的重中之重。实践表明，广大的教师在推动课程思政效能的提升方面越来越发挥着不可替代的重要作用。我们要充分认识新时代高校育人的使命任务，本文认为应把转变教学理念、提升教学能力、更新教学内容、改进教学方法和构建课程思政制度体系作为着力点，努力推进课程思政的改革创新，进一步落实立德树人的根本任务。

【关键词】课程思政；教学理念；教学能力；教学内容；教学方法

习近平总书记于2016年12月在全国高校思想政治工作会议中指出："其他各门课都要守好一段渠、种好责任田，使各类课程与思想政治理论课同向同行，形成协同效应。"由此可见，思政教育不仅仅是思政课教师的任务，同时是所有教师的共同职责，使思政教育从"专人"转向"人人"，增强教师参与课程思政建设的主动性和积极性，为所有课程同向同行、协同育人提供保障。故而，课程思政建设就渐渐地成为高校思想政治教育工作的重中之重，也成为所有高校教师和教育工作者必须认真思考并身体力行的一项重要任务。本文围绕这一重要任务，从转变教学理念、提升教学能力、更新教学内容、改进教学方法五个方面就推进课程思政建设的着力点进行了探索。

一、第一个着力点：积极转变教学理念

常言道："经师易得，人师难求。"作为高校教师，要与时俱进地转变教学理念，心中要有最基本职责和责无旁贷的使命担当，紧紧围绕"培养什么人、怎样培养人、为谁培养人"，对教育教学目标进行反复地深入地思考，努力做到

[①] 冯世勋：重庆公共运输职业学院马克思主义学院教师。

"经师"与"人师"的有机统一。

教师是教育第一资源与核心要素，教师要以习近平总书记对教师"四有、四个引路人、四个相统一"的要求为准绳，努力加强自我修养，不断深化教育情怀，锤炼高尚的师德师风、扎实的学科素养、夯实教育教学水平，实现德艺双馨，展现新时代高校教师的耀人风采与强大魅力。

与此同时，广大的高校教师作为高等教育的施教者，必须首先做到主动地不断地接受教育，树立终身学习理念，做到"活到老，学到老"，还要关心国家的发展、社会的进步以及民族的复兴，进而形成自觉汲取思政养分的习惯。同时，教师要更加坚定社会主义的核心价值观，增强对中国特色社会主义理论、道路、制度和文化的自信与认同，做到将课程育人的理念真正内化于心、外化于行，切切实实地提升自身的人格魅力，通过借助思政教育的鲜活教材，把积极向上的价值观和正能量传递给每一个学生，引导所有学生扣好人生的第一粒扣子，让每一位学生都获得一个良好的起点。

二、第二个着力点：努力提升教学能力

课程建设与教师发展一体两面。广大的专业课教师在精通自己专业的同时，还要通过各种途径（如认真学习马列原著、毛泽东思想和中国特色社会主义理论体系，线上线下的相关讲座，学习强国App等）认真学习政治理论知识，提升政治理论水平，努力找到思政材料与自己所教专业的专业知识的内在契合点，进而精心开发自己所教课程本身所具有的、能够进行思政阐发和教育的课程思政内容，促进价值塑造与知识传授和能力培养同向同行。

从本质上来说，课程思政是跨学科的教学形式，而不同教师学科背景可能各不相同，甚至同一学科的教师，在认知结构方面也存在着较大的差异，这就从客观上要求广大的教师必须自觉打破学科专业的壁垒，扩宽知识的深度和广度，不断整合教育教学资源，进而形成思政课程与课程思政的合力，打造出一支高水平的课程思政教学团队。这个教学团队，要做到相互配合、取长补短，各尽所能，才能有效提升课程思政立德树人的育人水平。

除此之外，课程思政建设也是对高校教师综合能力的一个重要检验。为此广大的高校教师，不能只注重专业知识和专业技能提升，还要借助高校的各种资源平台，通过提供各类的专业服务和有针对性地培育培训，来提升自身的德育意识

及德育能力，使高校教师在"三全育人"的过程中"与时俱进"，最终达到有高度、有深度、有温度的教学效果。

三、第三个着力点：不断更新教学内容

课程思政的内容是课程思政建设的核心。教师要紧紧围绕课程建设的目标、结合学科专业的特点、聚焦课程思政的元素，用马克思主义的立场、观点和方法，对课程思政的教学内容进行严格的审视和解读，坚持用马克思列宁主义、毛泽东思想、邓小平理论、"三个代表"重要思想、科学发展观和习近平新时代中国特色社会主义思想来铸魂育人。只有教师对政治理论真信、真懂，对专业知识和专业相关情况足够"专业"，才能为课程思政的教学内容注入源源不断的活力，才能把优秀充实的教学内容展现给学生。

教师还要紧紧围绕政治认同、家国情怀、法治意识、道德修养、劳动价值等方面的重点内容，优化课程思政的内容供给，并且专业课教师可以和思政课教师加强交流与合作，充分吸收思政课程的养分，进一步丰富课程思政的教学内容。教师要努力结合自身的专业实际来重构课程体系，要充分挖掘每门课程本身所蕴含的思想政治教育元素，将这些思想政治元素予以合理的加工，才能做到有效利用。思想政治教育元素应与专业知识内容交织交融、相辅相成，起到拨动心弦、引起共鸣之效，从而实现"教书"和"育人"相互促进，使价值塑造内生为课程教学中有机的、不可或缺的组成部分。

除此之外，课程思政的内容也不应该仅仅局限在理论教学过程之中，教师还要充分借助创新创业、学科活动与学科竞赛、专业实习与专业实训、各种社会实践等实践育人的载体，在理论与实践的相结合的具体过程中，不断实现育人方面的"知行合一"。在此过程中，教师首先要具备"知行合一"的理念，以身作则，在日常的教学活动中起到示范作用。

四、第四个着力点：着力改进教学方法

良好的课堂氛围离不开良好的师生互动，而良好的师生互动无疑能够为课程思政锦上添花。在教学中要想取得良好的教学效果，就必须充分调动学生的主动性和积极性，让学生参与到课堂中来，学生的参与过程，不仅能解决"抬头率"

问题，还经常能碰撞出创新的火花。当然，通过良好的师生互动、及时的课程反馈，有利于教师更充分地了解学生的认知结构、心理状态以及思想状况，进而在教学方法的选择上才能做到一切从学生的实际出发，在课程的设计与课堂教学中做到胸有成竹。

同时，教师还要不断提升对课程本身的理解和驾驭能力，充分发挥学生的主体地位，通过问题式、参与式、案例式、讨论式等教学方法，不断探索和推动课堂教学改革，让课堂如源头活水，真真正正地"活"起来，才能将正确的"三观"（世界观、价值观、人生观）教育潜移默化于专业知识传授的过程中。当然，方法也不局限于现有的常用方法，方法可以不断总结和创新，也只有新方法的不断创造和运用才能更好地适应新时代的教学要求。

除此之外，教师对教学方法的改进，还要通过课堂内外联动来促进。课内学习往往是有限的，必须将课外的学习也重视起来，才能做到知识量的增加和综合能力的不断提升。同时，教师要深度挖掘提炼专业知识体系中所蕴含的思想价值和精神内涵，将专业课教学恰如其分地浸入思政内容，使课堂变得更加激情澎湃，更加丰富多彩，增加学生的学习兴趣，让教学效果变得更好，学习效果变得更佳。因此，广大教师必须将课上与课下无缝衔接起来，才能将"三全育人"（全员育人、全程育人、全方位育人）贯穿于教育全过程，达到最终的育人目的。

五、第五个着力点：构建课程思政制度体系

构建课程思政制度，以制度为引领，规范课程思政实施路径、具体举措与评价制度，是推动课程思政建设的又一着力点。从思政教育的角度出发，建立健全学教协同制度。课程思政是"课程"与"思政"有机融合，并显性展示的具体方式。从系统运作的角度来思考，只有学工系统和教学层面的相关部门和人员共同推进，才能持续深入地推进课程思政建设。具体而言，构建课程思政制度体系，可以从以下几个方面进行：

首先，要优化教师培养培训制度。思政课教师和专业课教师，要根据实际情况参加有针对性的培训。同时，围绕教师职业生涯规划，从重要节点入手，如入职前的新进教师培训、教师职称职级评定前的条件设置等关键环节，针对课程思政提出具体培训内容和考核要求，进而完善教师培养培训制度。

其次，要建立定期的研讨制度和协同备课制度。各个部门要协同建立定期的研讨制度，针对新时代大学生关心的热点和焦点问题进行系统整理，进而为专业教学提供更多信息、资源和建议，对各专业课程梳理"思政元素"和提供什么样的教学形式来育人会有很大帮助。高校的二级院系以教学团队为单位，邀请课程所授班级的辅导员、党支部书记及党员教师等思政工作人员集体备课，按一定周期（如每周、每月等）采取不同形式的共同讨论来挖掘具体课程中的思政元素，进而商定思政元素的表现形式，如典型案例、音频视频等。

最后，要形成课程思政科学评估与督导制度。修订教学运行方面的制度，将所有课程设置"课程思政"作为其中一个教学目标，明确教学内容，讲授和实习、实验、实训、作业等环节关于"思政元素"的具体体现与时数分配。同时，还要选拔思政工作队伍人员（尤其是思政课专职教师）进入专业教研室，开展课程思政的系列研讨活动，还可以将思政课教师加入学校教学督导工作中，将课程思政专项督导与日常督导相结合，确保课程思政建设落到实处。

总之，对各类专业课程与思想政治进行同向且同行的探索，是新时代人才培养的一个必然选择。我们要不断努力，通过课程思政建设引导当代大学生从学生时代就不忘前辈付出的努力，关心国家、民族的发展，自觉树立为中华民族伟大复兴而学习的信念，中国特色社会主义事业才能后继有人、兴旺发达。为此，还要充分发挥广大教师的主动性、积极性和创造性，着力打造特色的课程思政体系，构建全员、全程、全方位育人的大格局，切实落实好立德树人的根本任务，努力提升人才的培养质量，争取把学生培养成为可以担当民族复兴大业的、优秀的社会主义建设者和接班人。

参考文献

［1］ 习近平在全国高校思想政治工作会议上强调把思想政治工作贯穿教育教学全过程　开创我国高等教育事业发展新局面［N］. 人民日报，2016-12-9（01）.

［2］ 中共中央　国务院印发《关于加强和改进新形势下高校思想政治工作的意见》［N］. 人民日报，2017-02-28（01）.

［3］ 龙兵，王昊. 推动思政小课堂同社会大课堂有机结合［N］. 长沙晚报，

2020-09-29(006).

[4] 杨莉虹,宋万杰."思政"融入专业课 创新育人新路径[N].河北经济日报,2021-06-26(003).

[5] 蔡正丽.高质量推动课程思政建设[N].安徽日报,2020-12-29(006).

[6] 侯莎莎."课程思政"理念指导下的管理学教学改革[J].陕西教育(高教),2020(12).

[7] 郭江龙.由"思政课程"到"课程思政"[N].中国社会科学报,2020-12-30(009).

[8] 唐波.推进高校教师思政与学生思政的互促融合[N].中国社会科学报,2020-12-25(010).

[9] 林雅萍.大思政背景下高校辅导员角色定位分析[J].文化创新比较研究,2020(34).

引领和推进课程思政建设,努力打通"三全育人"途径

秦 英[①]

【摘 要】课程思政要在思政课程的基础上,构建所有课程、所有教学环节参与育人工作的大思政格局,动员教师全员参与,挖掘各类课程的思政教育资源,发挥全部课程的思政作用,从而形成"教书"和"育人"为一体的课程观念。推动"思政课程"与"课程思政"协同发展,把思想政治工作贯穿教育教学全过程,实现全员育人、全程育人、全方位育人,努力打造"三全育人"新格局。

【关键词】课程思政;"三全育人";建设路径

教育是国之大计、党之大计。课程思政是新时代加强和改进高校思想政治工作的客观要求,是全面提升高校人才培养质量的重要举措,事关人才培养质量的提升,事关立德树人根本任务的落实。新时代新形势下,高校要以课程思政为切入点构建"思政基因工程"大格局,推动思政教育改革,激发思政教育创新活力,构建"大思政"宣传教育工作格局,实现"三全育人"战略目标,担当培养民族复兴大任时代新人的历史使命。

在"三全育人"总体工作格局下,教师队伍是育人的"主力军",课程建设是育人的"主战场",课堂教学是育人的"主渠道"。课程思政建设就是要将价值观引导寓于知识传授和能力培养之中,坚持育人与育才相统一,落实立德树人根本任务,全面提高人才培养质量。应从课堂、专业和高校治理体系三个维度协同发力阶段,力求探索高校从课程思政到"三全育人"的可靠路径,实现"课程门门有思政,教师人人讲育人"。课程思政建设是一项系统工程,需要高校加强顶层设计,全面规划,循序渐进,以点带面,不断开创课程思政工作的良好局面。

高校课程思政事关"培养什么人、怎样培养人、为谁培养人"的根本问题,

---

① 秦英:重庆公共运输职业学院马克思主义学院教师。

"课程思政实质是一种课程观,不是增开一门课,也不是增设一项活动,而是将高校思想政治教育融入课程教学和改革的各个环节、各方面,实现立德树人如无细无声"。课程思政建设要科学设计课程思政教学体系,尊重教育教学规律和人才培养规律,适应不同专业、不同课程的特点,强化分类指导,既有统一性,又有差异性。应构筑起以思政课程为核心,以中国系列课程、综合素养课程、哲学社会科学课程为支撑,以专业课程为辐射的课程体系,形成从思政课程到课程思政的"圈层效应"。应立足新时代高等教育立德树人根本任务,在课堂教学主渠道中全面体现"国家意识、人文情怀、科学精神、专业素养、国际视野"。应推动"思政课程"与"课程思政"协同发展,把思想政治工作贯穿教育教学全过程,努力打造"三全育人"新格局。

"三全育人"即全员育人、全程育人、全方位育人。全员育人是指所有教职员工都要参与到思想政治教育过程中来,无论是管理人员、辅导员、专业课教师,还是后勤人员,都要参与育人工作,形成育人合力。全程育人是指学生在校受教育期间,高校都要认真部署、精心安排、将思想政治教育贯穿学生生活的始终。全方位育人是指在思想政治教育过程中,应充分发挥各种教育载体的作用,帮助学生全身心感受思想政治教育的熏陶与洗礼,有效提升学生的精神境界和思想道德素养。

一、"课程思政"的内涵与要求

课程思政指以构建全员、全程、全课程育人格局的形式将各类课程与思想政治理论课同向同行,形成协同效应,把"立德树人"作为教育的根本任务的一种综合教育理念。课程思政主要形式是将思想政治教育元素,包括思想政治教育的理论知识、价值理念以及精神追求等融入各门课程中,潜移默化地对学生的思想意识、行为举止产生影响。课程思政在本质上还是一种教育,是实现立德树人的目标。"育人"先"育德",注重传道授业解惑、育人育才的有机统一,一直是我国教育的优良传统。课程思政的结构是立体多元的,即实现知识传授、价值塑造和能力培养的多元统一。从课程思政的提出来看,其目的就是实现各类课程与思想政治理论课的同向同行,实现协同育人。课程思政是在"大思政"工作格局中,服务立德树人根本任务的前提下,动员教师全员参与,挖掘各类课程的思政教育资源,发挥全部课程的思政作用,从而形成"教书"和"育人"为一体的课程观念。能不能通过课程思政为中国特色社会主义事业源源不断地培养合格建设者和可靠接班人，能不能为实现中华民族伟大复兴中国梦凝聚人才、培育人才、输送人才，是实现"三全育人"的重要指标。

二、课程思政的建设思路与方法

（一）建设思路

课程思政是思想政治理论课教育理念的改革与创新，课程思政要站在立德树人根本任务的战略高度来架构大学生思想政治教育的内容和策略、方式和方法。实施"课程思政"，既要强化显性思政，又要细化隐性思政，发掘高校综合素养课程和专业教育课程的思想政治教育资源，突破思想政治教育过度集中于思想政治理论课的瓶颈，把思想政治理论教育与专业教育变为一个协调同步、相得益彰的过程。课程思政要在思政课程的基础上，构建所有课程、所有教学环节参与育人工作的大思政格局，是实现全员、全程、全方位育人的重要路径。课程思政的实施需要高校构建校内上下联动、校外多方协同的教育联合体，推动思政教育工作改革创新发展。

（1）顶层设计上转变观念，构建"三全育人"的思政工作格局，课程思政建设之初就要明确教学原则，坚持"方向上旗帜鲜明、方法上润物无声"。一方面课堂教学必须坚持正确政治方向，充分发挥所有课堂的内在品格培育功能。另一方面要求做到"专业不减量，育人提质量"，思政元素应与专业知识内容交织交融、相辅相成，起到拨动心弦、引起共鸣的点睛之笔，从而实现"教书"和"育人"的相互促进、相得益彰。

（2）转变教学观念，增强教师的育人意识，深化专业课教师对课程思政教育教学改革的理解，结合不同专业课程的教学特点和育人要求，坚持问题导向和效果导向，积极探索适合各学科专业的课程思政内容和方法，增强课程思政针对性和亲和力。

（3）将学科建设最新成果及时融入教材体系和教学体系建设，增强学生对党的创新理论的政治认同、思想认同和情感认同。

（二）建设方法

（1）营造全员、全课程育人的良好氛围，建好课程思政示范课。由各院系负责人和教研室主任牵头，骨干教师带队，每个教研室申报一门课程思政建设课，率先打造一批课程思政示范课，学校于学期末进行验收。通过课程拓展，课堂深化，逐步形成全面普及、思政教育效果突出、育人质量凸显的课程思政建设格局。

（2）通力构建学校"三全育人"工作体系，形成"大思政"工作格局。全体教师自觉在课程教学中履行育人的职责，增强专业课教师的育人意识和使命感。为了发挥思政课教师专业优势，解决专业课教师思政知识短板，建立思政课专任教师结对专业课教师制度。思政课教师和专业课教师相得益彰，并肩成长，协同育人。思政教师协助专业课教师完成课程标准制定、教案设计、课件制作等，确保将思政元素融入专业课程，助力打造"课程思政"典型。

（3）全体教师学习习近平新时代中国特色社会主义思想、习近平关于教育的重要论述，党史、中华人民共和国史等，提高理论水平，增强爱国主义情怀，提升政治素养。及时拓展思政学习内容和重要篇目，做到思政学习与时俱进，增强教师学思政的广度、深度，使之成为教师的终身学习课题。全力打造政治素质过硬、业务能力精湛、育人水平高超的高素质教师队伍，鼓励教师做塑造学生品格、品行、品味的"大先生"。

（三）基本原则

（1）坚持育人导向，以生为本的原则。贯彻落实立德树人的根本任务以及纵深推进学生职业素质教育的出发点和落脚点，遵循教育规律，勇于改革创新，优化教育内容供给，改进工作方法，创新工作载体，激活学校职业素质教育工作内生动力。

（2）坚持问题导向，注重精准施策。聚焦学生发展的重点任务、重点环节、重点内容，强化优势、补齐短板，着力因材施教，不断提高学生的求知获得感和幸福感。

（3）坚持协同联动，强化责任落实。建立党委统一领导、党政齐抓共管、职能部门组织协调、行业企业积极参与的工作格局。强化学生教育资源整合，把全员协同参与的责任体系的"软指标"变成"硬约束"。

（4）坚持科学评价体系，注重立德树人实效。系统梳理归纳各个群体、各个岗位的育人元素，并作为职责要求和考核内容融入整体制度设计和具体操作环节，推动高校思想政治工作制度化，推动全体教职员工把工作的重心和目标落在立德树人实效上。健全评价体系。坚持定性分析和定量分析相结合、工作评价和效果评价相结合，研究制定内容全面、指标合理、方法科学的评价体系。

三、推进课程思政建设，做好"三全育人"总体规划

（1）准确把握加强课程思政建设的重要性。加强课程思政建设，提高思政工作水平，提升人才培养能力是新时代高校全面贯彻落实习近平新时代中国特色社会主义思想的重要实践。课程思政作为立德树人的关键课程主体地位不能变，其他专业课程应不断提升与思政课协同育人的能力，实现全方位育人。紧抓意识形态建设，谨言慎行，全员树立正确的三观。当前，高校意识形态和思想政治工作面临前所未有的冲击和挑战，社会转型时期的多元思潮、非主流思想、网络舆论给大学生价值观带来了冲击。面对新形势新任务，高校要承担起对大学生进行系统的马克思主义理论教育的责任，坚持以社会主义先进文化占领高校思想文化舆论高地，指导学生建立正确的世界观、人生观和价值观。各类课程都要与思想政治理论课同向同行，发挥主渠道作用。

（2）充分认识中国特色社会主义教育是知识体系教育同思想政治教育的结合，坚持和完善党委领导下的校长负责制，完善学校内部治理结构，健全制度体系和制度落实机制，把思想政治工作体系贯通学校学科体系、教材体系、教学体系、管理体系，纳入学校各项事业发展规划和人才培养方案。建立由学校主要负责人担任组长的思想政治工作领导小组，将思想政治工作与教学、科研、社会服务、国际交流等工作同时部署、同时检查、同时评估，实现协同协作、同向同行、互联互通。健全"三全育人"统筹推进常态机制，实现教学科研、管理、服务三位一体的"三全育人"长效机制。

（3）以课程思政为契机，加速推进"三全育人"，课程思政与思政课程是同心圆的关系，思政课程是内核，课程思政是整体。从"思政课程"到"课程思政"概念和外延的变化，显示出思想政治教育工作从思政课堂为主体的"小思政"概念走向了"三全育人"的"大思政"概念。课程思政不再单独指向某一门课程或某一个课程体系，而是贯彻所有课程的育人理念。课程思政是借助课程载体实现思政育人功能的动态过程，充分认识课程思政与思政课程的密切关系有助于三全程育人目标的实现。

（4）打造制度建设体系，助力实现"三全育人"，制定"三全育人"综合

改革建设方案，完善"三全育人"工作机制，健全党政议事规则和决策程序。建立完善学校各部门常态协作和分工负责机制，建立责任清单，细化工作台账，有明确思路、有制度、有落实、有成效。挖掘各群体、各岗位的育人元素，并作为职责要求和考核内容，融入整体制度设计和具体操作环节，使思想政治工作更好地适应和满足学生成长诉求、时代发展要求、社会进步需求。切实使教育教学更有温度、思想引领更有力度、立德树人更有效度。

（5）深化课程思政教育教学改革，打造优势特色专业，创新学生素质培养重点工作，校外教育资源联动机制是课程思政改革的重要推动力，联合区内高校可发起成立校际"课程思政集体备课平台"，及时更新思政教育政策和教育教学内容，充分交流教育教学方法，实时分享教育教学案例。以此为契机，将"三全育人"贯穿创新人才培养模式改革中，促进价值观教育与专业教育融合、与科研和教学实践融合、与创新创业和就业融合，促进"三全育人"体制机制创新，着力培养能够适应新时代需要的德才兼备的人才。

参考文献

［1］ 高德毅，宗爱东. 课程思政：有效发挥课堂育人主渠道作用的必然选择［J］. 思想理论教育导刊，2017（1）：31-34.

［2］ 谢娟，王冬元. "三全育人"视域下高校课程思政改革反思与实践［J］. 河南教育学院学报，2020（07）：122-124.

［3］ 张梅霞. 新时代"三全育人"理念下高职课程德育的实践研究［J］. 江西电力职业学院学报，2018（07）：141-142.

赫尔巴特道德教育理论与"课程思政"

冯 梅① 梁晓芳②

【摘 要】赫尔巴特道德教育理论是西方"传统教育"的主要代表。结合中国的道德教育实际,赫尔巴特的道德教育理论可以和中国的道德教育产生思想的碰撞和共鸣。在"课程思政"教育研究蔚然成风形势下,从教育学的视角,立足中国道德教育实际,运用赫尔巴特道德教育理论,解惑当下"课程思政"相关疑问,例如各类课程强调道德教育、"课程思政"与"思政课程"同向同行、思政课程与各门课程结合的原因以及如何通过各门课程教学进行道德教育等。

【关键词】赫尔巴特道德教育理论;课程思政;思政课程

赫尔巴特教育思想作为一个较为完整的教育思想体系,在19世纪末20世纪初对世界许多国家产生了广泛深远的影响,甚至被认为是"赫尔巴特主义"。法国教育史家康帕亚认为,19世纪后期"赫尔巴特主义在德国已成为一种宗教"。赫尔巴特不仅在德国得到了广泛传播,而且在德国以外的国家也引起了巨大的反响,例如美国和亚洲一些国家,特别是美国,曾掀起了一场"赫尔巴特运动"。中国最早系统引进西方教育学说时,选择的也是赫尔巴特教育理论,并对我国的教育产生了深远的影响。

在赫尔巴特教育理论中,道德教育是其最为重要的内容。不仅包括他所说的"训育",还涉及他的教育目的论,教育性教学原则理论。以教育学的视角,结合中国的道德教育实际,不难看出赫尔巴特的道德教育理论和中国的道德教育有相通相融之处。思想政治教育中,政治教育和道德教育都是其主要且极其重要的内容。将思想政治教育中德育引入教育学相关理论进行研究,可发

---

① 冯梅:重庆公共运输职业学院马克思主义学院教师。本文为重庆市教委人文社会科研项目"高职院校'课程思政'与'思政课程'融合路径研究"阶段性成果。项目编号:20SKSZ112。
② 梁晓芳:重庆公共运输职业学院运输贸易学院教师。本文为重庆市高等教育教学改革研究项目"交通强国战略"背景下动车组检修专业课程思政探究与实践阶段性成果。项目编号:203760。

现其内在规律性。

在《高等学校课程思政建设指导纲要》文件中，教育学类专业课程推进"课程思政"建设，重点在于加强师德师风教育，培育"四有"好教师。而这"四有"好教师的培育，并非直接灌输，需要榜样的力量，即需要在古今中外的教育大师那里吸取精华，把自己塑造成有情怀的教师，为中国特色社会主义事业做出贡献。我们已经在中华优秀传统文化中吸取了无尽的养料，滋养了我们的共产主义理想信念。但我们不是墨守成规，就地画圆。我们不仅从老祖宗那里寻根溯源，还从西方文化中寻找契合点，以更高远、更广阔的视野去寻求大情怀、大担当。这样的视野促使我们放眼世界，从比较教育的角度看待我们的文化，对国外的教育理论批判地学习和借鉴。赫尔巴特道德教育理论便是值得学习的理论之一。

西欧新教育运动和美国进步主义教育运动兴起时，赫尔巴特教育学被认为是"传统教育"的代表。在当今中国的思想政治教育改革，"课程思政"教育研究蔚然成风，似乎成了一个新名词。在教育研究与实践中发现，其实"课程思政"在有教育以来一直都在做，但当下特此强调，说明"课程"需要回归传统，解决很长一段时间以来教书与育人脱离，即"两张皮"的现象，而这种现象在赫尔巴特理论里叫作"脱离了教育性的教学"。

传统的"课程"，上课的教师既教书，也育人。在古代，就有"传道授业解惑"之《师说》。"传道""解惑"的功能类似于我们当今的"育人"功能，"授业""解惑"的功能类似于我们现在的"教书"。现在的"课程"需要回归，也就是教师不仅传授知识，也对学生进行思想政治的教育和道德的教育，如教学生如何爱社会主义国家，如何做社会主义建设者和接班人。相对道德教育来说，思想政治教育承担的任务更重，不仅培养个人的品德，还要培养担当民族复兴大任的政治大德，需要与各门课程同向同行。尽管赫尔巴特教育理论属于西方教学理论范畴，有国家、制度等区别，但是从教育学角度出发，针对有人类命运共同体眼光和格局的时代新人，赫尔巴特的道德教育理论仍可以作为我们重视"课程思政"的很好的理论借鉴，即以赫尔巴特道德教育理论为基点，解决当下"课程思政"的疑惑，触类旁通。

解惑一：各类课程强调道德教育之因

在赫尔巴特教育理论中，道德教育是最为重要的内容，甚至认为教育学的基本概念就是学生的（道德的）可塑性。赫尔巴特道德教育理论中有一个"必要的目的"，也就是教育所要达到的最高和最为基本的目的。这个最高和最为基本的目的即道德。赫尔巴特认为"教育的唯一工作与全部工作可以总结在'道德'这一概念之中"。在赫尔巴特道德教育理论中，认为人身上有着意志转化为道德的可塑性，这种可塑性的转化过程，即教育的根本目的。具体而言，就是要养成内心自由、完善、仁慈、正义和公平五种道德观念。由于时代、国家、制度等不同，我们新时代的道德教育，根本目的就是对学生培育和使学生践行社会主义核心价值观，使之具有担当民族复兴大任的德行和能力。同样也是做教育的各门课程，不论是专业课程、通识课程还是其他，都应遵循这一道德教育的"必要目的"，努力完成这一最高和最为基本的目的。正如他所批判的数学课程那样，"如果一旦数学教学单独地自成一种与众不同的观念群，即使最彻底的数学教学也会显示出一种非教育性来"。这种"非教育性"造成对被教育者无影响作用，或者不久就会被遗忘。赫尔巴特既不承认有"任何无教育的教学"，也不承认"没有教学的教育"。在这里，赫尔巴特所提到的教育（道德教育）是通过教学才能真正产生实际的作用，即教学是道德教育的基本途径。因此，要想道德教育有实效，任何课程都要参与进来，不仅着眼于现在的知识传授，还注视着受教育者的未来。国家"三全育人"中全员、全过程、全方位育人理念，要求所有与教育相关的人员、部门都参与到育人过程中，便是题中应有之义。既然教学是进行道德教育的基本途径，那么各类课程的教育性教学的重要性就显而易见了。

解惑二："课程思政"与"思政课程"同向同行之理

"课程思政"与"思政课程"同向同行，旨以立德树人为根本任务，各门课程都要守好一段渠，种好责任田，培养担当民族复兴大任的时代新人。赫尔巴特道德教育理论中还有一个教育目的提法，叫作"可能的目的"或"选择的目的"，是指与儿童未来所从事的职业有关的目的，也就是"学生将来作为成年人本身所要确立的目的""教育性教学应促进其所引起的智力活动的增加和使它高尚而不是变坏"。如果我们培养的时代新人有才无德，那就要好好反思教育的问题。教师"必须为使孩子顺利地达到这些目的而事先使其做好内心的准备"。这种准备，有就业的准备，有生活的准备等，是关乎学生整个未来多方面的准备，并不狭隘地指某一种职业，而是满足类似于马斯洛需要层次理论那样的需要，例如就业的需要、尊重和爱的需要、学会选择的需要、自我实现的需要。虽然人类劳动分工要求每一个人都必须精通他所从事的工作，但是，人类"要做的事越局限，分得越细，那么每个人从其他方面要接受的东西也就越多"。关于分工越细，也是资本主义大生产带来的结果，马克思曾批判过这样的分工。马克思关于人的全面发展学说正是想解决这一问题。在赫尔巴特看来，"这种专一的精通是各人所意向的事情，而多方面的可接受性，只能产生于个人从一开始就作出的多方面的努力之中。"比如某一专业的选择，是青年学生所选择的，但除了对专业的学习，还应该学会其他技能，比如人际交往等。例如我们的专业课教师不仅要让学生有专业的精通，还要在多方面努力达到触类旁通的目的，促进知识的迁移。思政课教师也同样如此，不仅仅从道德知识层面让学生精通，还要激发学生的道德践履，激发学生对知识学习的兴趣。这样，才能实现教育的"教育性"目的，发展学生"多方面的兴趣"，使学生的各种能力得到和谐的发展。实现赫尔巴特认为的较近的目的——"兴趣的多方面性"。他把这一内容作为教育目的的第一部分，足显其重要性。而这种"兴趣的多方面性"正好是"思政课程"与"课程思政"都重视的近期教育目标，而两者的最终目标还是在"立德树人"，也就是对学生从国家、社会、公民各个层面培育和践行社会主义核心价值观并使之成为社会主义合格建设者和可靠接班人。正如赫尔巴特所说的"教学应当端正他们的思想和努力方向，引其走上正确的道路"。

解惑三：思政课程与各门课程结合之因

思政课程并不是纯粹地满堂灌的道德讲授，要在道德实践中寻找素材。赫尔巴特认为："从知识方面出发比从观念方面出发更容易教育人"，前者"知识方面出发"可以通过考试来衡量，而后者"观念方面出发"却不能。思政课程如果片面地从观念方面去教育，势必会造成如赫尔巴特所说的"把人孤立起来"，其效果可想而知，如果能与各门课程结合，则更具有说服力，更接地气。为了能让思政课程更接地气，符合国家、社会、个人需要，还要求激发"多方面的兴趣"和道德实践。这种"多方面的兴趣"和道德实践可以是各门专业课、通识课、选修课等相关的案例、实操训练等，使其对学生现在所学的、以后要学的课程有所帮助，不仅满足现实的需要，更有益于激发学生学习的动机，更好地进行道德践履。赫尔巴特提到"德育应把其他部分作为先决条件，只有在进行其他方面教养的过程中才能有把握地开展德育"。德育从来不是为德育而说教，而是立足于一定的现实说理。学生最近的现实就是对各门课程的学习，这就促使思政课程要与其他各门课程结合。赫尔巴特认为，"德育问题是不能同整个教育分离开来的，而是同其他教育问题必然地、广泛深远地联系在一起的"。在此基础上，他明确提出了教育性教学原则，并把它当作教育的基本原则。而我们注重"课程思政"与"思政课程"的融合问题，其实也是教育性教学原则的体现，更确切地说是思想政治教育性教学原则的体现。赫尔巴特曾希望各门课程恰当合作，与宗教课结合，将起很大的作用，使青年人的智慧获得符合多方面兴趣的发展方向。而我们的做法是，将思政课程与各门课程结合，同向同行，使当代大学生朝着有利于实现中华民族伟大复兴发展的方向努力。

解惑四：如何通过各门课程教学进行道德教育

通过各门课程进行道德教育，首先要求教学的目的与整个教育的目的保持一致。我们的教育目的就是培养社会主义建设者和可靠接班人，培养担当民族复兴大任的时代新人。赫尔巴特认为，教学工作的最高目的在于养成德行。我们就是要培养为中华民族伟大复兴效力的大德人才。同时，赫尔巴特又认为，为了实现这个最终目的，教学还必须为自己设立近期的、较为直接的目的，这目的就是"多方面的兴趣"，比如学生的专业能力、艺术修养等。更现实地来说，学生的近期目的就是当下的学习，为就业而准备，学会学习，学会生存。其次，不管是近期的，还是远期的，"思政课程"与"课程思政"都可以将这些目的艺术地运用在课堂教学中。这种艺术地运用，有一个词叫作"春风化雨"，有一句话叫"润物细无声"，有一种流行语叫"把盐撒在汤里"，切忌进行不恰当干预，喧宾夺主。再次，在赫尔巴特看来，"真正的目的性常常寓于思维结果中"，因此，要用好反思这一教学过程，使教师和学生在总结经验的过程中得到提炼、修正与升华。

赫尔巴特相较于其以前的教育家，他的突出贡献在于运用其心理学的研究成果，具体阐明了教育与教学之间内在的本质的联系，使道德教育获得了坚实的基础。但是，他把教学完全从属于教育，把教育和教学完全等同起来，也不能不说具有机械论的倾向。因此，我们应注意取其精华，去其糟粕，勿将"思政课程"与"课程思政"简单相加，完全等同。应该保持"思政课程"与"课程思政"在思想政治教育总原则总方针方面的一贯性，保持"思政课程"与"课程思政"结合的紧密性，即步调一致，齐心育人。

参考文献

［1］［2］张斌贤，陈露茜．赫尔巴特在美国［J］．教育学报，2006（05）：417-424.

［3］中华人民共和国教育部关于印发《高等学校课程思政建设指导纲要》的通知［EB/OL］．（2020-06-05）［2021-07-21］．http://www.moe.gov.cn/srcsite/A08/s7056/202006/t20200603_462437.html.

［4］［5］［6］［8］［9］德赫尔巴特．教育学讲授纲要［M］．李其龙，译．北京：人民教育出版社，2015：3，20，31，37.

［7］冯梅，周谊．大学生理性平和心态培育路径探析［J］．重庆电子工程职业学院学报，2018（04）：69-72.

［10］吴式颖．外国教育史教程［M］．北京：人民教育出版社，2006：321.

高职课程思政视野下工匠精神的内涵及培育路径分析

张钰环[①]

【摘　要】工匠精神培育是建设新时代中国特色社会主义及实现"中国制造2025"的现实要求,是构成高职大学生核心素养的重要因素。工匠精神作为一种可具象化的文化形态,对学生培养、课程改革以及课程思政建设的重要意义,反之,高职课程思政建设为工匠精神培育搭建了平台。本文立足高职课程思政视角,再论工匠精神的内涵,结合当前工匠精神培育状况及现实困境,从优化类型定位、加强校企合作和推行特色学徒制等方面入手,着重探析工匠精神的培育路径。

【关键词】高职;课程思政;工匠精神;培育路径

2016年,李克强总理在政府工作报告中指出:"要鼓励企业开展个性化、柔性化生产,培育精益求精的'工匠精神'"。2021年4月的全国职业教育大会上,李克强总理再次做出批示:"要建设高水平、高层次的技术技能人才培养体系,注重学生工匠精神和精益求精习惯的养成。"作为文化形态的工匠精神自古便是哲学家们关注与评价的热点,高职院校作为高素质技术技能人才培育与输出的关键口,将工匠精神融入课程思政各个环节,创新育人理念、模式,意义非凡。当前,学界围绕工匠精神的研究硕果累累,尤其是工匠精神与高职教育关系、培育模式等,但总体而言,在课程思政视野下进行内涵研究、元素挖掘方面仍有空间。

一、高职课程思政视野下工匠精神内涵的再解读

高等职业教育具有双重性,兼具高等教育属性和职业技能养成价值属性,是

---

① 张钰环:重庆公共运输职业学院党委组织部教师。本文为校级项目《高职院校大学生工匠精神培育的内涵及路径研究——以重庆公共运输职业学院为考察》阶段性成果,项目编号:YSKY2020-14。

培养高素质技术技能人才、能工巧匠、大国工匠的基础性工程。高职课程融入工匠精神，实现"匠心、匠技、匠人"的培育，是筑牢基础性工程的关键口，也是制造强国建设目标的突破口，明确高职工匠精神的内核，审视其属性，重视其价值，有利于深化课程思政视野下工匠精神培育要求的理解。

（一）课程思政视野下工匠精神培育的核心要素

高等职业教育肩负着培养高素质技术技能人才的时代使命，高职学生作为一线应用型技术技能人才储备军，其完整的工匠精神应当体现为内在的自我完善与外在的本体需求间的匹配与契合。培育高职学生的工匠精神，在生产领域首先表现为具备精益求精的习惯与专业知识技能，这也是学生接受高等职业教育的本质需求。在内在自我完善上则突出表现为以下三方面，一是养成忠于自身专业品质，勇于接受挑战，遇到挫折困难不退缩的问题解决思维，即具备积极乐观的自我效能感；二是面对信息爆炸、物欲横流的社会，能坚守自我，不追名逐利，即具备笃定执着、惟精唯一的匠德；三是能顺应时代发展需要与潮流，特别是结合"中国制造2025"战略规划需要，创新科学研发能力，即具备推陈出新的原创匠力。

（二）课程思政视野下工匠精神培育的属性特征

首先，教育的主体是学生，教育是作为主体人的发展，而不是作为手段的发展。为此，高职院校在创新课程思政这一教育手段的过程中，必须关注学生主体的特有属性特征。作为现实生活中的个体存在，高职学生在对工匠精神的理解与共鸣上仍有偏差。主体性是高职学生工匠精神培育过程中的首要属性，体现在其千差万别的成长环境、知识结构、精神气质之中。从心理学视角来看，个人性格特征影响着其是否有认真态度、笃定心态及创新精神等。同时，先天禀赋及家风氛围等也关系着个人精益求精习惯的养成。

其次，人与物的关系是一种认识与被认识，改造与被改造的双向关系，高职学生的工匠精神培育不能仅停留在观念层次，更多地应当体现实践性。学生通过物化或具象化展示主体的能力与价值取向，即通过实践活动将自身信念、知识能力、意识追求等外化为现实，这便是工匠精神的实践性。而课程思政整体过程，也必然是经历认识—实践—再认识—再实践的螺旋上升的循环过程。

最后，高职院校作为立德树人主阵地，工匠精神培育及课程思政各个环节还应当在全面发展基础上体现人文性，即充分重视人格养成，个性展示，情感、意志及兴趣协调发展。突破职业教育"单向度"传授模式，教育过程中凸显人文关怀，避免工具人般的刻板培养模式，使学生在具有技术技能的同时兼具高雅审美素养、恪守道德法律、践行人文举止，举手投足间彰显美好的价值追求与一丝不苟的科研精神。

（三）课程思政视野下工匠精神培育的价值分析

一个国家发展科学技术的竞争是非常重要的，一个迅速崛起的经济体必定需要一批优秀的大国工匠。据统计，欧洲发达国家应用技术型人才与学术型人才培养的比例一般为8∶2，而我国，这一比例已完全失衡。2021年是"十四五"开局之年，在全面建设社会主义现代化国家新征程的重要历史时刻，注重学生工匠精神的培育与精益求精习惯的养成，为塑造高素质技术技能人才打下基础，为全面建设社会主义现代化国家提供坚实支撑。

当前，我国高职教育已从示范向优质、优质向高水平迈进，所取得的成果斐然。然而，就微观领域来看，仍存在部分与社会发展脱节的现象。在教育部等九部门印发的《职业教育提质培优行动计划（2020—2023年）》中强调："要把发展专科高职教育作为优化高等教育结构和培养大国工匠、能工巧匠的重要方式，输送区域发展急需的高素质技术技能人才。"为此，高职院校在挖掘工匠精神中"精益求精"元素的同时，还应当结合自身实际，强化类型定位，形成独具自身特色、与新时期高职教育适应区域发展要求相谋合的教育理念。而作为一种传统文化理念，工匠精神符合高职院校内涵发展的需要，其主体性、实践性、人文性有助于打造由内而外的课程思政主体教学范式，于无形中增强大学生的形象感官思维能力及实操能力，使学校内涵发展得以延伸。

二、高职课程思政视野下工匠精神培育的困境

职业教育总体发展历程不长，加之受社会、学校及个体多方面因素影响，此前，我国高职院校办学更多倾向于专业技能的培养，沿用较为传统的技能教育模式，导致工匠精神等课程思政元素长期在高职教育中的缺席。

(一)传统文化对工匠职业及工匠精神的弱化

从社会层面看,传统文化对工匠职业及工匠精神的弱化是首要壁垒。回溯历史,长期占据主流思想地位的儒家思想强调"万般皆下品,唯有读书高",而其中的"读书"是指熟读儒家经典,显然不囊括学习手艺或掌握技术。此外,中国传统文化长期忽视自然科学,强调重农抑商,轻视手工业,加之受传统官本位思想及学而优则仕思想的影响,对工匠职业及工匠精神缺乏敬意,更是以"奇技淫巧"贯之。这就导致自古时起,工匠的社会地位普遍较低。长此以往,传统文化对工匠及工匠精神的压制使人们对其的偏见根深蒂固,直至今日,社会上仍有部分人对工匠职业带有色目光。

其次,相对普通本科院校学生,社会对高职学生的专业价值认可度普遍不高,极大阻碍了高职大学生工匠精神的培育。我国高等教育是实行普通高等教育同职业高等教育分开的模式,职业教育体系内部即存在一定断层,加之在就业市场中高职学生学用匹配度低于本科生,专业学用错位,导致其所学专业在实际工作中价值不明显或无价值。社会的选人用人偏向现状往往压制了学生的积极性与创新性,工匠精神的培育需要一个潜心静气的环境,外部的偏见及急功近利的社会风气极大挤压了工匠精神的培育空间。

(二)教育理念偏差导致工匠精神价值模糊

首先,从学校层面看,教育理念偏差造成工匠精神的价值模糊不清是工匠精神培育的一大难题。当前,部分高职院校尤其是民办高职院校更多倾向于生源多、专业规模化,以就业率为最终准则,对大学生的人文精神形塑重视不够,这往往在无形之中弱化了工匠精神作为一种文化理念对学生综合能力提升的作用。校风与学风具有规训、激励及凝聚作用,部分高职院校在特色校风学风提炼上明显不足,校园文化氛围的缺失亦是一大门槛。

其次,部分高职院校课程体系设置不合理及双师型师资力量的缺乏亦是工匠精神融入课程思政过程中亟须解决的问题。目前,高职院校大多推行"专业理论课+实地训练课"教学模式,但大多实训课程仍旧只局限在校园内固定场所,真实工作环境营造不够,情景化现场教学模式与实践性应用技能传授上还有不足,校企联合的优势与特色不明显。在实践时间上,许多高校不论是校内实训还是企业实习,实习时间较短,难以达到专业要求及相应水准,往往流于表面知识,实践连续性不够。

（三）学生个体职业发展定位与目标不清晰

从个人层面看，高职学生职业发展定位模糊，没有明确的职业目标是阻碍其工匠精神培育的绊脚石。就当前高职院校招生总体情况来看，进入高职院校就读的学生，一定程度上学习动力匮乏，尚未养成良好的学习习惯，学习目标带有一定盲目性。此外，除少数定向培养的学生外，大多数初入校园的学生未能立足自身性格特征、能力特长、兴趣爱好等维度理性分析自身专业诉求、职业目标。且大学期间，正是他们人生观、世界观、价值观由不稳定向稳定过渡的阶段，部分学生社会经验及阅历屈指可数，缺乏信心、决心，缺乏刻苦钻研、精益求精的精神与习惯，自然为工匠精神的培育增加了难度。

三、高职课程思政视野下工匠精神的培育路径

当前，我国正处于由制造大国向制造强国转型的攻坚时期，基础制造业领域人才不足，领军人才和大国工匠紧缺是首要问题。为紧扣职业教育发展方向前景，培养高素质技术技能人才，高职院校义不容辞。

（一）优化类型定位，加强课程思政及双师效能

首先，以智能化和数字化为代表的新一轮技术革新，使产业结构与知识生产模式不断重组，生产模式、生活方式、消费习惯等产生变化。高职院校应适应社会需要，优化学校类型定位，对接市场需求的专业群，调整课程体系，办好优势专业。围绕行业产业需求，依托办学特色，根据学生职业能力生成与建构目标要求搭建专业课程体系，融入工匠精神思政元素，对构建课程思政体系，推动思政课程与课程思政有机衔接具有重要作用。

其次，利用课堂教学主渠道，将工匠精神融入高职院校思想政治教育工作，打造融知识技能与人文性为一体的特色课程。全国职业教育大会上指出："要坚持德技并修、育训结合，把德育融入课堂教学、技能培养、实习实训等环节，促进思政课程与课程思政有机衔接。"打造以工匠精神为核心要素的专业工匠课堂，引导学生将工匠精神的深刻内涵同专业技能学习相联系对工匠精神培育尤为重要。同时，还可将传统工匠文化穿插进入课堂，以匠人故事、匠心匠艺唤起学生情感共鸣，使课堂兼具趣味性与实践性。

最后，加强"双师型"教师队伍建设，打破学历和文凭条框限制，吸引更多行业优秀技术技能人才加入职业教育，让学生在教学过程中真实感受到行业大师、能工巧匠的魅力，以他们在生产、管理、服务一线的真实案例及前沿发展技术引导学生精益求精习惯的养成与工匠精神的形塑。同时，建立常态化双师素养培训进修项目，对校内学术型及理论型教师着重进行教育技术、教育方法、生产实践能力培训，定期组织任课教师到企业挂职锻炼，鼓励开展校企项目合作，聘请企业高管、工程师到校任课。

（二）加强校企合作，营造校企联合工匠文化

校企合作是应用型技术学校特色之所在，高职院校利用自身企业背景资源优势，深化校企合作，实现"引企入教"，营造良好的校企联合工匠文化，对打造具有工匠精神的课程意义重大。

首先，联合开发有利于激发工匠精神的专业课程。基于培育学生工匠精神的目的，教育内容设置上实现专业理论学习与实践操作训练并重，同时强调德育环节，发挥工匠精神潜移默化的育人作用，做到德技并修、育训结合。既挖掘校内资深专业教师的理论知识、科学学习方法，又邀请企业骨干技术人员或专家进入课程开发队伍。围绕企业具体工作流程，进行课程体系改革，模拟企业真实工作环节与环境，将行业企业岗位需求、职业精神、工匠精神等与课堂教学深度融合，使学校像企业、教室像车间、课堂像工段，教案像图纸、作品像产品，让校企合作成果反哺教育教学。

其次，根据学生现有专业发展基础、专业发展方向，挑选信誉好、管理严、服务优质、企业文化优秀的企业确定实习岗位，延长定岗实习时间，提出明确学习目标、要求及任务，尽可能使学生在企业中进行实战训练，接受企业文化氛围熏陶及良师指导，以任务驱动形式引导学生掌握技术、培养职业精神，潜移默化形塑工匠精神。完善顶岗实习考评体系，将工匠精神作为核心纳入实习考评，借鉴德国"双证制"考核经验，校企联合制定"双证制"协同考核平台，即校内考核资格证书和企业职业资格证书。

最后，营造校企联合工匠文化，将企业敬业精神、创新精神融入高职院校学风建设中，把企业内部爱岗敬业文化同校风建设结合。工匠精神包括人文性和职业性，高职院校学风校风建设中，应当融入科技与人文价值精神，将反映行业、职业特色的心理健康教育、职业理想教育、职业道德教育、就业创业教育纳入学

习范畴，主动打造特色鲜明、趣味性强并贴近学生实际的专业品牌课程。

（三）推行特色学徒制，实现传帮带共铸匠心

师徒制在我国由来已久，即老师指导学生进行学习、工作，使学生更好、更快地融入工作的一种人才培养模式。作为传承传统技艺的主要载体，师徒制是人才输出的有效手段，师父不仅是学徒学习的指导者，更是技艺的传承者，其主要任务是将传统技艺及职业精神传承给下一代，工匠精神亦是在这种传承中被发扬光大。

特色学徒制是校企双主体育人、教学合一的人才培养模式，其显著特点是产教融合，使得学生素质及技能得到充分发展。2014年8月，为进一步深化产教融合创新技术技能型人才培养模式，教育部正式启动现代学徒制试点工作，其中便指出要着力培养学生的专业精神、职业精神和工匠精神。与传统学徒制相比，特色学徒制以一对一或一对几的形式，在与企业或校内师父生产实践的交流中，实现对学徒潜移默化的精神理念传输与引导。特色学徒制中的工匠精神内涵，主要表现在三方面，一是敬业乐观的职业精神；二是协同共赢的合作精神；三是独具匠心的创新精神。作为课程思政打造与工匠精神培育的重要途径，特色学徒制模式值得探索，如何实现以"师徒""导师"为主体交往渠道发挥传帮带作用，推动学生工匠精神和精益求精习惯的养成是一大关键。

当前，为更好探索中国特色学徒制，高职院校应当加强校企深度合作，充分发挥企业师傅培养学徒工匠精神的作用。由企业选派优质师父，院校选拔资深导师，实现师徒结对，传授专业知识及职业精神，通过个人自身魅力引导学徒以师父为榜样，自觉培养工匠精神。其次，建立健全相关规章制度，明确工匠精神培养目标，突出学生在校学生及企业学徒双重身份，完善培养计划；制定企业师父与学校导师任用标准，选拔专业性强、职业道德、职业素养高的人才担任师父，为学生提供优质榜样遵循。

四、结论

高职院校实施课程思政本质在于变革育人理念，工匠精神的培养目标符合课程思政的要求。当前，教育改革发展步伐加快，职业教育备受瞩目，时代呼吁工匠精神的回归。加强课程思政与工匠精神的融合发展，明确人才培养目标，把握

核心要素、属性特征与价值追求，结合自身实际与特色，优化类型定位、深化校企合作、探索特色学徒制，打造具有大国工匠特征的优质课程，培养切合国家、社会、地区需要的高素质技术技能人才，为"十四五"开好局，为全面建设社会主义现代化国家贡献力量。

参考文献：

［1］ 李克强．2016年政府工作报告［EB/OL］．（2016-03-17）［202106-0618］http://www.gov.cn/zhuanti/2016lh/zfgongzuobaogao/mobile.htm.

［2］ 教育部．关于学习宣传贯彻习近平总书记重要指示和全国职业教育大会精神的通知［EB/OL］．（2021-04-29）［202106-0618］https://www.eol.cn/news/yaowen/202104/t20210429_2104251.shtml.

［3］ 张子睿，樊凯著．工匠精神与工匠精神养成引论［M］．北京：民主与建设出版社，2017：21。

［4］ 教育部等九部门．职业教育提质培优行动计划（2020—2023年）［EB/OL］．（2020-09-16）［202106-0618］http://www.gov.cn/zhengce/zhengceku/2020-09/29/content_5548106.htm.

［5］ 教育部．关于学习宣传贯彻习近平总书记重要指示和全国职业教育大会精神的通知［EB/OL］．［2021-04-29］(202106-0618)https://www.eol.cn/news/yaowen/202104/t20210429_2104251.shtml.

思想政治教育视域下"00后"高职学生劳动素养培养

吕文丽[①]　冯世勋[②]

【摘　要】 劳动素质是学生最基本的也是最重要的素质之一，学生的意志体现、能力展现、性格品行的形成都离不开现生活中的具体实践活动，而劳动是实践活动的重要表现。作为高职院校的老师在对学生进行日常的素质教育过程中，尤其要重视学生劳动素养的培养，通过强化课堂理论教育主阵地，在教学环节对学生培养和强化劳动意识，根据时代发展和学情需要不断创新教学方式，同时积极借鉴和引进国外先进劳动成果和文化，不断丰富劳动教育思想，完善劳动教育体系，从而探索多种形式的劳动教育途径。

【关键词】 思想政治教育；高职学生；劳动素养

一、"00后"高职学生劳动素养培养重要性及现状

1. "00后"高职学生劳动素养培养的重要性

马克思主义认为，劳动创造了人类，创造了人类社会。劳动素养关乎个体进步，亦影响着社会的发展脚步。2014年全国职业教育工作会议上，习近平总书记提出，要将推动职业教育现代化发展作为首要任务，着力为中国梦的实现培养优质人才。随后习总书记在2015年4月29日在庆祝"五一"国际劳动节暨表彰全国劳动模范和先进工作者大会上的讲话中指出："在前进道路上，我们要始终弘扬劳模精神、劳动精神，为中国经济社会发展汇聚强大正能量。正是因为劳动创造，我们拥有了历史的辉煌；也正是因为劳动创造，我们拥有了今天的成就。"因此，对于新时代大学生素质培育而言，劳动教育十分重要，

---

① 吕文丽：重庆公共运输职业学院马克思主义学院教师。本文为重庆市教委人文社会科研项目《"00后"高职学生劳动意识培养与实践研究》阶段性成果。项目编号：19SKSZ107。

② 冯世勋：重庆公共运输职业学院马克思主义学院教师。

劳动教育有助于巩固思政教育成效，培养学生劳动素质和优秀品质，促使学生成长为吃苦耐劳的优秀人才。2018年9月，习近平总书记在全国教育大会上强调："要在学生中弘扬劳动精神，教育引导学生崇尚劳动、尊重劳动"。国内高职院校对于学生劳动意识的培育一直较为重视，然而在新时期大学生劳动意识的培育与实践水平仍然有待提高。

2. "00后"高职学生劳动素养培养的现状

"00后"是高职院校的新进群体，目前已经成为高职学生的主体。"00后"具有个性化的价值追求、网络化的娱乐生活等，这些群体特点可能导致"00后"更加关注个体成长，缺乏吃苦耐劳、无私奉献、艰苦奋斗等劳动品质。据王霖娇近年通过对3所学校随机调研数据显示，大学生的劳动意识体现出主动性差、责任心弱、功利心强、劳动观念缺失等现象。比如问到"你认为社会上对普通劳动的主流观念是什么？"时，有高达40.8%认为普通劳动者地位低，不体面，有6.4%认为即使生活拮据也不愿意从事低下的体力劳动。不难看出大学生劳动的积极性不高，对劳动认识得不完善、不透彻，劳动目的性较强，愿意从事知识型或技能型劳动，主体意识和行为上对脏、累、差的体力劳动避而远之等现状。同时，在新的历史时期，有相当部分学生盲目"清高、金钱崇拜、贪图安逸、消极无为"。然而，劳动的核心内涵不应该只是以获取劳动成功为目标，而应该积极引导学生尊重劳动、热爱劳动、养成劳动习惯，提高劳动技能。"劳动素养是指劳动主体在参与劳动实践活动中，运用劳动知识和技能开展实践活动所体现出的优良品质，例如劳动意识、劳动精神、劳动能力、创新精神等。具体来说，大学生劳动素养是指大学生在学习专业知识的过程中，形成积极主动参与劳动的意识，尊重他人的劳动成果。一方面，扎实开展生活、学习与工作等脑力与体力实践活动，另一方面，结合条件变化，创造性地开展活动。"

二、"00后"高职学生劳动素养培养的路径

笔者认为，在厘清劳动教育的概念与劳动素养的核心内涵的基础上，不断丰富劳动教育的方法论，组织"00后"高职大学生参与劳动实践活动具有重要意义。这一过程可以使学生主体性得到发展，激发学生参与实践的积极性和主动

性。因此，可以让学生以劳动实践活动为载体，掌握劳动知识和技能，在身体力行中形成劳动观念。劳动教育是素质教育的一部分，那么如何在思想政治教育过程中提升高职大学生劳动素养呢？笔者主要从以下几个方面展开分析。

第一，通过教学环节培养和强化劳动意识。思政教师首先当充分利用课堂，引导学生积极主动参与劳动，要求学生从思想层面正确认知人类参与劳动对社会进步和发展产生的重要意义。在对学生进行思想政治教育理论课的过程中，任课教师首先应该有将劳动意识融入思政课课程中的高度自觉。同时，作为高职院校的教师，特别应意识到劳动意识培育内容要与学生所学专业紧密结合，与思政理论知识有机结合，使学生在学习和理解马克思主义观点的同时，形成良好的劳动意识和精神，为劳动实践的养成奠定坚实的基础。

第二，创新教学方式，促进学生劳动素养的形成。信息化、网络化、数字化是当今时代发展的大趋势，主要是以信息技术为主体来创造和开发知识，社会由工业社会发展到信息社会，不再以体能和机械能为主，而是通过智能化工具造福于社会。这种时代背景下，高校思政工作面临着前所未有的机遇和挑战。教师在教学过程中应强化劳动教育，努力成为教学创新与德育并举的多功能型教师。与此同时，教师应不断学习并掌握高校劳动教育最前沿的研究成果，增强科研意识和改革意识，积极参与课程改革，积极建设优质课程、精品课程，在实践中提高自己的教育教学能力，争做教学改革和教书育人的示范者。

不断探索思政课教学模式转型改革，破除传统填鸭式教学，要创新思想政治课教学形式和方法，运用多样化教学方式，弥补传统理论灌输教学法的弊端，师生之间形成良好的交流互动，平等自由地表达自己的思想观念、劳动观点，在日常的教学过程中，可以运用情感育人法、案例分析法、对话分析法、榜样教育法等，在思想政治课堂中循序渐进地渗透劳动教育，用榜样人物进行言传身教，实现以情育人、以情感人，激发学生兴趣，加强教学设计，充分利用信息化的教学手段，构建全方位的大思政教育网络。除此之外，要构建科学的评价机制，从学生的听、说、思、辩、讲、评、做入手，从课前准备、课上表现、小组协作、课内外的完成等方面进行多元评价，进而提高学生劳动教育的实效性，增强学生在思政课上的获得感。

第三，在实践中形成劳动教育思想和劳动教育体系，探索多种形式的实践教育。邓小平同志曾提到，各级各类学校对学生参加什么样的劳动，怎样下厂下乡，花多少时间，怎样同教学密切结合，都要有恰当的安排。因此，高校应首先把劳动教育课作为一门必修课列入教学计划，逐步做到制度化、系统化。多鼓励教师深入用人单位及相关企业，了解企业文化和人才需求，进一步修订人才培养方案，及时调整教学目标，改善教学方法，最大限度将劳动教育与思政课程高度融合，相互渗透。美国著名教育家布鲁姆提出以"为掌握而教，为掌握而学"为主要思想的学校教学理论。基于上述教育理念，教师务必摒弃陈旧的以教师为中心的传统教学模式和教学方法，要为学生掌握而教，引导学生为掌握而学，要找到使学生掌握所学知识的手段，即要有正确的教学和学习策略。因此，基于思想政治教育，开展劳动实践活动培育学生劳动素养，构建"任务驱动，先学后教，实践提升"的教学模式，从课堂实践教学着手，采取案例教学、模拟教学，将先进劳动模范人物融入教学，引导学生发现身边的劳动模范，利用课下时间采集劳动事迹，每周组织主题实践活动，以演讲形式讲述劳动者的励志故事，促使学生形成正确的劳动观念。拓展社会实践教学，定期组织考察活动，带领学生共同参与社会劳动实践，激励学生通过劳动为实现中国梦贡献力量。同时任课教师要把微笑带进课堂，把激励带进课堂，把合作和探究带进课堂。教师要把尊重的话语，民主的作风展现给每一位学生，用饱满的精神和用心的态度去赢得学生对教师的喜爱。在对学生进行探讨和完善实践教学模式的同时，本着"边实践、边探索、边研讨、边改善、边提升"的原则，教师应用心开展各种教研活动，营造浓厚的劳动教育氛围，构建劳动教育网络教研。

  各教师用心发表博文或劳动教育的方法论，把自己在对学生进行劳动教育过程中的心得体会、经验做法以及小故事、教育动态等共享给教研团队，聚劳动教育过程中的共性问题，全体教师要及时跟帖学习，发表评论，营造浓厚的劳动教育研究氛围，将课堂教学和科学研究总结结合起来。

  第四，西方国家在德育过程中，经常会采用政府主导、学校实施、社会熏陶等多种形式，倡导思想教育与实践教育相结合。我国应结合实际情况，取其精华、去其糟粕，适当引进国外先进劳动成果和文化。众所周知，和国内相比国外劳动教育通常具有隐蔽性，常常融入道德教育的过程中，且在某种程度上取得了显著效果，值得参考和借鉴。教育学上有个"5＋2＝0"的理论，意思是说，学生一周在学校学习的五天成果，很可能在周末两天被一些社会风气、家庭教育的不当所抵消，甚至毁灭。教育孩子不能只靠每周五天的学校教育，更需要家庭和社会密切配合。马克思曾说：人创造环境，同样环境也创造人。只有学校、家庭和社会形成合力，以良好的校园、社会、家庭氛围为依托，才会对学生的劳动教育效果有积极的促进作用。

  总而言之，在新的历史时期必须结合我国国情，在劳动教育与思政教育结合过程中，凸显思政教育的主导地位，依托实际活动引导学生树立正确的劳动价值观，不仅要契合思政教育总体目标，更要满足社会发展需求。在思想政治教育视域，提高劳动教育的地位，改变传统劳动教育观念、方式将劳动教育融入思政教育，潜移默化培育"00后"大学生的劳动素养。

参考文献

［1］习近平．在庆祝"五一"国际劳动节暨表彰全国劳动模范和先进工作者大会上的讲话［EB/OL］（2015-04-28）［2021-08-30］．新华网http：//www.xinhuanet.com//politics/2015-04/28/c_1115119860.htm．

［2］习近平．在全国教育大会上发表重要讲话［EB/OL］（2018-09-10）［2021-09-02］．新华网http：//www.xinhuanet.com/politics/2018-09-10/c_1123406247.htm

［3］王霖娇．大学生主动劳动意识淡化与主体意识研究［J］．南方论刊，2016（6）．

［4］袁帅．教育改革视域下的劳动教育思想及实践研究［M］．知识产权出版社，2020．

［5］马克思，恩格斯．马克思恩格斯全集（第23卷）［M］．北京：人民出版社，1972：201-202．

课程思政在高职汽车专业机械制图课程中的实践探索

陈 玲[①]

【摘 要】机械制图作为汽车专业学生必修的且非常重要的专业基础课,在大学第一第二学期开设,是极为重要的思政教育阵地。本文从在职业教育中实施思政教育的必要性谈起,重点阐释了在汽车专业机械制图课程中实施思政教育的两个方法,一是思政元素在教学内容上的应用,二是思政元素在教学活动中的应用。教书和育人并不矛盾,作为教师,需要树立协同育人的理念,积极挖掘专业课程中的思政元素,以社会主义核心价值观为思政元素的主线,根据课程的教学内容,从家国情怀、诚信意识、责任意识和工匠精神等方面,进行课程思政的探讨。

【关键词】课程思政;工匠精神;机械制图

一、在职业教育活动中实施课程思政的必要性

(一)国家政策及产业结构调整对职业教育的影响

随着国家"一带一路"建设的不断发展,大量的制造业如汽车、电子、机械等和基础设施建设领域如道路、桥梁、能源等,对技术技能型人才的需求越来越大。同时,产业结构调整和经济结构的持续优化,职业结构发生了重大改变,加之信息化、互联网、人工智能、新能源、机器人、虚拟仿真技术的大力发展,推动原有产业升级换代,催生出一些新的产业和职业,一些传统的劳动密集型岗位将逐步被新的职业所替代。社会需要具备新技术、新技能、有创新精神、有学习能力、有服务意识的复合型人才,这些都促使职业教育进行改变。

(二)社会普遍对职业教育认可度不高与劳动力市场供需的不平衡

相较如德国、日本等发达国家,我国社会对职业教育普遍认可度不高。在

[①] 陈玲:重庆公共运输职业学院智能装备学院教师。

普遍的观念中，通常学习成绩优异的学生都会进入普通高中和大学，只有相对来说成绩不好的学生才会进入中等职业学校或高等职业学院，因此造成职业学校的生源质量欠佳。正因为认可度不高，重视程度不够，在职业教育中硬件和软件投入均不足，学生就业形势不佳，这样就形成了恶性循环，导致职业教育的社会地位长期得不到提高。但另一方面，在劳动力市场，企业"招工难"和学生"就业难"的问题同时存在。企业找不到合适的人，技能型人才需求量大但供给少，高技能人才更是严重匮乏；学生找不到满意的工作，大多学生不愿意从事基层技能型岗位的工作，这一点在制造业尤为突出。劳动力市场供需不平衡的矛盾比较突出，职业教育就是缓解目前就业矛盾、解决技能型人才缺乏、提高就业质量的战略举措。

（三）中考改革

2021年中考的新政"1∶1"录取和"禁止中考复读"，引起了社会的剧烈反响。所谓的"1∶1"录取，就是教育部调整了普通高中和职业高中的录取比例，要求按照1∶1进行录取，意思就是要求普通高中和职业高中的招生人数比例要达到1∶1。以重庆市2020年为例，2020年中考人数共计34.97万考生，这样将会有17.5万左右的考生进入职业学校。所谓"禁止中考复读"，就是禁止所有学校和社会机构招收初三复读生，若想通过复读来上普通高中，这条路已经行不通了。这两条新政一出，就意味着更多的孩子在义务教育阶段结束后，不会进入普通高中学习，他们将走上专攻技能技术的发展道路。但这并不意味着进入职业学校的孩子就没有了晋升空间。职业高中就读毕业后，学生可以考取对口的职业学院等大专院校，后续还可以考取硕士甚至博士学位，在学历方面，一样有上升的渠道和空间。

正如前面两条所说，国家进行中考改革，自然是从国家层面的人才储备和长远发展来考量的。让50%的学生接受职业技术教育，是为了满足社会对多元化人才尤其是技能型人才的需求，解决就业不平衡的矛盾，并对未来长远发展做好职业人才储备。

（四）更多孩子进入职业教育，育人更重要

随着中考改革，50%的学生进入职业教育，之后再进入到高等职业学院，这对职业教育来说，既是机遇也是挑战。应倡导全社会对职业教育有一个全新的认

识，职业教育和普通教育只是侧重点不同而已。职业教育更应该满足不同学生的个体差异，更应该注重学生的实践动手能力的培养，更应该充分发挥学生的个体优势。这样，更有利于学生对自我人生的规划，让学生在毕业后能更快速融入职场和社会。"物以稀为贵"，当前社会正缺乏技术技能型人才，职业教育毕业生很容易被职场和社会所接纳，也很受欢迎。

但值得注意的是，通过对我系最近几届汽车专业毕业生就业现状的跟踪，在毕业一年后还从事汽车行业的毕业生只有50%左右，毕业五年后还从事汽车行业的毕业生仅不到10%。导致这个现象的主要原因是制造行业劳动强度大，需要长时间沉下心来学习技术，才能获得较大的提高。这个时候，在专业课程中融入思政教育尤为重要。培养社会主义建设者和接班人是教育的根本任务，贯彻"立德树人"是当前高校教师的重要使命，高职教师引导学生热爱本职工作，崇尚技术技能，培养学生吃苦耐劳、踏实勤奋、积极进取的职业精神。

（五）机械制图课程中融入课程思政的必要性

机械制图是所有工科类学生所必修的且非常重要的专业基础课，学生的覆盖范围非常广，是极为重要的思政教育阵地。根据不同专业的要求，学时数分为64、48、32不等，基本都在大一第一、二学期开设，更多是在第一学期开设。这门课程有很强的实操性，基本每次课都会有作业和反馈，这样频繁的过程性评价让授课教师能及时准确地了解学情。同时，大学对大一新生来讲，是一个全新的开始，这个时候恰当地借助课程特点进行职业素养、责任担当、道德情操和家国情怀的培养，是机械制图这门课程非常重要的一部分。

二、课程思政在机械制图课程中的实施

图样是工程界交流的通用语言，也是工程实践中最重要的技术文件，是工程师传递设计思想的主要载体，也是生产过程中指导加工和检验的依据。因此，机械制图是汽车专业学生必修的专业基础课，正确熟练地识图和绘制图纸是汽车专业学生应该具备的基本技能。以前在这门课的授课过程中，我们更多的是培养学生的空间思维能力，更多关注学生是否掌握了绘图的方法，偶有提到严谨细致的工作作风，但并未当成重点。这次，我们选取了新能源汽车专业作为试点，在授课过程中，根据授课内容的特点，抓取思政教育的案例，提炼思政教育的精髓，主要以社会主义核心价值观为思政元素的主线，从家国情怀、诚信、责任意识和

工匠精神等方面，进行课程思政的建设，实现全课程育人。

（一）思政元素在授课内容中的应用

（1）从为什么要学这门课，这门课学什么，如何才能学好这门课入手，引导学生树立远大的理想和家国情怀。

工程师如何表达自己设计的产品和思想？机械是什么？生产中有哪些机械产品？他们都是怎么制造出来的？通过一系列的提问，引出工程图样的发展史。我国是四大文明古国之一，最早运用设计图来指导施工的是在战国时期，距今已有2400多年的历史了。再到机械工程、汽车工程的发展历程，讲解中国制造业的重要战略地位，引导学生关注《中国制造2025》和中国政府的"制造业强国战略"，提升学生的时代使命感和民族自豪感。

因这门课对空间思维能力要求较高，刚接触这门课时，不少同学都有畏难情绪，我们可以选择一些名人故事（如爱因斯坦在学校工艺课做小木凳，达·芬奇画鸡蛋等），来说明一个人的成功并不仅仅是靠聪明才智，更要依靠清晰的目标和长期的艰苦的努力。知识的积累也是一样的，遵循量变到质变的过程，任何事情都不可能一蹴而就，通过课堂鼓励学生一定要多学习、多实践！

（2）通过讲解制图国家标准，培养学生遵纪守法的意识。

教师在课堂上引入适当的案例，通过提问、翻转课堂，讨论如何贯彻国家标准，培养学生遵纪守法、遵守学校各种规章制度和国家法律法规的意识。俗话说，"不以规矩，无以成方圆"。如果连自己的行为都不知道如何进行规范，那么不仅自己的人身安全得不到保障，而且还会影响和干扰他人。比如结合大多数同学都在学习驾照的情况，引入如果不遵守交通法规案例，强调遵纪守法的重要性。同时，教师自古以来都是学生的榜样，教师一定要以身作则，才能给学生树立起榜样。

（3）从细微入手，培养学生严谨细致的工作作风和工匠精神。

准确的图纸对于技术交流有至关重要的作用，在尺寸标注、绘制三视图等多堂课堂教学中，都可穿插一些企业的真实案例，说明规范、严谨的图纸的重要性。比如尺寸标注多了会产生矛盾，少了则无法生产，错了更会产生废品，造成重大的甚至是无法挽回的损失。让学生意识到，不规范不严谨的图纸不仅会耽误生产，造成损失，更会影响企业的声誉，甚至使企业丢掉整个市场。职业道德行为最大的特点就是自觉性和习惯性。因此，应教育学生从生活小事做起，从收拾自己的绘图工具和作业开始，从细微入手，有意识地培养自己严谨细致的工作作风，久而久之，自然就会养成习惯。同时，可以观看大国工匠的视频，通过大国工匠的真实事迹感染学生，培养学生精益求精、严谨细致的工作态度，培养学生的工匠精神，对职业有认同感、有责任感，更有使命感。

（二）思政元素在教学活动中的应用

（1）机械制图采用过程性评价（60%）和结果性评价（40%）相结合的评价方式。过程性评价中，除了对知识掌握情况的衡量外，还对是否达成职业素养目标进行评价，这就是思政元素在教学活动中的延伸。过程性评价是公开的、透明的、及时的，机械制图每节课后都有作业，下节课前会有讲评，作业情况能得到及时反馈，以便于教师及时了解学生的动态，调整教学内容和方法，学生也可以根据自己的掌握情况及时调整学习方法。

（2）在测绘零件实训项目中，我们以3~4人为一个小组，共同完成。俗话说"三人行必有我师"，一个小组里，学习风格、优点长处都可以互补。在完成一个测绘项目的同时，还可以培养学生的团队合作、沟通交流、理解尊重他人的职业素养。

（3）利用课间10分钟，让学生自主选择正能量的视频来播放，再利用课前3分钟，让学生相互分享，避免了都是教师说教，唱独角戏的局面。同时，青春期的孩子，更愿意接受同伴的观点，相互激励，共同成长，让学生在相互分享中学会感恩，懂得珍惜，热爱职业，热爱祖国。

三、结论

"课程思政"在教学过程中的应用，帮助学生建立正确的世界观、人生观、价值观，帮助学生实现自我构建。挖掘课程思政的元素，并有效运用到教学活动中，是每一位教师的职责。本文结合机械制图课程的特点，在讲授专业知识的同时，对学生进行思政教育，不仅能强化学生的职业素养，还能在潜移默化中将家国情怀、诚信意识、责任意识、规矩意识、一丝不苟的工作作风和精益求精的工匠精神渗透到学生的心里，为我国成为制造强国、为实现中国梦输送合格的人才。

参考文献

[1] 习近平. 在2016年的全国高校思想政治工作座谈会的会议精神[N]. 人民日报, 2016-12-09.

[2] 邱仁富. "课程思政"与"思政课程"同向同行的理论阐释[J]. 思想教育研究, 2018（4）: 109-113.

[3] 顾恩平. 课程思政视野下的高职生工匠精神培养策略[J]. 岳阳职业技术学院学报, 2018, 33（2）: 27-30.

[4] 郭慧,李峻峰.高职院校课程思政教学现状及改革建议[J]. 职教论坛, 2020, 36（07）: 163-167.

[5] 冯宝晶.高职院校"课程思政"面临的困境与提升策略[J]. 职业技术教育, 2020, 41（20）: 76-79.

[6] 陈晓姣. 高职专业课的课程思政教学探索与实践——以"配位化合物"的思政教学为例[J]. 化学教育(中英文), 2020, 41（08）: 77-81

高职院校土建类专业课程思政建设的探索与实践
——以土木工程安全管理课程为例

付 阳[①]

【摘　要】本文分析了课程思政内涵及高职院校土建类专业课程和学生特点，以土木工程安全管理课程为例，提炼出进行课程思政建设的整体设计思路，包括明确课程思政建设的方向和重点、完善课程思政建设的教学目标、深入思政元素的融入设计、创新课程思政的教学方法、构建系统的课程思政考核评价体系等五个方面。从课堂教学实践出发，总结了课前、课中和课后的课程思政全过程实施路径，并进行了教学效果的评价，为进一步推进课程思政建设提供参考。

【关键词】高职院校；土建类专业；课程思政；设计思路；实施路径

一、引言

当前国际形势复杂，在校大学生正处在人格完善的关键时期，开展思想政治教育能够帮助其树立正确的世界观、人生观和价值观，是培养有爱国主义精神、崇高理想信念和遵纪守法意识的新时代新青年的必然选择。目前，我国的思政教育更多的是开展显性教育，即开设专门的思想政治教育课程，而其他专业课程的隐性思政教育属性尚待开发。在教育实践中，国内显性思政教育和专业教育暴露出一些问题：单纯的思政教育内容体系庞大、教学手段单一，学生不感兴趣，导致德育效果不尽如人意；专业教育往往只关注专业知识传授而不太重视思政教育，学生虽然掌握了专业知识，但是思想道德品质得不到提升，与立德树人德育为先的教育宗旨不符合，导致育人的效果大打折扣。

从2016年12月习近平总书记提出"各类课程与思想政治理论课同向同行，形成协同效应的教育理念"，到2020年6月1日教育部印发《高等学校课程思政建设

---

① 付阳：重庆公共运输职业学院铁道与建筑学院教师。

指导纲要》，指出要全面推进课程思政建设，将价值塑造、知识传授和能力培养三者有机统一。国家将课程思政摆在如此高的位置，各地方、各高校到广大专业教师，正在不断深化对课程思政的认识和实践。

本文在理清课程思政的内涵、高职院校土建类专业课程和学生的特点等基本问题的基础上，以土木工程安全管理课程为例，探索课程思政的建设思路和重点、实施路径和方法，以供其他专业课程进行课程思政建设时参考，获得相应启发。

二、课程思政内涵及高职院校土建类专业课程和学生特点

（一）课程思政的内涵

课程思政兼具专业教育和思政教育的双重属性。思政课程是指专门开设的进行思想政治教育的课，是具体的课；而课程思政是指在专业课程中融入思政元素，在进行专业知识和技能的教授时，通过自然恰当的方法进行思政教育，因此它不专指某一门课程程，而是面向所有专业课程，由此可见课程思政是对思政课程在德育维度的强化和拓展。课程思政的核心理念是将价值引导、道德培养和积极正面的意识形态融入专业课的教学设计中，立德与树人相辅相成。

高校教师中80%是专业教师，课程中80%是专业课程，学生学习时间的80%是专业学习。思政课程大多面向低年级学生开设，对于高年级学生则以专业课为主，缺少思政教育的连续性。高年级学生正处在学习技能和价值观形成的关键期，更需利用专业课堂抓好思政教育，落实"三全育人"理念。比如高年级学生即将面临的实习和就业问题，如果能够在进行专业课学习时，进行爱岗敬业的职业精神、工匠精神、吃苦耐劳精神的培养，则将使学生在工作岗位上更兢兢业业、踏实肯干，从而实现人生价值。

（二）高职院校土建类专业课程及学生特点

高职院校土建类专业课程理论性强，同时更注重实践操作性，对学生的逻辑思维和分析解决问题的能力要求较高。学生的认知特点是喜欢比较简单直接的问题式、项目式教学，缺乏必要的人文知识的积累和人文素养，不爱听生硬的大道理，喜欢直接从问题出发，去分析和解决实际的问题。

因此，针对高职院校土建类专业课程的特点，以及学生的认知学习特点，应

避免干瘪生硬地讲思政，而应该顺应其特点，在探究式的学习内容中不仅有显性的专业知识，还应加入隐含的思政元素，注重学生的切身体验，在潜移默化中达到"润物无声"的效果。

三、土木工程安全管理课程思政建设方案设计

土木工程安全管理是道路桥梁工程技术、建设工程管理和建筑工程技术三个专业的通识平台专业课，本课程的主要任务是使学生对建筑工程施工现场安全管理工作全过程有基本了解，掌握施工现场安全管理知识，为学生毕业从事施工现场安全管理工作做好准备。课程内容与国家法律法规和施工现场的安全管理联系紧密，对规范性、纪律性和组织性有特殊要求。因此，课程本身对课程思政有需求，进行课程思政建设也将对教学效果起到促进作用。

在实际教学和学生管理工作中，面临学生对老师依赖性太大、自主学习能力差、安全意识不强、自我管理不到位、实习表现不佳、就业择业好高骛远、职业道德和敬业精神有待提高等问题。针对这些问题，确定本课程的课程思政建设方向和重点，科学设计本课程的课程思政建设目标，优化课程思政内容供给和加强课后的考核评价，将价值塑造、知识传授和能力培养紧密融合。

（一）明确课程思政建设的方向和重点

（1）搭建思政平台，将企业专家、专业课教师和思政辅导员集合在一起，组建多学科背景互相支撑的课程教学团队。

（2）完善土木工程安全管理课程标准，结合国家发布的课程思政相关文件和企业调研需求的职业素养，针对性地提炼思政元素，创新教学的载体和方法，让学生全过程参与，在沉浸式的学习中厚植爱国主义情怀、加强品德修养和职业素养。

（3）修订土木工程安全管理课程评价体系，将课程思政效果考核纳入过程性考核。

（二）完善课程思政建设的教学目标

在课程标准中的课程目标中，除了要明确知识目标和能力目标以外，还要明确素质目标，让三者有机融合，培养德才兼备的高素质应用型人才。土木工程安

全管理的素质目标如下：

（1）增强学生的理想信念和社会主义核心价值观教育，强化爱国主义精神、工匠精神、吃苦耐劳精神和奋斗精神。

（2）促进学生对工程安全管理岗位专业知识的掌握，提高安全意识、责任意识、风险防范意识，遵守安全生产法律法规，培养学生的职业素养和敬业精神。

（3）提高学生的综合素质，开展更加有效的校园安全管理、宿舍管理、实习就业等工作，加强感恩教育、劳动教育，提高就业竞争力。

（三）深入思政元素的融入设计

课程思政教学设计中，教学团队通过集中研讨、集体备课等方式深入挖掘专业课程所蕴含的思政元素。比如，现在的年轻人比较急功近利，容易浮躁，对职业技能无法沉下心来刻苦钻研，是典型的缺乏职业精神、缺乏正确就业择业观的表现。因此，将这些思政元素与专业授课要点串联，通过创新课堂教学进行课程思政教育。以下总结了土木工程安全管理课程思政元素融入专业教学的设计过程，如表1所示。

表1 土木工程安全管理课程思政元素教学融入设计表

序号	授课要点	思想政治教育元素	教育方法和载体途径	教学成效
1	安全生产十二字方针	政治认同、科学精神	课堂讨论	生活和学习中安全习惯的养成
2	职业健康安全事故的分类和处理	感恩教育、就业择业观的教育	情景模拟、课堂讨论	感恩父母；实习就业的积极性提高
3	安全管理的冰山隐喻	安全意识、良好习惯养成、自我认同和激发学习动力	课堂讨论	学生提高安全意识，了解自己，并善于发掘潜能
4	安全事故成因	道德和行为准则教育、慎独等品德养成	课堂讨论、课堂情景剧	提高思想道德水平，增强安全意识

续表

序号	授课要点	思想政治教育元素	教育方法和载体途径	教学成效
5	施工伤亡事故分类	安全教育、职业素养	播放脚手架高处坠落等事故视频	提高安全意识，培养良好的建筑施工职业素养
6	安全检查	习惯养成教育	小和尚给老和尚剃头的故事讲解、课堂情景剧	注意养成良好生活、学习和工作习惯，增强就业竞争力
7	施工现场安全须知	职业素养、科学精神	任务驱动，《中国建筑施工现场安全防护标准化图册》展示	提高职业素养和就业意识
8	安全生产责任制	法律意识教育、责任担当	任务驱动，《建设工程安全生产管理条例》等法律法规文件学习	加强对工作岗位职责的认识，提高责任意识和遵纪守法教育
9	隧道盾构法施工	大国工匠精神、科学精神、职业素养	播放中建或中铁标准化施工的视频	提高对国家科技发展的认同，增强就业意识
10	环境保护与环境卫生	习近平新时代中国特色社会主义思想	播放视频、课堂讨论	对绿水青山就是金山银山高度认同，提高环境保护意识
11	安全检查的重要意义和目的	文化自信、公民人格、劳动教育	老子《道德经》中名句："生而为人，你且修身，你且渡人，你且如水，居恶渊而为善，无尤也。"学生表演安全检查的情景剧	中国优秀传统文化的熏陶，学生良好人格养成，掌握安全检查的实践操作
12	消防安全及防火	安全教育、宿舍安全管理	参观寝室发现安全隐患并整改	高校文明公寓的建设和申报

（四）创新课程思政的教学方法

现在的学生大多是"00后"，他们个性独特、敢于表达个人观点，要善于利用其特点，寻找合适的教学方法，让学生乐于接受主动学习。同时，教学内容应紧贴学校和专业背景以及学生职业场景和发展，克服现有教材的局限性，如针对性不强、案例陈旧、案例展示文字和图片形式单一等，坚持安全教育从企业实际生产过程中来，最终回归实际生产的原则，使学生明白必须严格遵守和执行安全生产法律法规和技术规范，养成良好的职业素养和遵纪守法的意识。

因此，采用课堂讨论、任务驱动、情景模拟法、观看视频等多种教学方法，并且建立视频、案例等多形式的课程思政素材库，提高学生的课堂参与度，引导学生主动去分析和解决问题。例如课堂讨论，可以列举典型的工程案例、哲理故事、身边的时事热点等，学生自由讨论，教师引导和提炼总结。又如任务驱动，将法律文件直接打印出来发给每一位学生，让学生带着问题去研读，也可以学习标杆企业的规章文件，让学生了解企业生产的实际要求。再如情景模拟，在讲解边坡事故中的开挖坡脚和基坑垮塌时，让学生通过搭积木进行模拟演示。

（五）构建系统的课程思政考核评价体系

课程思政建设不仅要注重平时上课的实践，更要注重课后的评价，破除"一考定终身"的评价方法和唯分数论的单一评价指标体系，采用过程性评价和总结性评价相结合的考评方式。因此，将学生的课程思政考核分数纳入课程的总评分中，可占20%~30%，其中课程思政的考核点主要是关注学生日常的精神风貌、言谈举止、纪律意识、规则意识、团队协作等方面。同时也可在期末考试题目中出一定比例的思政主观题。

四、土木工程安全管理课程思政的教学实践和效果评价

（一）做好课前、课中和课后的全过程管理

（1）课前充分备课。关注时事热点，大量搜集课程相关的案例和各种形式的教学资源，形成课程思政素材库，注重整合和合理利用，根据专业课程的教学内容挖掘蕴含的思政元素，匹配相应的教学资源。

（2）课中教师以身作则，发挥人格魅力，加强课堂管理。通过清晰的教学

设计和独特的教学方法让学生感兴趣，表达的载体可以是抽象的，教师用丰富的肢体动作和语言表现，也可以是通过具体的图片、视频、学生情景剧、做实验等更生动的方式表现要传达的内容。同时，要通过各种途径提高学生的课堂参与度。

在讲解建设工程项目职业健康安全管理时，思政点映射为感恩教育、就业择业观的教育。通过在课堂上做比比谁闭气时间长的小游戏，让学生了解尘肺病人呼吸困难的感受，推己及人，让大家思考自己的父母亲人都有哪些职业病，体会他们的辛苦，加强感恩教育，尽早减轻父母的负担，进而培养学生先就业再择业的就业意识。在讲解安全事故成因时，以生活中交通违法的案例分析，引入"违章即是事故，隐患即是事故"的观念，进而引出"慎独"的自律最高境界，让学生将安全理念入脑入心，在生活、学习和工作的方方面面，都能够更加注重安全，自觉遵守各种道德和行为准则。

又如，在讲解安全管理的冰山隐喻的时候，让学生懂得小概率小损失的隐患积累多了，累积成大事件大损失的概率就变大，一旦发生后果严重。进一步延伸，我们每个人像一座冰山，暴露出来的大家都能看到的只是自我的很少的一部分，而更大一部分的潜能却藏在更深的地方，需要我们去开发，从而让学生不断了解和提高自己。

再如，在讲解安全事故成因的时候，让学生自己上台表演情景剧，切身体会施工现场的不安全因素；在讲解各类施工伤亡事故的时候，通过VR虚拟场景、播放视频的方式，让学生感受安全事故的可怕，懂得如何做才能避免安全事故的发生；在讲解脚手架和模板施工安全时，提到装配式建筑，引入武汉火神山10天建成的奇迹背后隐藏的感人故事，让学生感受中国力量和中国速度，加强民族自豪感，对建筑施工这个行业有使命感荣誉感，让学生懂得每个普通的平凡人都应该在自己的工作岗位上默默奉献发光发热。总之，课堂上要结合课程特点和学生认知特点，切忌太过理论化，应充分利用多种途径调动各种感官，把学生的学习积极性调动起来，全程参与课堂。

（3）课后重视教学评价。一方面是学生对老师、课堂效果的评价。另一方面是老师、家长、企业和社会对学生的评价。通过学校组织的学教评、学生的课堂平时表现，了解学生对老师和课堂的评价。教师通过完善课程的考核评价体系，对学生的课程思政情况进行考查。也可通过对家长的调研、对学生在企业表现的调研、学生参加社会公益活动传播正能量等方面对课程思政效果进行全方位评价.但是由于涉及主体多、时间跨度大，较难在一门课结课时完整的体现，因此还有待进一步探索。

（二）课程思政的实施效果评价

在2020—2021学年第2学期的土木工程安全管理课程教学实践中，学生课堂学习状态活跃，师生关系和谐，学生表现出强烈的好奇心和求知欲，乐于参与讨论，能够充分动口、动手、动脑，勇于发表自己的见解，认真听取和尊重别人的意见。

大多学生认为不仅学习了安全施工的专业知识，将"安全第一、预防为主、综合治理"的安全生产十二字方针牢记在心，而且还拓展了很多课外的知识，提高学习积极性，增强民族自豪感、责任感和使命感，培养良好的职业道德和敬业精神、遵纪守法意识、安全意识和纪律意识。

五、结语

全面实施课程思政，已成为各界共识，对专业教师提出了更高的要求。如果专业课是一碗"汤"，那么课程思政是一把"盐"，调好汤需要专业教师这个"厨子"点缀恰到好处的盐，这需要不断去探索实践和总结创新。本研究主要关注高职院校的土建类专业课程思政建设，分析了课程思政内涵及高职院校土建类专业课程和学生特点；以土木工程安全管理课程为例，提炼出进行课程思政建设的整体设计思路；从课堂教学实践出发，总结了课前、课中和课后的课程思政全过程实施路径，并进行了教学效果的评价，为课程思政的推进提供了一种具体可行的方式，可供各同行参考交流，共同进步。

参考文献

[1] 新时代高校"课程思政"建设的现状及对策分析[J]．赵鹤玲．湖北师范大学学报（哲学社会科学版），2020，40（01）：108-110.

[2] 潘洪科，徐理，简小生，等．基于"点、线、面、体"立体化育人的课程思政思考与实践——以土木工程概论课程为例[J]．新余学院学报，

2021, 26（03）：104-109.
[3] 习近平. 习近平谈治国理政：第二卷［M］. 北京：外文出版社，2017：377.
[4] 中华人民共和国教育部. 关于印发《高等学校课程思政建设指导纲要》的通知［EB/OL］.（2020-06-01）［2021-08-27］. http://www.moe.gov.cn/srcsite/A08/s7056/202006/t20200603_462437.html.
[5] 苑丁杰，张婷. 工程项目管理课程思政建设的内容、步骤和方法探析［J］. 安徽建筑，2021，28（08）：180-182.
[6] 陈宝生. 陈宝生同志在全面推进高等学校课程思政建设工作视频会议上的讲话［EB/OL］.（2020-06-08）［2021-08-27］. http://www.moe.gov.cn/jyb_zzjg/huodong/202006/t20200609_464012.html.
[7] 王石，田洪芳. 高职"课程思政"建设探索与实践［J］. 中国职业技术教育，2018（14）：15-18.
[8] 曾雪琴，王利文，丁川，等. 应用型本科土建类专业课程思政建设的探索与实践——以"土木工程施工组织"课程为例［J］. 常州工学院学报，2021，34（03）：90-95.

课程思政在"PS图像处理基础"课程中的探索与思考

李亚萍[①]

【摘　要】课程思政作为一种全新的、综合的教育理念，它要求在传授思想时充分与其他学科结合，形成协同效应，那么在"PS图像处理基础"课程中如何加入思政元素是本文研究的主要内容。本文从课程思政的重难点分析入手，结合课程项目制定了课程思政的设计思路，更深层次地从思政教育资源中挖掘恰当的思政元素，有意识地融入"PS图像处理基础"课堂教学中。在课堂教学中，使用启发、提问、讨论、等方式与学生进行交流，引导学生思考，随机应变，及时发现问题，解决问题。

【关键词】PS图像处理基础；课程思政；立德树人；爱国主义

一、课程思政概念的解析

课堂思政指以构建全员、全程、全课程育人格局的形式将各类课程与思想政治理论课同向同行，形成协同效应，把"立德树人"作为教育的根本任务的一种综合教育理念。课程思政主要形式是将思想政治教育元素，包括思想政治教育的理论知识、价值理念以及精神追求等融入各门课程中，潜移默化地对学生的思想意识、行为举止产生影响。

国家对思政教育高度重视，并召开了相关会议，会议的决议是通过了一项代表性的意见——《关于加强和改进新形势下高校思想政治工作的意见》。此项决议一经通过，就对高校思政教育提出了一系列要求，主要分为两点：第一，做好高校价值引领的带头作用，贯彻落实高校政治理论课；第二，以实现中华民族伟大复兴的中国梦为己任，加速培养社会主义建设者和接班人，且接班人应具有如下能力：必须具有较强的政治思想能力，必须道德可靠、德才兼备。有了政府政策的引导，高校进行课程改革刻不容缓。

[①] 李亚萍：重庆公共运输职业学院公共管理学院教师。本文为校级项目《PS图像处理基础》阶段性成果，项目编号：项目编号：KCSZ-21-11。

但是，课程思政和思政课程是两个不同的概念，简而言之：思政课程是具体的课程，以思想理论教育为基础，而课程思政则是抽象的概念，是育人体系。

二、课程思政，实施的重难点思考

实施课程思政的过程，重点是在于顶层设计，就是要以系统化的思维，结合人才培养方案的制定，从课程体系、教学目标、教学内容、教学评价等方面进行整体设计。

首先，立德树人是高职院校的根本任务，在每一门课程体系的构建上，都要贯穿思政的教育。在专业及实践类课程教学中，虽具有教育性，但对于爱国主义、理想信念、职业道德等，多数老师认为这些是思政课程的内容，是思政课程老师和辅导员的事。但要解决人才培养的"重成才、轻成人"的问题，教师在专业课程教学中必须强化育人功能，用思政工作统领人才培养全过程，将课程思政贯彻到所有课程中。

其次，国家与各高校的目标是培养德才兼备的社会主义人才，是国家的顶梁柱，所以各高校在设立目标时，一定要坚守思政教育，课程思政之所以说突破了教育理念，是因为此概念将课程的教育性提升了一个高度，这种教育理念最核心的目标是培养学生正确的三观，是爱国主义、家国情怀、职业素养的树立。教师教学在专业课程实施过程中，也应该按照课程思政的新要求，在学习知识和技能的同时，要将个人理想与社会担当有机结合，培养学生正确的职业观、人才观。

最后，培养建设社会主义的主流人才仍是我们的目标，所以教学内容的设计应尽可能地将思政的表现力放大，知识与技能的组合是专业课的内容，很多专业课程都忽视了思政的教学，课程是培养人才最主要的途径，课堂则是课程发挥作用的主要阵地。专业课教师要根据不同课程的课程标准，融入正确的育人理念，引入课程更多正能量的观念，放大思政工作的鲜活性，将传道授业解惑融为一体，帮助学生成为有用之才，成为国家的栋梁。

实施课程思政的难点主要在于如何将思政融入课堂，形成这一难点的主要原因是：教师对理论方法完全不熟悉，也没有足够的经验融入进去，如何把思政与专业的课程相结合，是一件开创性的工作。高校之间可以相互借鉴，也可从以下三点着手，主要是："学习知识点、挖掘结合点、操练融入点"，逐步深入，各个击破。

首先，熟悉知识点。对于非思政课程的教师而言，课程思政的难，说到底是不知如何对社会主义核心价值观展开分析并与专业教学内容有机结合，这就需要专业课教师学习十九大报告、全国教育大会精神以及职业素养等相关知识点。除此之外，教师也要有正确的人生观价值观，积极的职业素养。

其次，挖掘专业课与思政的结合点。就是要寻找思政元素、职业素养融入课堂教学内容中的点，这对高校教师的思政意识提出了较高的要求，教师在教学的过程中，应该学会找准生活或者社会上的点，将这些事例与思政结合。

最后，寻找课程思政融入的方法。在将思政内容融入专业课程的过程中，需要将理论结合实际，由浅及深地讲解，不能机械化地讲解相关内容，需要形象生动，借鉴身边的事例，将晦涩的语言转化为学生可以接受的形式，使得课堂更加生动形象。学生会对这样的课堂产生浓厚的兴趣，通过不断地联系与迭代，思政与专业的融合变得更加自然，更加有说服力。然而，要想成功地实现课程的融合，需要做到以下两点：第一点，勤能补拙，需要强加联系；第二点，各科室、各教师需要对备课给予足够的重视，大家的想法好过一个人的想法，集体的智慧更加精准有效。

三、课程概况

"PS图像处理基础"作为平面设计领域的重要组成部分，在各行各业中有着广泛的应用。Photoshop是Adobe公司推出的一款目前非常流行、应用非常广泛的图片处理软件。伴随着计算机的普及和计算机在各行业的广泛应用，Photoshop发挥了越来越大的作用。Photoshop图像处理就是借助Photoshop软件来实现图形图像的绘制、图像的编辑、修饰、合成、特效制作、创意设计等。

"PS图像处理基础"属于一门专业必修课，它前续课程为"计算机应用基础""三大构成"等课程；后续课程为"产品开发与数字模型建造""产品平面广告设计"等专业核心课程。在工业设计、产品艺术设计专业中起承上启下的作用，是围绕专业核心技能设置的。鉴于计算机图形图像处理的重要意义和在设计中的重要作用，本课程作为平面设计的岗位职业能力培养，可以充分发挥学生的特长，拓展就业渠道。

本课程是艺术设计学生1+X证书的相关考核技能，是学生必须掌握的职业核心技能，学完本课程后学生完全能够胜任数码照片处理、广告图像处理、VI图形绘制和产品包装设计等职业岗位。

四、课程思政设计思路

1. 转变教学观念

要想完美地融合PS与思政教学，需要完善教学的模式，而转变老套的教学观念是第一要义，教学观念是重中之重，正确科学的观念可以在教学过程中发挥巨大的作用。在教学的各个环节都能更好地融入思政教育，需要从教学的源头抓起，即从教师备课就开始应用正确的教学观念，并在潜移默化中将观念传递给学生，经过观念的转变与传递，实现思政与PS的深度融合。

2. 树立明确的思政教学目标

目标先行理论在教学的过程中仍然适用，只有明确目标，才能找到正确的途径。在教学过程中树立了科学正确的理念后，需要树立有关思政教学的目标，只有这样才能更深层次的融合PS与思政，每个专业课的教学目标都应带有思政的目标，通过双重目标的确立，构建知行合一的思政教育体系。

3. 深化思政教学内容和完善教学考核体系

"PS图像处理基础"课程教学内容中隐含的思政知识需要教师进行深入挖掘，如何找准两者之间的融合点是教师应思考的问题，思政知识需要应用在教学实践中，尤其是平面设计教学。更重要的是，传统与现代教学的结合十分重要，道德教育、爱国主义与价值观方面的教育同样能够提升学生整体素质。除此之外，只靠自身约束来融合思政教育恐怕不能实现预计的效果，需要将考核的方式纳入教育教学过程中，杜绝纸上谈兵，才能推动高校思政模式在艺术设计教学领域蓬勃发展。

五、思政元素的挖掘

以笔者所投课程为例，"PS图像处理基础"课程共分为5个章节，分别融入了中国传统文化、爱国主义、爱国情怀、民族文化、知识产权、工匠精神、社会责任感等思政主题。授课形式包括课堂学习、课堂讨论、案例讲解、任务驱动、讲评等。另外，设计了专题作业，重点培养学生的社会责任感、爱国情怀、文化自信、法律意识等（如表1）。

表1 "PS图像处理基础"课思政元素设计表

序号	授课要点	思想政治教育元素	教育方法和载体途径	教学成效
1	颜色、渐变色的填充与选区工具的应用——端午节海报的制作	通过端午节海报制作过程的讲解，观看各地的端午节习俗图片，感受节日的氛围，怀念伟大的爱国诗人——屈原	信息化载体；观看体验；课堂讨论	了解端午节的习俗，如赛龙舟，以此来纪念伟大的爱国诗人屈原，在无形中增强了学生的爱国精神。所以，在临近传统节日时，可以将节日的相关知识和活动融入课堂中，以此增强学生的爱国精神，向学生传递中国传统文化，帮助学生更好地了解我国的历史，实现爱国主义教育
2	钢笔抠图技巧及商业描边的应用——以"艺"战"疫"公益海报制作	通过观看战疫宣传片让学生感受我国人民团结抗疫的决心；通过制作海报对工具的讲解，让学生在学习的过程中正确看待疫情，感受家国情怀	信息化载体；观看体验	通过艺术的手段走进疫情、了解疫情、观看抗击疫情时期的视频以及照片，找到设计点，通过PS软件进行海报制作，让学生在学习的同时正确看待疫情，积极配合抗疫工作

续表

序号	授课要点	思想政治教育元素	教育方法和载体途径	教学成效
3	大学生广告艺术大赛公益命题的分析讲解与制作——穿越百年，见证辉煌海报制作	通过中国历史发展视频的引入，让学生感受国家的这100年来的变化，通过建国100周年贺卡的制作讲解，让学生在学习的过程中感受国家的发展	信息化载体；观看体验	了解大广赛公益命题的要求及欣赏历年大广赛相关公益命题作品，认识中国共产党的发展历史，激发学生强烈的爱国情怀，爱党情怀和深深的民族自豪感，促使学生不断提升自己
4	中国文创产品包装设计	通过视频案例作为课程的导入，让学生了解课程学习的主要目标，视频素材包括历届学生比赛获奖视频，内容以弘扬民族文化和科普微视频为主，激发学生对课程的学习兴趣	信息化载体	通过对传统文化的学习与了解，比如彝族、客家族等民族文化的了解，让学生在学习PS包装设计的同时又学习了中华民族悠久的传统文化
5	文明交通海报设计	通过视频案例的播放、不文明交通导致的严重后果新闻，让学生产生明白从自己做起，文明交通，用PS设计的方式为文明交通奉献一分力量，制作一张宣传海报	信息化载体；观看体验	通过文明交通的视频以及不文明交通导致严重后果的新闻，让学生产生深深的感触，文明交通，责任在每一个人，让学生思考如何使用PS软件制作出让大家愿意去看，愿意去接受的宣传海报

六、思政元素融入课堂的途径

课堂教学是课程设计和教案的具体实现，教师在按计划授课的同时，应积极鼓励学生参与教学活动，使用启发、提问、讨论、小测验等方式与学生进行交流，引导学生进行思考，随机应变，及时发现问题，解决问题。另外，对课堂秩序的掌控能力是教师人格魅力和管理能力的体现，勿以恶小而纵容，勿以善小而不进行鼓励，及时对学生的行为进行评价和引导，润物无声，滴水穿石，逐步改变学生的行为习惯，慢慢培养学生的社会主义核心价值观。

1. 提高教师的政治素养

由于许多老师对思政教育的认识不足，将自己定位成知识的传授者，认为学科之间的分化使得教师各司其职，不同学科的老师只需要把自己担任的专业课讲好。然而，在素质教育的背景下，每位教学工作者都应该清楚地知道自己的定位，并在自身定位的基础上重新思考，不仅要"传道，授业，解惑"，更要争当学生的模范，承担起国家给予教师的伟大使命，由此可见，思政教育不分学科，每个领域的教师都应将思政教育纳入自己教学体系中，找到自己专业课与思政教育的结合点，在恰当的时机向学生传授。这就对每位老师提出了较高的要求，需要教师提升自身的政治素养，将政治理论与思想烂熟于心，只有教师拥有了正确的思想，在教学时才能够自然地将思想传授给学生。

2. 优化课堂环境

首先，良好的学习环境很重要。在学习的过程中，教室是学生活动的中心，教室的环境也会对学生产生潜移默化的影响，所以好的教室的环境，可以给学生带来正能量，帮助学生形成正确的价值观。比如艺术设计专业的实训室布置中，可以装裱一些著名的画作、经典的设计作品等，让教室充满艺术感、设计感，激发学生学习热情。

其次，全方位的学习资料保障也是非常必要的。21世纪以来，科技的发展给生活的方方面面都带来了巨大的影响，人们获取信息的途径也不再局限于书籍，所以在科技发展大环境下，学术中心应该设立多元化的学习资料。除此之外，还应该开展小型的专题活动或者讲座来增加学生的兴趣。事实上，从教学实践的效果来看，学生对专题讲座、学术报告等学习形式更感兴趣，也乐于参加。这有助于学生开阔视野，让学生对科技前沿动态具有极强的敏锐度。

参考文献

［1］张宏彬．高职院校如何实施课程思政［N］．中国教育报，2019-04-16（11）．

［2］王丹．图像处理软件的课程思政教学改革［J］．湖北经济学院学报，2021，17（10）：151-153．

［3］顾玮．课程思政在《计算机应用基础》课程中的实践探索［J］．办公自动化．2019，24（23）：41-42．

［4］韦超现．"课程思政,知行合一"高校艺术设计专业教学模式研究与实践［J］．艺术科技，2019，32（10）：47．

"三全育人"视域下基于OBE教育理念的高职数学"课程思政"教学探索

石会芳[①]

【摘　要】根据《高等学院课程思政建设指导纲要》等文件要求，高校需落实立德树人根本任务，推进所有学科课程思政教育教学体系建设，构建学院全员、全过程、全方位育人体系，结合教学实际，制定数学课的课程思政实施方案。在"三全育人"视域下，本文基于成果导向教育（OBE）理念，分析了高职数学课"课程思政"教学的意义，以及课程思政建设过程所面临的问题，探究在高职院校开展数学课程思政教学的相关路径，深入挖掘高职数学课程思政的育人元素，以次课示范的形式分享了如何通过思政元素的融入，事项数学课在综合素质人才培养中的育人功能。

【关键词】OBE；高职数学课；课程思政；"三全育人"

习近平总书记强调将思想政治工作贯穿教育教学全过程，实现全程育人、全方位育人，努力开创我国高等教育事业发展新局面，优化完善教材和教育方式，注重学生工匠精神和精益求精习惯的养成。根据《高等学院课程思政建设指导纲要》等文件要求，落实立德树人根本任务，需推进所有学科课程思政教育教学体系建设，结合教学实际，制定学科课程思政实施方案。成果导向教育（OBE）理念对我国的教育改革具有深远的意义，该理念改变了传统教学的封闭模式，通过以成果为导向的开放性教学改革，注重学生创新、思维、自学能力的培养，符合高职数学课程的人才培养目标。

高职数学是一门蕴含丰富思想政治教育元素的课程，数学家们艰难的求索历程、看似乏味的数学知识点其实都蕴含了丰富的思政元素。该课程可借助知识点、数学逻辑思维训练的属性以及数学史、数学家传记、数学的实际应用等将

[①] 石会芳：重庆公共运输职业学院公共管理学院教师。本文为校级项目《课程思政示范项目"高等数学"》阶段性成果，项目编号：项目编号：KCSZ-21-03。

知识传授与价值引领相结合,将德育与知识教学融于一体,塑造学生正确的世界观、价值观和人生观,充分发挥该课程教学的育人价值。

一、OBE理念的国内外研究述评

成果导向教育（Outcome based education,简称OBE,也称作能力导向教育、目标导向教育或需求导向教育）,该教育理念于1986年由斯巴迪（Spady）等人提出,得到了多个国家科研人员重视,并逐渐成为美国、英国、加拿大等国家教育改革的主流理念。2013年6月,随着我国加入《华盛顿协议》,该教育理念被应用到我国的工程教育改革,并逐渐扩大至工科类、工程类、通识课程等教学领域。同时,该教育理念在课程思政改革教学中得到了广泛的研究和应用,并为我国的教育发展做出了巨大的贡献。在数学课程思政领域的研究主要有以下几种。

2019年陈明在《基于OBE教育理念的高等数学课程思政教学探索》中提出,课程思政是我国高等教育的时代新需求,是培养德智体美全面发展的社会主义建设者和接班人的有力保障。以成果导向（OBE）教育理念为指导,建立"明确目标—深度融合—高效实施—全面考核"的高等数学课程思政教学机制,以实现学生的全面发展,发挥高等数学课程的立德树人功能。

2020年江南在《HPM视角下基于OBE教育理念的"高等数学"课程思政探究》中指出,通过与HPM相关的数学史典故、数学家优秀事迹、数学哲学思想等具体的课程思政案例,以及植根于OBE的教学目标、教学内容、教学模式、教学评价等详尽的课程思政导图,对"高等数学"的课程思政教学改革进行了积极探索、尝试。

二、高职数学课"课程思政"教学的意义

高职院校数学课需全面贯彻习近平新时代的教育教学理念,落实立德树人根本任务。按照价值引领、能力达成、知识传授的总体要求,深化数学课程思政教学改革,引导数学课教师进一步了解课程思政,认识到数学课开展课程思政的重要性和必要性,深入挖掘数学课教学内容的思政元素,更好发挥数学课育人作用,从而促进学生的全面发展,培养学生的职业素养与能力。

根据《高等学校课程思政建设指导纲要》要求，课程思政建设要在所有高校、所有学科专业全面推进。在此背景下，数学课教师需深入探索"课程思政"融入高职数学课所面临的问题，不断提升自身的综合素质，提升自己的理论和实践教学能力，并时刻关注学术前沿，不断了解市场对人才的需求，挖掘课程思政元素，使得高职数学课程教育的发展适应社会对综合型人才的需求。

三、将"课程思政"融入高职数学课所面临的问题

通过深入学习分析国内外职业教育现状，深刻认识到课程思政引入数学课程所存在的差距和急需解决的问题，主要表现如下。

1. 数学课教材更新较慢

高职数学课第一学期的授课内容主要是一元微积分，教材设计多注重理论基础，与学生专业技术相结合的案例较少。因此，教师需在思想上需接受新的职业教育的理念，学习并应用多样的教育模式。

2. 数学课授课模式单一

随着"互联网＋"、微课程等新的教学技术的出现，多数高职院校在探索将新技术融入数学课教学，然而由于某些教师学习新技术的精力、能力有限，导致课程改革很难全面实施。因此，教师需明确现代职业教育的特点及实现传统职教向现代职教转变的手段、措施。

3. 高职院校学生的数学理论基础比较薄弱

由于高职院校的学生在中学阶段的数学课学习中多次受挫，导致学生在数学课的学习中产生畏难心理。因此，教师需调整自身的心态，解决思想上的瓶颈问题，并通过信息化手段，调整教育模式，享受职业教育的幸福。

4. 高职数学课中较少涉及学生的思想教育

数学课中除了数学概念的引入，其他内容很少涉及学生的思想教育。由于学生毕业即面临就业、工作等问题，因此需要教师具有较强的学习能力，在课程知识传授的过程中，注重引入课程思政的内容，对学生心理、就业、工作等进行多方面的指导。

5. 高职数学教师的综合素质有待提高

高校教师需要职称评定，多数很难平衡教学、科研、学历提升等工作和学习时间，没有足够的经历学习新的课程思政思想。因此，需进一步完善教师评估管理，加强师资队伍的培训，提升教师的综合素质。

四、"课程思政"融入高职数学课的路径探索

近年来，多数高职院校结合学院特点制定了数学课教师综合素质提升方案，由于实施方案然不够全面，因而在校本建设中效果不太理想。因此，为实现教师综合素质提升的目标，需要学校与教师充分交流，在"三全育人"视域下，基于OBE教育理念，探索科学合理的"课程思政"融入高职数学课路径。

1. 加强数学教师课程思政的意识

国家教育咨询委员会委员周稽裘提出"站得更高远，改革再出发，工作重落实"三个主题，展示了新的职业教育的理念。教师需围绕以上主题，解放思想，深入数学课程的思政建设，学习先进的教育理念、国内外数学史、哲学、数学名人传记、数学与艺术、数学精神等内容，丰富自身的知识储备。

近年来，在高职院校数学教学中，多数院校重视技术教育而忽视精神教育，在"数学工具论"指导下的形式主义的数学教学，主要表现为数学教育与数学课程思想融合性较差，导致学生对数学学习产生畏惧心理，丧失学习信心和学习兴趣，数学教育的价值与功能没能得到应有的发挥。因此，高职教师应明确"课程思政"的定义、特点以及高职数学课的教学特点和培养目标，明确高职学生职业道德、职业能力、职业品质现状，并结合"课程思政"的内涵，通过将"课程思政"融入高职数学课，培养学生的敬业、精益、专注、创新等工匠精神。

2. 加深数学教师对课程思政的理解

经过调研发现，部分高职教师对"课程思政"的理解有误差，认为带领学生"唱国歌"或者"喊口号"就是课程思政，然而真正的课程思政是将思政元素融入课程的讲解全过程，在知识的讲解中不仅注重学生思想的培养和升华，而且潜移默化地提升学生的道德认知与道德践行能力。

3. 深入挖掘数学课程思政元素

教师需针对不同课程性质特点，把握好所要挖掘拓展的重点。基于高职数学课程的特征，"全员"协同合作击破数学类课程学习的思想壁垒、"全过程"强调学生思想转变的各阶段的把控、"全方位"关注学生综合素质的培养等对策。在"三全育人"视域下，数学类课程需突出培育学生的科学精神、创新精神，引导学生树立精益求精、不断探索的学习态度、知识的迁移能力和正确的价值观，探索高职数学一元微积分的课程思政元素。

（1）培养学生的自主学习能力。

在高职数学的第一节课，注重学生数学学习意识的培养，由于高职院校大部分学生数学基础薄弱，学生对数学课程有畏难心理，因此教师需注重学生学习自信心的培养。在上课前，教师需搜集函数的发展史、数学典型案例，以及"数学模型"的思维，比如学习华罗庚教授的人生事迹激发学生刻苦学习的能力和爱国情怀，进而引导学生产生刻苦学习的思想；并详细介绍该课程与专业的联系，以及对学生就业、学历提升等相关性的讲解，使学生对该课程有进一步的认识，明确该课程的学习价值，树立自身的学习目标，进而加强自身的学习动力和自主学习能力。

（2）培养学生终身学习的理念。

在数列的极限课程引入时，通过战国时期庄子在《天下篇》中所记载的"截丈问题"："一日之锤，日取其半，万世不竭"引入极限概念，使学生感悟到我国古代学者的数学思维，数学的发展需要经历长期的探索，培养学生终身学习的理念。在习题讲解中，引导学生练习题目，熟练各种求导方法，培养学生脚踏实地一步一步探索科学的精神和严谨的学习态度。引入导数的概念，通过高铁在轨道上做变速直线运动，车厢的电子屏上显示的瞬时速度，以及高铁在弯道运行时，弯道的设计跟曲线的切线斜率的关系，培养学生知识的迁移能力，并探索导数在本专业的应用。

（3）培养学生正确的人生观。

在函数的极值及其求法教学中，通过函数曲线的高低曲折（极值最值），引出人生的"高谷和低谷"，让学生明白眼前的曲折都是暂时的，起起落落是人生的常态，应淡定、乐观面对人生。引入三次数学革命，使学生体会到数学的发展需要经历多次变革，数学家通过不畏困难的探索才能取得数学的发展，从而培养学生在面对问题时迎难而上的探索精神。在复合函数求导法则教学中，通过"邮轮泄漏事故"培养学生的环保意识、安全意识，以及遇到紧急问题时的临时应变能力。

（4）培养学生正确的价值观。

在函数的连续性教学中，引入经济问题中的复利案例，以及关于投资、理财和有关经济诈骗的案例，通过该案例讲解使学生明确"套路贷""校园贷""高利贷"对家庭和个人的危害，提高学生的投资、理财能力，增强学生在经济诈骗中的防范意识，帮助学生树立正常的经观和消费观.

（5）培养学生的民族自豪感。

通过气温变化、身高变化、植物生长、河水流动、新冠疫情的发展等实际案例引入连续的概念，让学生感知函数的连续与生活的紧密联系。比如在数值分析单元设计中引入曾庆存院士的典型案例，曾庆存院士是2019年度我国最高科学技术奖获得者，其利用数学知识在数值天气预报领域做出巨大贡献，使得天气预报的预测更加精确，拯救了无数的生命。在导数的凹凸与拐点讲解中，首先引入新冠疫情期间疫情发展动态图中拐点的概念，深入讲解拐点的概念以及作用，并深入分析达到拐点所用到的数学知识，使学生在感受数学魅力的同时，感受疫情期间祖国强大的防控能力。

（6）培养学生的创新精神。

在导数的概念教学中，根据微积分创始人牛顿和莱布尼茨的经典案例，以及曲线的斜率、瞬时速度等数学典型案例引入"数学模型"的思维。通过导数在实际生活中的应用，让学生感受数学家的智慧，增强学生对导数的深刻理解，提高学生学习的积极性和逻辑思维能力，并感受数学的魅力。

五、引入课程思政的"导数的概念"次课示范

目前，大部分高职院校的数学教材的章节教学设计依托于学生拥有一定的高中数学基础，然而随着近年来高职招生形式多元化，包含中专生、高中生、退伍军人等，学生多元化导致学生的数学基础不均衡，增强了教师教学和学生学习的难度。因此，本文借助中学的教学案例引入导数概念，通过"邮轮泄漏事故"培养学生的环保意识。具体实施步骤如下：

1. 教师需了解数学课在高职院校中的定位

"高等数学"属于基础课程，该课程不仅为专业课程服务，而且为学生进一步提升学历奠定基础。导数是高中数学教学中的一个重点、难点，也是全国高考中的一个热点，函数是数学学科本身的一个"核心概念"，导数是解决函数问题的一个强有力的工具。在高职院校中，导数的概念是导数的重点和难点，并在专业实际应用中处于重要的位置，比如利用导数在电工电子课程中求解交流电的电流，在物理中求解物体变速直线运动瞬时速度、铁路轨道的切线斜率，在经济学中求解边际成本，在"邮轮泄漏事故"中求解油膜面积等。

2. 教师需做好充分的课前准备

教师课前认真备课，明确本次课的教学目标、教学重难点、教学方法以及教学过程。整理收集数学家、哲学家等名人传记，查阅与本次课相关的专业教学资料，制作PPT，拍摄视频，准备测试题等，比如搜集交通案例"高铁在轨道上做直线运动"的相关视频，显示瞬时速度的车厢电子图片，以及"高铁在弯道运行时的弯道设计"图片，插入PPT课件中。

3. 注重课程思政案例的引入，提高学生的学习兴趣

由于高职学生的数学基础不扎实，可以通过借助多媒体播放与讲授内容相关的视频，来降低学习难度，并引导学生思考如何解决高铁变速直线运动的瞬时速度问题，以及高铁在弯道运行时的弯道设计的切线斜率问题，然后展示所对应的数学模型，以此引导学生了解导数在变化率问题中的意义，然后引出导数的概念，以及在学生专业中的应用。

4. 注重课堂互动，注重学生综合素质的培养

本次课教师可尝试通过以下步骤完成课堂教学：

首先，借助多媒体播放"高铁在轨道上做直线运动"的相关视频，教师通过提问的方式引导学生小组讨论，比如该事故如何尽量预防，出现事故后如何使损失最小等问题，并引导学生主动回答问题，引出导数的概念，培养学生的探索能力。

其次，教师讲解与学生所在专业相关的函数求导应用案例，并引导学生探索与专业相关的其他函数求导应用案例，培养学生知识的迁移能力。

再次，教师讲解多个形式的函数求导案例，引导学生主动走上讲台解题并讲解，使学生体会到函数的变化多端，进而培养学生的灵活应变能力。

最后，根据专业特征布置作业，鼓励学生完成作业，借助在线平台答疑解惑，通过"线上＋线下"混合教学，查漏补缺，实现师生充分互动，培养学生的自学能力。

六、结语

综上所述，高职数学课程不仅传授学生基础知识，而且承担着"立德树人"的重任。数学课教师作为课程的引导者，在"三全育人"视域下，基于OBE教育理念，深入挖掘数学课程中的思政元素，结合国内外最新职教理论、职教方法、职教技术手段，深入学习教育理念、教学设计、教学方法、信息化技术的利用、教育资源的整合等方面的内容，通过累积实践技能，将所学的先进理念、方法应用到工作中，进而有效开展数学课程思政教学改革和创新，为保证高职院校的人才培养质量奠定基础，进而全员、全过程、全方位地培养出知识型、技能型、创新型的综合素质人才。

参考文献

［1］ 高明．高等数学课程思政教学探索［J］．天津市教科院学报，2019（3）：60-65．

［2］ 李志义．解析工程教育专业认证的成果导向理念［J］．中国高等教育，2014（17）：7-10．

［3］ 陈明．基于OBE教育理念的高等数学课程思政教学探索［J］．教育现代化，2019，6（A3）：293-294．

［4］ 江南．HPM视角下基于OBE教育理念的"高等数学"课程思政探究［J］．高等教育研究学报，2020，43（04）：97-102．

［5］ 姚秀凤．高职数学课程思政教学探究与实践［J］．高教学刊，2021（10）：115-118．

［6］ 石会芳．将数学精神融入高职数学课程思政教学的探索［J］．职业技术，2020（12）：41-46．

［7］ 石会芳．将"工匠精神"融入高职数学课教学改革探索［J］．数学学习

与研究,2020(11):20-21.

[8] 职教界. 改革中国式职业教[EB/OL]. (2019-08-29)[2021-09-18] https://www.sohu.com/a/337328781_497872.

[9] 张红. HPM融入高中导数教学的行动研究[D]. 上海:华东师范大学,2017.

[10] 杨蓓. "三全育人"视域下高职数学类课程学习管理问题探析[J]. 广西教育,2018(47):152-153.

[11] 同济大学数学系. 高等数学[M]. 北京:高等教育出版社,2014.

产教融合背景下铁道机车专业课程思政的实施现状分析与路径构建

李施其[①]

【摘　要】高职院校"课程思政"体系是引导全院各院系专业教师将思想政治教育内容与其所授课程内容结合起来。本院重点培养的是铁道运输类、城市轨道运输类技术技能人才，肩负着提升行业技术技能水平及维护国家轨道交通领域安全稳定的重任，探索构建铁路高职院校"课程思政"实施路径，将思想政治教育内容融入专业课程教学，结合面向岗位挖掘思想内涵和德育素养，提高学生职业技能、职业道德、职业安全意识。

【关键词】"产教融合"；"课程思政"；铁路高职院校；构建路径

"产教融合、校企合作"是职业教育基本办学模式，2017年10月写进了党的十九大报告；2019年7月，习近平总书记主持召开中央全面深化改革委员会第九次会议，审议并通过了《国家产教融合建设试点实施方案》，标志着将在更大范围、更深层次推进产教融合、校企合作；2020年9月，教育部等九部门印发的《职业教育提质培优行动计划（2020—2023年）》指出："落实全员全过程全方位育人，引导职业学校全面统筹各领域、各环节、各方面的育人资源和育人力量，教育引导青年学生增强爱党爱国意识，听党话、跟党走。引导专业课教师加强课程思政建设，将思政教育全面融入人才培养方案和专业课程。"

铁道机车专业是面向铁路机务段、高速动车组检修基地等铁路一线运用单位，应培养学生成为掌握电力机车、高速动车组基础知识和列车驾驶、检修能力，并在铁路运输生产的第一线从事机车驾驶与检修等工作的高素质技能型人才。铁道机车专业为我国铁路建设提供大量人才支撑，以立德树人为根本任务，德技并育引导学生树立正确的"三观"、精通专业技术技能，为建设交通强国、实现现代化强国做好人才保障，因此课程思政对人才培养起到引领作用。校企合

---

① 李施其：重庆公共运输职业学院轨道交通学院教师。

作模式、"2+1"订单培养模式、现代学徒制培养模式使人才的专业性和技能性不断提高，但是员工的吃苦耐劳精神和行业认知还有待提高。强化产教融合背景下的铁道机车专业课程思政教育教学探索，有助于培养铁道机车专业的专业人才，促进铁路行业的发展。

一、铁道机车专业课程思政建设的现状与问题

铁道机车专业作为与中国铁路成都局集团有限公司紧密合作办学的专业，其人才培养模式经历了多次更新、调整与完善。面对新的环境要求，从业人员不仅要有过硬的专业技能，更要有较高的政治觉悟、较好的文化修养和良好的职业道德，才能在工作过程中体现大国的形象与风格。在产教融合、校企"双元"育人模式下，对铁道机车专业人才的培养，需要多方联动，加强思想政治教育，推进课程思政，提升铁道机车专业人才的道德修养与综合素养。当前高职院校因学生在校时间不长，更多时间用于专业课的学习，在"课程思政"建设方面推动起来比较困难。具体表现为：

1. "课程思政"建设缺乏顶层设计

一些铁道运输类职业院校没有从构建"三全育人"格局的高度来理解课程思政，对于课程思政认识不到位，缺乏顶层设计，没有研究制定相关的保障制度，在制订专业人才培养方案时缺少相关内容。有的学校将推进课程思政的任务交给马克思主义学院或思政课教研室。思政课教师大多不了解专业教学，专业课教师又不了解课程思政，造成课程思政推进较慢。以往专业课教师只关心自己的专业，对于思政知之甚少，至于现在新提的"课程思政"，对其背景、含义、目标和实施策略更是一知半解。

"课程思政"支持服务体系尚未建成，依靠学校呼吁和教师自觉之外通过制度保障各课程教师主动参与"课程思政"建设的改革力度不大，示范课建设推进乏力。

2. 在实施过程中方法简单生硬

目前，从一些学校的实践层面看，有些做法过于"生硬"。

其一，因不懂而生搬硬套。专业课教师长期从事于本专业的教学，很少涉猎思政专业知识，更不会形成系统知识。例如，有些专业课教师，在上专业课之

前，把"新闻联播"的一些内容照搬到课堂上，对"新闻联播"的有关内容与专业课的关系不做阐述。

其二，因不懂而本末倒置。有的专业课教师为了突出思想政治教育，自己觉得对思政有所了解，在课堂上大讲特讲思政内容，大有取而代之之势。多年来形成的教学模式，专业老师上课注重专业知识的讲授，在推行"三教"改革过程中，广大教师缺乏对"课程思政"教学改革的能力支持，他们个人对材料的解读和加入思政内容的随机性很强。

3. "课程思政"教学内容和教学资源挖掘难度大

铁道类高职院校的专业课程是根据铁道行业发展需要、企业需求而设置的，多年来形成的教学模式，专业老师上课注重专业知识的讲授，"课程思政"教学内容和教学资源尚待开发和挖掘。目前铁道机车专业，甚至交通运输类专业还没有形成代表性的课程，缺乏系统和深入的考量，尚未形成一个完备的、覆盖各门课程的体系。

二、铁道机车专业课程课程思政改革思路

本文旨在调查重庆市高职院校里专业课程中课程思政实施现状，分析高职院校在专业课程中课程思政开展困难的原因。以我院铁道机车专业为例，在"校企合作，产教融合"背景下，深入企业调研，挖掘与本专业工作岗位相关的思政元素案例，建立铁道机车专业课程思政元素库；再与思政课程老师共同探讨，如何将思政元素结合当代社会主义精神，更合理地融入铁道机车专业课程教学过程中，形成客观有效的课程思政评价体系，然后完善铁道机车专业课程标准中素质目标培养过程及评价，进一步细化铁道机车专业人才培养方案中的素质目标。以铁道机车专业一门专业课进行试点改革，探索专业课程思政践行模式，以"点到线、线到面"的方式推广，实现铁道机车专业所有专业课程思政改革，进而为学院其他专业的专业课程思政改革奠定研究基础。

三、铁道机车专业课课程思政改革措施

（一）重构育人体系与教育模式，完善整体规划和管理模式

课程思政与思政课程最大的区别在于课程思政不是一门单独的课程，而是在

所有的课程中增加德育元素和德育目标，实现全员德育、全程德育的思想政治教育目标。因而，这就要求在所有课程增加德育内容。构建育人体系与教育模式是推进"课程思政"的基础和前提。在铁道机车的专业课程教学中引入思政育人理念，确定思政育人目标，凝练思政育人元素，探索思政育人方法，寻求二者的契合点，加强习近平新时代中国特色社会主义思想对专业教育的指导作用，如理论教学方面培养崇高的职业理想、科学的职业观念、良好的职业道德、正确的职业行为等。此外，还可以利用与铁路企业联系紧密的优势，在专业课中强化"劳模精神""工匠精神"的培养，实践教学方面开发工匠精神教学资源、建设实践基地、开展社会服务、加强实习实践指导等。通过将社会主义核心价值观教育贯穿到铁道机车专业教学的各个层面，重构育人体系与模式，为推进"课程思政"建设提供支撑和保障。

（二）基于产教融合深入挖掘现场资源，建立专业课程思政元素教学案例库

任何专业课程都蕴含着丰富的思想政治教育待开发的"课程思政"元素，结合企业岗位要求更能让学生激发爱国热情、感受社会责任感、提升民族文化自信、增强爱岗敬业精神。课程思政的价值就在于充分发掘专业课程潜在的思想政治元素，需要专业教师在传道、授业、解惑过程中，结合企业岗位要求将专业课程中所蕴含的思想政治教育功能开发出来，相对于思政课程，具有专业性的课程思政更能感染学生、更能激发起学生的共鸣。根据现实岗位中的现场案例和岗位素质要求，结合当代社会主义精神，建立铁道机车专业的专业课程思政元素库，为实施专业课程思政改革奠定理论基础。

1. 深入企业调研，挖掘专业相关岗位思政元素

基于产教融合，专业课程教师主动深入到企业岗位中去完成调研，与现场技术人员沟通交流，加强校企合作中的互帮互助，探讨如何培养出符合社会需求、满足企业要求思想觉悟过硬的专业技术性人才。在实际工作岗位中，专业课程教师要清楚岗位专业知识技能要求，提升自身专业能力，思考在专业课程中如何教学生将专业知识应用在实际生产过程。专业课程教师还要了解岗位中的职业素养要求，深入挖掘岗位相关思政元素，与企业专家共同探索如何将课程思政在专业课程中实施，提升学生的思想政治觉悟，实现"知识传授与价值引领"并重。

2. 与思政课程教师探讨，建立专业课程思政元素库

首先，集中马克思主义理论学科和铁道机车专业课程骨干教师力量，共同探讨解决思想政治教育中的现实问题，结合企业调研挖掘的岗位现场思政元素案例，深入分析案例，提取其思想政治育人观点，建立铁道机车专业课程思政元素库。

其次，马克思主义理论学科与铁道机车专业学科教学、科研双向融合和共建方式，提升铁道机车专业教师常态化思政教学能力，结合时事更新核心专业课程思政元素库内容，供铁道机车专业相关课程教学使用。让思政课教师融入专业群建设中，高职学校马克思主义学院或中职学校思政课教研室派思政课教师深入专业群，就专业课如何实施课程思政，挖掘本专业的育人因素与专业课教师共同研究，提出每一门专业课具体的思想政治教育的"点"，切实把思政内容融入各类专业建设中。

（三）探索有效方式方法，落实专业课程思政改革

"课程思政"的改革不是增设几项学生参与的活动，或者是在专业课程课堂上讲几句口号式的语言那样简单，需要把思政教育元素通过"转基因"方式植入专业课程中，重新改造专业课程的方式、方法，使教书育人所蕴含的真谛在课堂教学主渠道中得以贯彻、落实。要遵循专业课程的知识逻辑性，遵循大学生思想观念发展变化的一般规律，再具体结合企业岗位的特定职业素养，提炼"课程思政"，创立新课程，让课程思政起立德树人的教育效果，能够达到"随风潜入夜，润物细无声"的效果。

1. 基于产教融合组建课程思政研讨小组，优化素质目标

人才培养方案是高校教育完成"培养什么人、怎样培养人"的指导方向，校企合作共同完成人才培养方案的制定应根据企业岗位技能要求，明确人才培养方案的知识目标、技能目标，以及培养的方式方法。组建铁道机车专业课程思政研讨组，由企业专家为岗位职业素养进行指导，以岗位要求为核心细化人才培养方案中的素质目标，进一步优化专业课程标准的素质目标。校内思政课程教师为思想政治指导，结合社会主义核心价值观明确教育主要方向和思政目标；专业课程老师以铁道机车专业的核心专业知识为主线，结合企业专家、思政课程教师的指导意见，确定铁道机车专业课程标准中的素质目标。

2. 策划课程内容，将专业知识点与课程思政元素巧妙结合

明确教学目标后，内容的合理设置是核心环节，课程内容是课程思政建设的前提、基础与条件，缺乏优质的课程内容，那么课程思政就会成为无水之源。因此实施过程以具体知识点为引导进行思政教育，达到潜移默化的效果。

在课程思政实施过程中，任课教师的专业素养和职责分工显得尤为重要，需要各有侧重，各有衔接，各有递进，将社会主义核心价值观贯穿在德育目标实现的全过程，将社会主义核心价值观的三个层面纳入课程思政教育，三个课程体系、三个贯穿目标相辅相成，共同促进。具体内容如下所示：

（1）公共必修课贯穿国家层面价值取向。公共必修课涵盖毛泽东思想和中国特色社会主义理论体系概论、马克思主义基本原理、思想道德与法治、中国近现代史纲要等核心课程，是提高学生素质的必修课，其引导学生全面学习和掌握中国的过去、现在和未来，德育主线贯穿爱国主义教育，培养学生成为合格的社会主义接班人。

（2）专业基础课贯穿社会层面价值取向。铁道机车专业必修课由铁道概论、电工电子技术、机械基础等理论性较强的课程组成，其培养学生扎实的理论基础，了解铁路行业的发展现状和主要趋势，德育主线贯穿教育的全过程，从而促进学生客观、公正、理性地分析行业的发展及其社会影响，培养理论素质过硬的行业人才。

（3）专业课和实践课贯穿个人层面价值取向。铁道机车专业课涉及行业范畴内各职业各岗位的具体工作职责和工作内容，与实践教学、企业实习等内容相结合培养学生的专业技能和实操能力，培养学生诚信友善、爱岗敬业的品质，其将深化到学生从行业认同感到职业精神、职业道德的内涵教育。

（四）探索客观评价方式，完善专业课程标准

探索专业课程标准中素养目标可量化的评价方式方法，逐渐形成客观有效的课程思政评价体系，确保课程思政能够持续发展。进一步完善铁道机车专业课程的课程标准中素质目标及评价标准，再细化铁道机车专业人才培养方案中素质目标的培养内容，为社会和企业培养出德智体美劳全面发展的社会建设者和接班人。

1. 量化课程思政评价标准，确保课程思政有效实施

对接企业岗位的素质要求及考评方式，与思政课程教师共同探讨，探索课程

思政评价标准，将原有的主观评价改变为可量化的客观评价，从而检验专业课程思政改革效果。将专业课程的素质目标细化到每一个点的课程思政元素上，对其课程评价中的素质目标进行量化，让课程思政的结果更具体更客观。同时，可进一步邀请企业专家共同参与课程思政考核，探索学生在校考核模式与学生到岗后考核标准的共性，找出适合专业课程思政的评价体系。

2. 完善专业课程标准，细化专业人才培养方案

结合探索的专业课程思政评价体系，对铁道机车专业的核心专业课程标准中素养目标进行完善，不仅需要对知识目标、技能目标进行客观的评价，还需完善对素养目标进行客观有效地评价，进而结合企业岗位基本职业素养要求，细化铁道机车专业人才培养方案中素质目标的培养内容，保证培养的专业技能人才有过硬的专业知识技能，有着较强的思想政治觉悟，为社会和企业培养出德智体美劳全面发展的社会建设者和接班人。

（五）研究专业课程思政实施路线，推进学院其他专业共同改革

以铁道机车专业一门专业课为改革试点，形成专业课程思政示范课。在铁道机车专业其他课程中，结合铁道机车专业课程思政元素库，将课程思政融入专业课程中，"由点到线"对铁道机车专业所有专业课程进行课程思政改革。以铁道机车专业的课程思政改革为基础，从中总结专业课程思政践行模式，"由线到面"为其他专业课的思政改革提供借鉴。

四、结语

习近平总书记在全国高校思想政治工作会议上指出："各类课程与思想政治理论课同向同行，形成协同效应。"铁路高职院校要深刻领会贯彻总书记讲话精神，将思想政治教育内容有机融入专业教育教学过程中，落实立德树人的根本任务，提高在校学生思想政治素质。铁路职业教育在专业课程教学的过程中融入思政教育，是培养高素质铁路人才的重要途径。专业课程根据教学内容和教学特点，利用先进的教学理念、方法、手段，将思政教育贯穿教学中，充分发挥其教书育人的作用，为铁路事业培养德才兼备的高素质复合型技术人才。在专业课课程教学中，引用思政元素，可以激励学生树立学好专业的决心，让学生牢记使

命：做好学生本职工作，努力学习高速铁路客运组织专业知识与技能。同时引导学生关心国家大事，增强社会责任感，确立正确的人生理想并为之奋斗，共同实现伟大的中国梦。

参考文献

[1] 顾天鸿、吴世迪、何颖．"金课"建设促进知识、能力、素质培养的探索与实践——以《铁路行车组织》课程改革为例［J］．教育现代化，2019，6（58）：42-43．

[2] 张烁．用新时代中国特色社会主义思想铸魂育人贯彻党的教育方针落实立德树人根本任务［N］．人民日报，2019-03-19．

课程思政建设与探究
——以城市轨道交通车辆检修为例

刘小霞[①]

【摘　要】深度挖掘各门课程中所蕴含的思想政治教育资源，提炼出专业课与思政教育元素的契合点，以灵活多样的教学活动设计，将专业基础知识的学习、学生能力的培养与社会主义核心价值观引领高度融合、有机统一起来，融入课程教学的各环节、各方面，实现从知识传授到价值引领的升华，达到润物细无声的育人目标。

【关键词】课程思政；"双师型"教师队伍；新型技能人才

　　随着教育体制改革深化和素质教育理念的推行，高校教育开始更加注重对学生全方位综合素质的培养，尤其更加注重高校思想政治课程的教育效果。作为高校，本身就承担着立德树人的重要任务，同时从社会实际需求与和谐稳定方向进行重点思考，如何培养出一批具备全面且高综合素质的社会主义事业的建设者，这也是目前全国高校思想政治工作的要点之一。构建一个系统、全方位、长期的思想政治教育体系，是新时代高校教学改革的重要内容，高校教育的基本职能是进行优秀人才的培养，核心要务不仅是将专业技能传递给学生，还应该坚定"如何培养人才，培养什么样的人才和为谁培养人才"的发展方向。所以，高校教师必须要重视课程思政的构建。

　　如何对大学生的人生观、世界观、价值观进行全员、全方位、全过程的正确引导，促进学生在德、智、体、美、劳等方面更高质量地全面发展，不是高校思想政治理论课教师孤军奋战就能实现的。在专业课程中开展课程思政教育意义重大。各类课程教师需要充分做好课程思政建设，深度挖掘各门课程中所蕴含的思想政治教育资源，以思政课为主渠道、主阵地，推动课程思政全覆盖，形成协同育人机制，构筑"三全育人"大格局，实现思政课程与课程思政

---

① 刘小霞：重庆公共运输职业学院轨道交通学院教师。

同向同行。针对高校课程思政工作开展模式进行不断创新研究，并予以实践，在实践当中完善优化，从而为社会和国家培养更多具备高素质、高水平的人才。

随着课程思政从地方实践探索转化上升到国家战略并在全国部署推广，各大高校纷纷开展了课程思政的探索研究，本文以城市轨道交通车辆检修为例，探讨课程思政改革路径及方法。

一、课程教学目标与课程思政目标相契合

课程思政实质上是一种课程教学改革，不是增开一门课，也不是在课程中机械教条地专门安排思政教育内容，而是结合课程特点，挖掘课程内在的思政教育元素和资源，找准专业课与思政教育元素的契合点，在不影响专业课程讲授的过程中，以灵活多样的教学活动设计，将专业基础知识的学习、学生能力的培养与社会主义核心价值观引领高度融合、有机统一起来，融入课程教学的各环节、各方面，实现从知识传授到价值引领的升华，达到润物细无声的育人目标。

城市轨道交通车辆检修的教学目标是培养德才兼备的城轨车辆检修新型技能人才。本课程总体设计思路是以城市轨道交通车辆检修专业相关工作任务为线索构建任务引领型课程。将大国工匠的事迹、技术技能创新成果融入教学中，以工作任务和工作过程为载体设计任务模块，基于完整的职业行动和岗位任务设计教学内容，并对接国家职业技能标准。重点培养学生的爱国主义、职业意识、担当意识、大局意识和心理素质，使学生具备从事城市轨道交通电动列车检修的基本能力，掌握城市轨道交通电动列车几大检修项点的要领。教学中应体现"在工作中学习，在学习中工作"的理念，课程的教学内容根据城市轨道交通电动列车检修的具体工作过程所涉及的技能组合成工作任务模块，由简至繁、由浅至深，在工作过程中完成教与学，并在其中寻找与社会主义核心价值观、家国情怀、工匠精神、中国传统文化等相关德育元素的触点和融点，通过相关教学素材的设计，将"读万卷书"与"行万里路"相结合，在实践中增长智慧才干，在艰苦奋斗中锤炼意志品质，让学生通过学习，掌握事物发展规律，通晓道理，丰富学识，增长见识，塑造品格，成长为德智体美劳全面发展的高素质技术技能人才。

二、"双师型"教师队伍建设，助力课程建设

借助学院校企合作平台，构建"双师型"教师队伍。充分发挥企业以及行业资源，基于企业资源和行业资源打造专业化的教师培养平台，培养"双师型"教师特色优势。在城市轨道交通车辆检修——城轨车辆检修概述的教学中，安排有丰富企业工作经验的老师，通过讲授城市轨道交通的发展，让学生更深切地体会城市轨道交通的企业文化，让学生感受社会主义核心价值观承载着一个民族、一个国家的精神追求，引导学生做社会主义核心价值观的坚定信仰者、积极传播者、模范践行者。在教学过程中，坚持以服务"交通强国"为宗旨，围绕国家轨道交通发展规划服务地区经济发展，结合大国工匠、轨道公司人物事迹等实际案例的"正面教育与纪律约束相结合"，开展相关课程思政元素的教学探索，进一步更新职业教育教学理念，提升他们对教学活动的计划、组织、实施和控制能力。

三、创新教学方法融入课程思政改革

（一）选择有效地教学组织形式

课堂教学是课程思政的主渠道，传统的课堂教学一般采用讲授法，难以发挥学生主观能动性，在课程思政实施过程中，学生不介入，不思考，很难使课程入脑、入心。因而课程思政建设必须对传统的教学模式进行创新，用最佳形式展现我们的课堂内容，将思政元素很好地渗透到专业教学中。在教学活动中鼓励学生的积极参与和体验，采用案例分析讨论、经典阅读、社会调查体验、专题辩论、网络资源共享等灵活多变的教学方法。城市轨道交通车辆检修是城市轨道交通车辆技术专业的一门实践性专业核心课程，课程的教学内容根据城市轨道交通电动列车检修的具体工作所涉及的技能组合成工作任务模块，由简至繁、由浅至深进行项目化教学。根据每个模块的教学内容特色设计不同的教学方式进行授课，使得城轨车辆检修课程思政教学内容丰富多彩、生动有趣，提升课程思政的教学效果。比如在城市轨道交通车辆检修——验电接地项目教学中，以分组的形式展开。老师通过现场讲述，使学生分组进行实操考核，考核过程中针对各步骤的严格评分检验学生操作规范，使学生更具岗位使命感和责任仪式感。整个的评分过程需要两位学生合作完成，让学生在掌握专业技能的同时也培养工作岗位所需要

的组织协调能力和团队协作能力，提高学生的语言表达能力和沟通水平。

（二）线上线下混合式教学

充分发挥线上线下混合式教学的优势，打通课堂内外融合，拓展课程教学空间。通过在线教学平台上传影视资料、微课视频及行业相关热点话题等教学资源，设置相应的教学活动，采用分组讨论、阶段性测评等方式，引导学生深度参与课程学习，在思考和争鸣中寻求正确的人生观，培养综合素质，激发学习热情。在项目化教学的各个模块中强化课程思政教育，使学生在学习专业知识的同时，在学习过程中体悟人性、弘扬人性，完善修养，培育理性平和的心态。

（三）建立动态优化的课程思政过程考核和结果考核机制

课程思政评价方式的设置，不仅要关注学生思政教育的结果，也要关注学生思想意识的形成和发展过程。城市轨道交通车辆检修作为城市轨道交通车辆技术专业的一门专业实践核心课程，以城市轨道交通车辆检修为线索构建任务引领型课程，每一个任务模块中都很好地融入了以"立德树人"为主要任务的课程思政元素，充分发挥了该课程的德育功能，提炼城市轨道交通车辆检修课程中蕴含的文化基因和价值范式，在"润物细无声"的知识学习中融入理想信念层面的精神指引。项目式的教学决定了过程性考核的重要性。过程性考核可以强化课程思政的教学效果，在教学过程中，将含有思政元素的任务放置在各个环节，以多种方式设置学习任务，如调研报告、热点分析、随堂测试等，以过程性考核和结果性考核占比来分配相应比例的分值。考核兼顾知识考核与能力考核，侧重于知识的具体应用，突出考核实效性。

总之，作为高校，构建一个系统、全方位、长期的思想政治教育体系，是新时代高校教学改革的重要内容。所以高校教师必须要重视课程思政的构建。专业课程教师在做好专业技能传授的同时，需要深度挖掘各门课程中所蕴含的思想政治教育资源，推动课程思政全覆盖，形成协同育人机制，助力"三全育人"。针对高校课程思政工作开展模式进行不断创新研究和实践，在实践当中完善优化，从而为社会和国家培养更多具备高素质、高水平的技能人才。

参考文献

［1］高锡文. 基于协同育人的高校课程思政工作模式研究——以上海高校改革实践为例［J］. 学校党建与思想教育, 2017（24）：18-20.

［2］刘允峰, 刘中杰, 周津, 等. 课程思政同向同行提升铸魂育人功能［J］. 创新创业理论研究与实践, 2020, 3（21）：45-47.

［3］彭清, 张慧. 基于协同育人的高职"课程思政"工作模式研究——以机电一体化专业为例［J］. 现代教育论坛, 2018（1）：18-19.

［4］许琼波. 基于协同育人机制的高校课程思政建设研究——以某高校"工程项目管理"课程为例［J］. 教育现代化, 2019, 6（37）：225-226, 253.

［5］张焜. 深化课程思政, 助力铸魂育人——以医学伦理学为例［J］. 现代职业教育, 2021（36）：36-37.

［6］陈超. 校企合作背景下高职院校高等数学课程思政的实践探究［J］. 中外企业文化, 2021（06）：157-158.

第二部分

实践成果篇

中国教育报

迎来送往服务旅客,重庆公共运输职业学院
——春运"第二考场",学生练真功

本报记者 胡航宇　　通讯员 刘胜江

《中国教育报》截图

■ 关注师生寒假生活

站在重庆沙坪坝火车站的出站口，重庆公共运输职业学院轨道电气系城轨信号专业2018级（1）班学生刘芹协助车站工作人员，对旅客进行验票出站、补票和站内外公交、轨道交通换乘咨询等服务。从早上8点到晚上11点，她不辞辛劳，面带微笑地送走一拨儿又一拨儿旅客。"希望旅客归乡的急切心情与我们的饱满热情相遇"，刘芹笑着说。

这是一场"赶考"。连日来，和刘芹一样到春运一线参加"考试"的有1 000多名学生，他们分布在重庆北站、重庆西站、菜园坝站、沙坪坝站等客流密集的车站，重庆客运段北京、广州、上海车队和成都客运段相关车队，重庆城区轨道、长江索道等春运一线，为出行旅客提供购票咨询、方位引导、行李搬运、老幼及残障等特殊旅客陪护、交通文明宣传等服务，协助工作人员做好验票补票及秩序、卫生维护等工作。

重庆公共运输职业学院党委书记彭超介绍，在春运、暑运最繁忙地段设"第二考场"，重在考查学生公共交通运输专业思想、服务技能、安全规范、服务意识等是否牢固树立，帮助学生在实践中应用、检验课堂所学，达到学以致用、以考促学的目的。

在抓好日常教学和专业思想教育的基础上，学院积极备考这场特殊的考试，每年都要面向参加春运志愿服务全体学生和带队教师，开展春运志愿服务专项培训，内容主要包括服务流程、规范、安全、纪律、礼仪、着装等，并在校内全国城轨与高铁技术共享实训基地开展模拟实操训练。

春运大幕开始前，学院还协调相关合作企业，分批组织期末复习考试前后无课和无考学生，到重庆城区铁道、轨道、索道，重庆、成都客运段相关车队等准春运一线，开展跟岗见习，尽快熟悉相关业务流程，为春运志愿服务做好充分准备。

在充分调研、反复论证的基础上，学院构建了"学生职业素质教育积分体系"，把春运、暑运志愿服务纳入其中，作为一项重要的考察内容。春运结束后，学院相关部门会按照该积分体系，根据在志愿服务期间表现，结合学校和合作企业带队教师评价、旅客的反馈意见，对每名学生做出客观评价。

截至目前，重庆公共运输职业学院已连续6年在春运、暑运一线设"第二考场",共开展服务公共交通的寒暑假社会实践累计38个项目,参与社会实践服务活动学生2万余人次,教师600余人次。参与成都铁路局重庆客运段的铁路春运(暑运)服务,累计服务里程130万公里,累计服务3 000余趟次,累计服务时长15万小时,服务铁路出行旅客1 200万人次。

(来源:《中国教育报》2020年1月23日2版)

新浪网

春运首日：百余位志愿者暖心服务 温暖旅客回家路

【摘　要】2020年1月10日，是2020年春运第一天，为保障旅客顺利出行，重庆西站通过增加站内工作人员、志愿者等多种方式，强化服务，温暖旅客回家路。

2020年1月10日，是2020年春运第一天，为保障旅客顺利出行，重庆西站通过增加站内工作人员、志愿者等多种方式，强化服务，温暖旅客回家路。

10日上午，重庆西站上演了快闪活动，为春运首日助威。

在重庆西站候车厅，重庆西站和重庆公共运输职业学院的83位同学们联合带来了龙鼓表演、走秀表演、舞蹈表演、武术表演等，将活动的气氛推向高潮，赢得现场旅客朋友们连连称赞，展现青春风采，为即将踏上春运旅途的人们送上新春祝福。

重庆公共运输职业学院2020年春运志愿者（1）

此外，车站百余位"暖冬行动"志愿者的身影无处不在，他们用心为旅客排忧解难，服务返乡农民工，在出站口、进站口帮助返乡农民工运输行李，引导旅客出行。全天候受理旅客服务需求，对老幼病残孕等重点旅客，提供进出站、上下车"一条龙"帮扶服务。让回家之路充满温暖。这群暖冬行动的志愿者，有一个温暖的名字："站小青"，他们是来自重庆公共运输职业学院的同学。

重庆公共运输职业学院2020年春运志愿者（2）

值得一提的是，重庆西站专门开设了母婴爱心小屋，西站工作人员以及重庆公共运输职业学院的志愿者，在此为母婴提供爱心服务。以"四点半"课堂志愿服务为依托，在车站候车室母婴爱心小屋开展志愿服务，主要服务内容为母婴服务、爱心陪读、新春手绘等特色活动，打造有趣生动的母婴爱心小屋。使有孩子的旅客，在这里感受到放松和温暖。

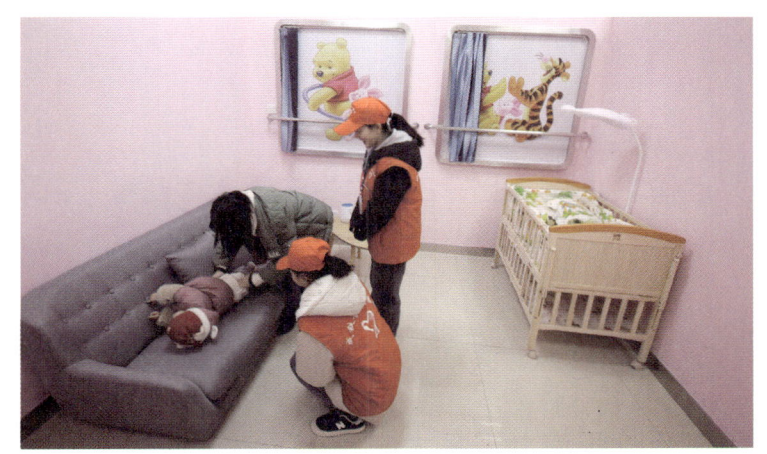

重庆公共运输职业学院2020年春运志愿者（3）

在重庆北站，也有志愿者忙碌的身影。有两位老人车票上显示应该在重庆站（菜园坝）上车，但是却来到了重庆北站。来自重庆公共运输职业学院的志愿者万鑫同学见状，上前询问是否需要帮助，得知两位老年人不知如何去重庆站（菜园坝），志愿者万鑫同学就拿出身上到的笔记本和笔，将从重庆北站到重庆站（菜园坝）的轨道交通路线写给了老人，并且着重标明了换乘站，把两位老年人送到轨道交通站台才放心离去。

重庆公共运输职业学院2020年春运志愿者（4）

华龙网

重庆公共运输职业学院上千名大学生志愿者"备考"2020春运

 教育频道>

重庆运输职院上千名大学生志愿者"备考"2020春运

2020-01-07 11:54:14　来源：华龙网-新重庆客户端　0 条评论

分享

　　华龙网-新重庆客户端1月7日11时12分讯（通讯员 刘胜江）为做好即将到来的2020年春运相关志愿服务工作，2019年11月下旬以来，重庆交通开投集团所属重庆公共运输职业学院1100多名在校大学生志愿者，经过誓师授牌、专项培训、模拟演练、跟岗实习等方面的磨炼，已经充分做好了迎接春运"大考"的各方面准备。

2018—2019学年学生表彰大会暨2020年寒假社会实践出征仪式

华龙网—新重庆客户端1月7日11时12分讯（通讯员 刘胜江）为做好即将到来的2020年春运相关志愿服务工作，2019年11月下旬以来，重庆交通开投集团所属重庆公共运输职业学院1 100多名在校大学生志愿者，经过誓师授牌、专项培训、模拟演练、跟岗实习等方面的磨炼，已经充分做好了迎接春运"大考"的各方面准备。

据学院分管副院长刘畅介绍，这1 100多名同学，是在同学自愿报名的基础上，经专业院系和相关职能部门层层把关后确定的。

"他们根据不同的服务区域和内容，组成了学院2020年春运志愿服务活动及社会实践10支建制团队。"刘畅说。10支队伍主要包括：重庆车务段社会实践服务队、重庆车站"暖冬行动"志愿服务队、重庆车站"黄马甲"社会实践服务队、成都客运段社会实践服务队、重庆轨道"红马甲"志愿服务队、重庆索道"红马甲"志愿者服务队、"青春智能号"北京车队、"铁甲京广号"广州车队、"雷神支援号"上海车队等。

为使参加春运志愿服务的青年学生能够为返乡旅客、游客提供精准、周到、细致、温馨的服务，提升专业技能，11月下旬以来，学院采取一系列措施积极"备考"：举行专门誓师大会，为10支参加春运志愿服务及寒假社会实践活动的学生建制团队授旗，面向参加春运志愿服务全体同学和带队教师，开展春运志愿服务专项培训，内容主要包括服务流程、规范、安全、纪律、礼仪、着装等，并在校内城轨与高铁技术共享实训基地开展模拟实操训练。

为帮助青年志愿者尽快熟悉相关业务流程，学院相关部门还协调相关合作企业，分批组织期末复习考试前后无课和无考学生，到铁道、轨道、索道等春运一线开展跟岗见习，为即将到来的春运志愿服务做好充分准备。

央广网

160余名青年志愿者服务春运　让旅客出行体验更美好

重庆公共运输职业学院志愿者（1）

重庆公共运输职业学院志愿者（2）

重庆公共运输职业学院志愿者（3）

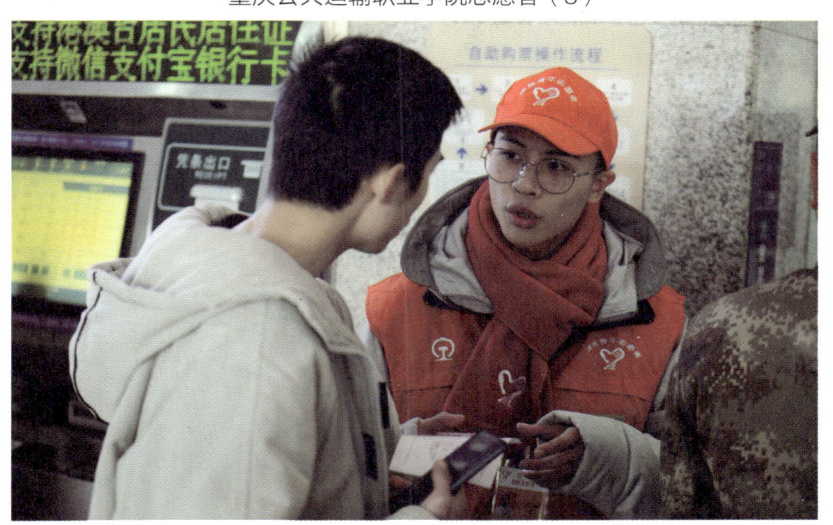

重庆公共运输职业学院志愿者（4）

央广网重庆1月17日消息（记者　赵聪聪　通讯员　库国静）　为提升2020年春运旅客服务质量，重庆火车站招募了160余名青年志愿者在重庆站、重庆西站、重庆北站、沙坪坝站的进站口、候车厅、售票厅等处，为旅客提供信息咨询、便民针线、爱心药箱、重点旅客帮扶、电子客票宣传、服务返乡农民工、儿童爱心陪伴等服务，竭力让旅客出行体验更美好。

华龙网

建校10周年丨重庆公共运输职业学院举办"百年育桃李 扬帆再起航"成果汇报演出

建校10周年丨重庆运输职院举办"百年育桃李 扬帆再起航"成果汇报演出

华龙网-新重庆客户端
2020-11-26 20:28 浏览量 4.8万+

华龙网-新重庆客户端11月26日20时23分讯（通讯员 陈立均 文月工）11月25日下午，重庆交通开投集团所属重庆公共运输职业学院在江津双福主校区，举办建校10周年"百年育桃李 扬帆再起航"成果汇报演出，以歌舞、小合唱、情景剧、礼仪操、艺术体操、时装秀等多种艺术形式，回顾难以忘怀的过去十年的成就与辉煌，用喜悦的心情和欢歌笑语迎接新的十年的到来，激发师生继往开来、扬帆再起航的决心意志。

华龙网截图

重庆公共运输职业学院举办"百年育桃李 扬帆再起航"成果汇报演出

华龙网—新重庆客户端11月26日20时23分讯（通讯员 陈立均、文月工） 11月25日下午，重庆交通开投集团所属重庆公共运输职业学院在江津双福主校区，举办建校10周年"百年育桃李 扬帆再起航"成果汇报演出，以歌舞、小合唱、情景剧、礼仪操、艺术体操、时装秀等多种艺术形式，回顾难以忘怀的过去十年的成就与辉煌，用喜悦的心情和欢歌笑语迎接新的十年的到来，激发师生继往开来、扬帆再起航的决心意志。

演出在典型舞蹈表演《周年颂》中拉开序幕，分上、下两个篇章进行。

在上篇"乘风腾细浪"的演出过程中，节目组巧妙抽取10年发展历程的几个侧面，以点带面彰显办学成果。

其中，大型龙狮表演《龙腾狮跃庆丰年》，展现运输职院人从无到有、从小到大、由弱变强创业发展历程；视频《交通教育扶贫在路上》体现学校发挥国企办学及自身人才、技术优势，大力实施交通教育扶贫工程取得的丰硕成果；礼仪操《文明交通，如沐春风》，通过再现岗前形象自检、安全检查、票务服务、礼貌送别等交通礼仪，展示学校不断加大传统礼仪文化和现代交通职业规范教育，为交通行业输送一大批素质过硬、知书达礼的交通技术技能人才取得的成效；女声独唱《一路同心》，则很好反映了学校坚持走开放办学的路子，与"一带一路"沿线国家28所院校合作，先后举办"缅甸仰光省公共交通高级管理研修班""泰国高铁技术培训班"，合作项目被教育部《中国高等职业教育质量年度报告（2018）》作为典型案例收录等开放办学成果；而配乐诗朗诵《重庆公共运输职业学院赋》，则将十年办学艰辛、辉煌成就和文化建设成果演绎得淋漓尽致。

在下篇"扬帆再起航"的演出中，节目组通过几个精心设置的节目组合，以小见大凸显全校师生继往开来、砥砺前行、干事创业的自信与豪迈。

其中，歌舞《平凡天使》用动人的歌声、优美的舞姿，展现包括学校每位师生员工在内，全体重庆交通开投人众志成城，坚决打赢疫情防控阻击战，获评全国抗击新冠肺炎疫情先进集体的英雄壮举；艺术体操《步步高》展示学校采取课堂教学、社团建设、活动牵引等形式，强化学生的美育教育，取得的良好成效；小合唱《世界因你而美好》，演绎学校为助力打造平安、温馨春运、暑运，每年组织学生志愿者，到铁道、轨道、索道相关站点开展寒暑假社会实践，为旅客提供热情、精准、周到的志愿服务的精彩瞬间；主题时装秀《交通英才竞相绽放》，则在声、光、电、秀的交相辉映中，展示学校在撤销部分与产业对接不够

重庆公共运输职业学院建校十周年成果汇报演出合影　彭露娇/摄

紧密专业，归并一批内容交叉重叠专业，新增一系列社会急需新兴专业的基础上，围绕数字化、信息化、智能化转型，对教学机构设置进行调整，在原来六个教学系部的基础上设置6个二级学院、35个专业，超前布局"十四五"的豪迈；大型歌舞《共筑中国梦》，以磅礴的气势，号召全校师生员工按照十九届五中全会擘画的崭新蓝图，根据学校第二次党代会确定的目标任务，手拉手、心连心，助力交通强国建设，共筑中国梦。

此次成果汇报演出，除本校师生带来的精彩表演，重庆轨道集团、公交集团、轨道集团、交通枢纽集团也选送了情景剧、京剧秀、魔术等多个节目，多方位展现重庆公共交通建设取得的成就、重庆公共交通人的艰辛付出，展现校企携手、协同育人取得的丰硕成果。

演出开始前，重庆交通开投集团党委委员、纪委书记、监察专员李扬致辞，肯定学校深入推进产教融合、校企合作取得的办学成果，认为学校走过了一条从无到有、拼搏奋斗之路，走出了一条具有示范效应的国有大型企业举办高职教育的高质量特色发展道路。学院党委书记彭超从坚持加强党的领导、内涵建设取得新进展，坚持立德树人为根本、思想政治教育实现新进步，坚持人才强校发展战略、师资建设质量得到新提高，坚持高质量发展主线、人才培养质量达到新水平，坚持工学结合产教融合、校企合作达到新高度，坚持学历教育与职业培训并举并重、社会服务取得新突破，坚持开放办学、国际合作办学迈出新步伐，坚持加大办学投入力度、办学条件得到新改善等方面，汇报十年办学成果。

中共重庆江津区委副书记邹云生，重庆市高教学会首席专家张宗荫，市交通局、市国资委、市交通建设工会、江津区教委相关部门，校企合作单位代表，交通开投集团相关部门、单位负责人，学校老领导，学校校长刘东燕、党委副书记李灿等班子成员，全体教师和学生代表，共1 200多人到场观看演出。

华龙网

重庆公共运输职业学院举行"成才杯"优秀学子宣讲活动

华龙网截图

华龙网—新重庆客户端12月4日10时15分讯（郭希诚 涂祖川）为树立"人人有才、人人成才"的教育理念，发扬"文明、诚信、和谐、上进"校风，12月2日，重庆交通开投集团所属重庆公共运输职业学院在学校主校区浮雕广场举行2020年"成才杯"优秀学子宣讲活动。

活动中，12名优秀在校学生代表分别围绕"立德、砺志、励学、力行"4个主题，讲述自己甘于奉献、砥砺前行、刻苦钻研、服务群众的成长经历，倡议在校学子见贤思齐，不负韶华，立足本职、勤奋学习，不惧风雨、奋发图强。

宣讲期间，现场发起"学习榜样，励志成才"倡议签字活动，师生自主进行签名。

据悉，2020年"成才杯"优秀学子评选及宣讲活动经过班级申请、各二级学院评审与学生处审核，最终选拔出56名学生代表。通过组织与筹备，成立2020级"成才杯"优秀学子宣讲团，以进班宣讲、校园宣讲的形式，激励学生展现运输职院优秀学子风采。

重庆公共运输职业学院
400余名师生学党史献爱心无偿献血14万毫升

重庆运输职院400余名师生学党史献爱心无偿献血14万毫升

华龙网-新重庆客户端
2021-05-15 09:59 浏览量 1.6万+

华龙网-新重庆客户端5月15日9时12分讯（通讯员 涂祖川 刘泽运）近日，由重庆交通开投集团所属重庆公共运输职业学院与重庆市血液中心联合举办的"奉献爱心·无偿献血"活动中，学校460余名师生把在党史学习教育中迸发出的热情，转化为献爱心助公益的实际行动，无偿献血14万毫升。

华龙网截图

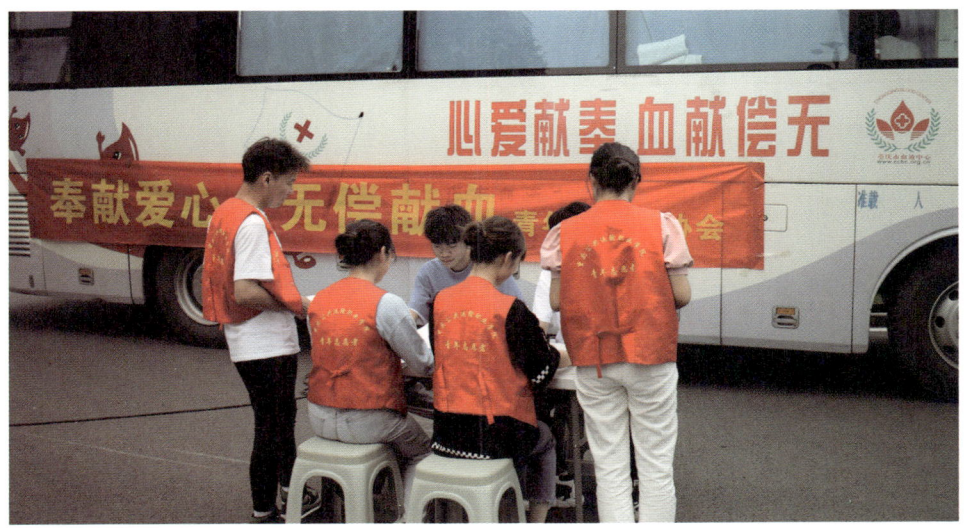

重庆公共运输职业学院师生爱心献血活动

华龙网—新重庆客户端5月15日9时12分讯（通讯员　涂祖川　刘泽运）　近日，由重庆交通开投集团所属重庆公共运输职业学院与重庆市血液中心联合举办的"奉献爱心·无偿献血"活动中，学校460余名师生把在党史学习教育中迸发出的热情，转化为献爱心助公益的实际行动，无偿献血14万毫升。

活动中，学校组织大学生青年志愿者，以线上线下多种方式开展宣传，引导全校师生踊跃报名参加无偿献血。在为期两天的活动中，全校共有461名符合条件的师生成功献血，献血总量达14万毫升。

为确保活动的顺利进行，学校在主校区和新校区献血点储备了充足的营养品，咨询、填表、化验、等候、抽血、休息，所有流程都在医护人员指导下有序进行。学校青年志愿者也在现场耐心解答献血前后的注意事项，协助完成献血师生证书颁发等工作。

中国教育在线

重庆公共运输职业学院举办主题运动会喜迎建党100周年

 首页 > 重庆分站 > 重庆职业教育

重庆公共运输职业学院举办主题运动会喜迎建党100周年

2021-04-09 13:38:00　重庆公共运输职业学院　https://www.eol.cn　分享

阳春三月，万物一新，激情校园，青春绽放。4月8-9日，重庆交通开投集团所属重庆公共运输职业学院在江津双福主校区运动场，举行"凝神聚力心向党 交通强国当尖兵"主题田径运动会，引导全校师生以饱满的精神、昂扬的斗志拼搏赛场，进一步凝神聚力、挥洒激情、发愤图强、放飞梦想，在建设高水平交通运输职业院校征途上书写新的辉煌，以优异成绩庆祝中国共产党建党100周年。

中国教育在线截图

重庆公共运输职业学院举办主题运动会喜迎建党100周年（1）

　　阳春三月，万物一新，激情校园，青春绽放。4月8—9日，重庆交通开投集团所属重庆公共运输职业学院在江津双福主校区运动场，举行"凝神聚力心向党 交通强国当尖兵"主题田径运动会，引导全校师生以饱满的精神、昂扬的斗志拼搏赛场，进一步凝神聚力、挥洒激情、发愤图强、放飞梦想，在建设高水平交通运输职业院校征途上书写新的辉煌，以优异成绩庆祝中国共产党建党100周年。

重庆公共运输职业学院举办主题运动会喜迎建党100周年（2）

重庆公共运输职业学院举办主题运动会喜迎建党100周年（3）

在8日上午举行的开幕式上，举行了庄严的升国旗仪式。各裁判员代表方队、各运动员代表方队迈着矫健的步伐依次入场。他们齐整地从主席台前走过，挥动鲜艳的旗帜与红伞，高举具有爱党爱国主题与各单位特色元素的字符标识，以优美轻柔的舞姿绽放青春活力，展示运输职院人喜迎中国共产党建党100周年的豪迈精神。

据了解，本届运动会赛程两天，全校共有40支代表队，700多名运动员参加各单项和集团项目比赛。

（文/涂祖川　图/彭露娇、库国静）

华龙网

872，4，73，2 920，1 000 000……
一组数据后的劳动教育之歌

华龙网截图

2021年寒假社会实践出征仪式　郭希诚/摄

华龙网—新重庆客户端4月15日17时12分讯（通讯员 陈立均 刘胜江） 872，4，73，2 920，1 000 000，14，凌晨5：40，309……

时间进入一月，重庆的冬日变得愈发潮湿寒冷，年味却逐渐浓起来，学生终于迎来期盼已久的寒假。

然而，在重庆交通开投集团所属重庆公共运输职业学院，有这样一群师生，他们用文章开头的那串数字，记录了独属于他们不同寻常的劳动教育之歌。

启前程

寒假前夕，重庆运输职院学术报告厅里，872名学生聚集于此，他们正在为即将要承担的重庆客运段上海车队、北京车队、京广车队、杭州车队、广州车队、乌鲁木齐、管内车队共计42个班组的志愿服务工作做第4次培训准备。

2021年寒假社会实践（1）

"冬天的列车车厢闷热，搬运行李打扫卫生会出很多汗，但因为疫情原因，不允许每一位同学摘下口罩，必须确保万无一失。"高明洁是学校聘请的专业培训教师，从事职工培训6年。大到学生安全，小到洗手方法，她对带队教师的提醒事无巨细，"今年的春运社会实践是对学生和老师的考验，更要做好岗前疫情防控的培训工作"。

为了尽可能地保证学生在列车上的安全，带队教师在出行前做了大量充分的准备。"学生在车上不能看手机，我就打印了30份列车到站时刻表，准备了感冒药，痢疾药……"教授张渝政64岁，是学校思政教研部部长，也是今年学校春运社会实践年龄最大的带队教师。

"我准备在火车进入芷江站和通道站时，找一节车厢，给学生们讲讲芷江机场和通道会议的故事。"除了对学生生命、财产安全的叮咛，张渝政还准备将思政课搬上火车，让学生既学到知识又锻炼能力。

在路上

九点吃早饭，四点吃午饭，凌晨一点吃晚饭，这是参加社会实践李小洁（化名）在列车上的作息时间。在前往广州的火车上，李小洁（化名）因为饮食不规律，车厢空气不流通，半夜出现呕吐、盗汗等症状。

得知这一消息，带队老师高顺第一时间赶到车厢询问病情。"老师我真的没事，明天肯定能照常上岗，不想告诉您就是怕您太担心"，这位大一的小女孩第一次离家，走入工作实践岗位，热情与真诚冲淡了病痛带来的不适，老师和同学细心地照顾缓解了路途劳顿的疲惫。

除了火车上的社会实践，轨道"红马甲"的身影也活跃重庆北站南、北广场，沙坪坝等15个站点。凌晨5点40起床，乘车1个半小时抵达车站，8小时站立服务，微笑，俯身，指路……这是运输贸易学院1901班的龚胜美第一次参与重庆轨道"红马甲"站小青志愿服务活动。

和她不同的是，成铁2+1信号工二班杨杰已经连续三年参加学校寒暑运社会实践项目了，担任过车长助手，列车售货员，也担任过助理乘务员，就在今年，他如愿成功应聘重庆工电段铁道信号工的岗位。

"社会实践让我把理论和实际结合起来，还填补了一部分专业知识的空白。"杨杰表示，正是多次的实践活动让他更加了解岗位需求，为接下来的学习和选择做好充分准备。

在寒假社会实践总结大会上，项目工作小组负责人古曼筝公布了这样一组数据：本次社会实践由于疫情原因累计出乘14天时间，在整个过程中，0事故、0

投诉，872名同学参与出乘或备乘，73名学生参加了杭州车队的正式补员。轨道"红马甲"站小青志愿服务学生一共有73名，累计服务时长2 920小时，服务旅客1 000 000人次……这是劳动实践教育在校园荡起的最美回响。

协奏曲

据悉，这首重庆运输职院师生合奏的劳动教育之歌，自2015年起开始吟唱，至今已有6年之久。6年来，全校师生参与服务公共交通的寒暑假社会实践项目累计近40个，参与社会实践服务活动学生达到2万余人次，教师达到600余人次。参与成都铁路局重庆客运段的铁路春运（暑运）服务，累计服务里程130多万公里，累计服务3 000余趟次，累计服务时长超15万小时，服务铁路出行旅客超1 200万人次，受到各级主管部门和旅客、游客的交口称赞。

2021年寒假社会实践（2）

学校相关负责人表示，这首师生劳动教育协奏曲，还将以更加强劲高亢的旋律，带领一届又一届学子在实践育人的道路上乘风破浪、扬帆起航！

（图/库国静、郭希诚）

江津区青少年宫

我为群众办实事 | "学党史、强信念、跟党走"江津区青少年走进高校开眼界活动

江津区青少年走进高校开眼界活动

5月16日上午,由共青团江津区委、江津区青少年宫组织50名孩子前往重庆公共运输职业学院开展"学党史、强信念、跟党走"江津区青少年走进高校开眼界活动。

走进校园，孩子们首先观看了大哥哥大姐姐们带来的精彩轨道交通礼仪操，然后进行了党史有奖问答互动，通过党史小知识培养小朋友们的爱国主义情感。

随后，50名孩子分为5个小组，走进全国城轨与高铁技术共享实训基地，依次参观了重庆公共运输职业学院轨道交通信号、城市轨道交通运营控制模拟、城市轨道交通车辆检修、轨道交通车辆电气控制、轨道交通车辆制动等实训室，了解列车驾驶基本技术等知识。

本次活动设置的党史问答，引导广大青少年厚植爱国、爱党情怀，通过实地参观、体验，了解国家公共交通尤其是铁路轨道交通飞速发展取得的成就，亲身感受国家高速发展的交通科技。

短短半天的参观时间，孩子意犹未尽地离去。要特别感谢的是重庆公共运输职业学院团委对本次活动的大力支持，可爱的志愿者哥哥姐姐们耐心的陪伴、细致的讲解。新奇又美丽的校园，我们还会再来！

中国教育在线

重庆公共运输职业学院主题汇报展演献礼建党100周年

中国教育在线 首页 > 重庆分站 > 重庆职业教育

重庆公共运输职业学院主题汇报展演献礼建党100周年

2021-05-28 13:00:00　重庆公共运输职业学院　https://www.eol.cn　　　分享：

　　5月26日晚,重庆交通开投集团所属重庆公共运输职业学院在主校区学术报告厅,以举办"学党史、强信念、跟党走"主题汇报展演等形式,激励青年学生立大志、明大德、成大才、担大任,争当交通强国建设尖兵,以良好的精神面貌和优异成绩向中国共产党成立100周年献礼。

中国教育在线截图

重庆公共运输职业学院主题汇报展演献礼建党100周年现场

5月26日晚，重庆交通开投集团所属重庆公共运输职业学院在主校区学术报告厅，以举办"学党史、强信念、跟党走"主题汇报展演等形式，激励青年学生立大志、明大德、成大才、担大任，争当交通强国建设尖兵，以良好的精神面貌和优异成绩向中国共产党成立100周年献礼。

汇报展演为上、下两个篇章进行。上篇以配乐诗朗诵《少年中国说》、歌舞剧《红旗颂》、合唱《没有共产党就没有中华人民共和国》等节目形式，展现全体青年学生学党史强信念、不忘初心跟党走的决心信心。

下篇以歌伴舞《阳光路上》、现代舞《天天向上》、礼仪操《交通强国梦》、礼仪秀《强国·建设者》等节目形式，抒发全体青年学生青春聚力心向党、投身交通强国当尖兵的激情与豪迈。

活动中，组织2020年上半年新入团团员登台进行入团宣誓。党委书记彭超、校长刘东燕等学校领导为在今年受到"五四"表彰的40个团学组织先进集体、685名青年团员先进个人代表颁奖。

学校领导班子成员，相关职能部门负责人，各二级学院党总支书记、学工办主任、团总支书记、辅导员，全校团员青年代表，共1 000多人到现场观看演出。

（文/涂祖川，文月工　图/孟祥帅）

中国教育在线

重庆公共运输职业学院组织2 000余名师生观看红色经典影片

中国教育在线 首页 > 重庆分站 > 重庆职业教育

重庆公共运输职业学院组织2000余名师生观看红色经典影片

2021-06-04 16:39:00　重庆公共运输职业学院　https://www.eol.cn　　分享

根据工作安排，6月1日至2日晚，重庆交通开投集团所属重庆公共运输职业学院在江津双福主校区学术报告厅，开展庆祝中国共产党成立100周年优秀影片展映观影活动，组织在校师生观看电影《红日》《英雄儿女》等红色经典，激发永远跟党走的豪情壮志。

中国教育在线截图

重庆公共运输职业学院组织2 000余名师生观看红色经典影片（1）

根据工作安排，6月1日至2日晚，重庆交通开投集团所属重庆公共运输职业学院在江津双福主校区学术报告厅，开展庆祝中国共产党成立100周年优秀影片展映观影活动，组织在校师生观看电影《红日》《英雄儿女》等红色经典，激发永远跟党走的豪情壮志。

本次展映观影活动是学校根据上级安排，为深化党史学习教育开展的系列主题活动之一。

重庆公共运输职业学院组织2 000余名师生观看红色经典影片（2）

影片《红日》以江苏的涟水，山东的莱芜、孟良崮三次战役为主线，讲述人民解放军在敌我力量悬殊的条件下消灭国民党王牌部队第74师，最后在孟良崮上胜利会师的真实事件。《英雄儿女》则是大家耳熟能详、反映中国人民志愿军抗美援朝出国作战英雄事迹的红色经典。

"电影里'为了胜利，向我开炮！'等经典台词、经典画面、经典歌曲令人印象深刻，"参加观影活动的同学代表胡敏、姜晓杰等人表示，"作为青年学生，我们要学习英雄，沿着英雄走过的路继续前进。"

运输职院、高级技工校师生代表，共2 000多人到场观看。

（文/陈立均　图/彭露娇、孟祥帅）

重庆网

重庆公共运输职业学院到聂荣臻元帅陈列馆开展参观见学活动

重庆公共运输职业学院到聂荣臻元帅陈列馆开展参观见学活动

  为进一步传承红色基因,加强党性教育,厚植爱党爱国情怀,根据党史学习教育安排,6月18日中午,重庆交通开投集团所属重庆公共运输职业学院党委组织党员和入党积极分子代表,到江津聂荣臻元帅陈列馆,开展参观见学活动,厚植爱党爱国情怀。

  期间,组织参加活动的全体同志,在聂荣臻元帅铜像前举行了重温入党誓词活动,实地参观陈列馆立志报国、开国元勋、科技主帅、新的长征、风范长存等板块,邀请三院联合党总支书记张睿在陈列馆馆内,围绕赓续红色精神、坚定理想信念主题,为入党积极分子、新发展党员讲授专题党课。

  各基层党组织党员和入党积极分子代表等,近80人参加活动。

(文/张钰环,文月工 图/彭露娇)

中国教育在线

重庆公共运输职业学院庆祝建党100周年主题合唱比赛盛大举行

重庆运输职院庆祝建党100周年主题合唱比赛盛大举行

2021-06-26 13:41:00　重庆公共运输职业学院　https://www.eol.cn

为进一步深化党史学习教育，厚植师生爱党爱国的情怀，6月23日下午，重庆交通开投集团所属重庆公共运输职业学院（重庆交通高级技工学校）庆祝中国共产党成立100周年"同心筑梦庆百年 放声歌唱颂党恩"主题合唱比赛，在江津双福主校区学术报告厅盛大举行。

中国教育在线截图

重庆公共运输职业学院庆祝建党100周年主题合唱比赛现场

　　为进一步深化党史学习教育，厚植师生爱党爱国的情怀，6月23日下午，重庆交通开投集团所属重庆公共运输职业学院（重庆交通高级技工学校）庆祝中国共产党成立100周年"同心筑梦庆百年　放声歌唱颂党恩"主题合唱比赛，在江津双福主校区学术报告厅盛大举行。

比赛在反映百年党史的配乐诗朗诵中拉开帷幕。共有来自学校机关职能部门和基层单位的6支队伍参加比赛。

比赛过程中，各参赛队在共同唱响校歌《公运梦》的基础上，轨道交通学院师生合唱团演绎的红色经典《没有共产党就没有中华人民共和国》，在歌声中讲述党辛劳为民族、一心救中国、寻找人民解放的道路、领导中国走向光明的动人故事；智能装备学院、铁道与建筑学院、公共管理学院教职工合唱团则在"五星红旗，你是我的骄傲，五星红旗，我为你自豪，为你欢呼，我为你祝福，你的名字，比我生命更重要"的歌声中，把现场变成了红的"海洋"，闪耀着"星"的荣光；机关教职工合唱团带来的红色经典组歌《唱支山歌给党听》《在灿烂的阳光下》《走向复兴》，时而婉转深情，时而气势磅礴，展现全校师生在党的领导下，迎着灿烂的阳光，迎着胜利走向复兴、创造辉煌的坚定决心；运输贸易学院师生合唱团的《我爱你中国》，则在"有时我会孤独无助，就像山坡上滚落的石子，但是只要想起你的名字，我总会重拾信心，有时我会失去方向，就像天上离群的燕子，可是只要想到你的存在，就不会再感到恐惧"等歌声中，把学校师生"我爱你中国心爱的母亲"的心声完美演绎；重庆交通高级技工校合唱团的《我的中国心》，则把"流在心里的血，澎湃着中华的声音"这种对祖国母亲的赤诚爱恋刻画得炽热而温婉；智慧交通学院师生合唱团选送的《共筑中国梦》，则把学校师生在党的领导，"昂首再启程、共筑中国梦"，努力实现强国梦、强校梦的画面刻画得细致入微。

各参赛队精彩的演出，赢得到场观看演出师生的阵阵喝彩，他们挥舞手中的红旗、奏响鼓掌道具，高举庆祝中国共产党成立100周年主题标识，为各参赛队呐喊助威。

经过激烈角逐，比赛桂冠最终被机关教职工合唱团斩获，第二名被运输贸易学院师生合唱团夺走，智慧交通学院师生合唱团获得比赛三等奖。

颁奖仪式上，学校党委书记彭超，纪委书记杨睿、副校长唐春林，重庆交通高级技工校副校长钟晓芬、学校党委组织部部长马莉，分别为获得比赛一、二、三等奖的单位颁奖。

活动在全场齐声高唱《没有共产党就没有新中国》的歌声中落下帷幕。全校师生代表共计1 000多人到现场观看演出。

（文/涂祖川，文月工　图/孟祥帅）

华龙网

重庆公共运输职业学院（交通高级技工校）成功举办庆祝建党100周年大合唱比赛

重庆运输职院（交通高级技工校）成功举办庆祝建党100周年大合唱比赛

华龙网-新重庆客户端
2021-06-25 20:33 浏览量 1.7万+

华龙网-新重庆客户端6月25日20时28分讯（通讯员 涂祖川 文月工）为庆祝中国共产党成立100周年，近日，重庆交通开投集团所属重庆公共运输职业学院（重庆市交通高级技工学校）在江津双福主校区学术报告厅，举办"同心筑梦庆百年 放声歌唱颂党恩"主题合唱比赛。

华龙网截图

重庆公共运输职业学院庆祝建党100周年主题合唱比赛现场（1） 库国静/摄

华龙网—新重庆客户端6月25日20时28分讯（通讯员　涂祖川　文月工）　为庆祝中国共产党成立100周年，近日，重庆交通开投集团所属重庆公共运输职业学院（重庆市交通高级技工学校）在江津双福主校区学术报告厅，举办"同心筑梦庆百年　放声歌唱颂党恩"主题合唱比赛。

重庆公共运输职业学院庆祝建党100周年主题合唱比赛现场（2）　库国静/摄

参赛的6支代表队分别精彩演绎《没有共产党就没有新中国》《唱支山歌给党听》《在灿烂的阳光下》《红旗飘飘》《我的中国心》《共筑中国梦》《走向复兴》等脍炙人口的主旋律歌曲和学校校歌，重温百年党史，凝聚智慧力量，共同谱写学校高质量发展新华章。

活动在现场1 000多名师生齐声高唱《没有共产党就没有新中国》中落下帷幕。

重庆公共运输职业学院庆祝建党100周年主题合唱比赛现场（3）　库国静/摄　　重庆公共运输职业学院庆祝建党100周年主题合唱比赛现场（4）　库国静/摄

中国教育在线

重庆公共运输职业学院
组织新发展大学生党员参观红岩革命纪念馆

中国教育在线 首页 > 重庆分站 > 重庆职业教育

重庆运输职院组织新发展大学生党员参观红岩革命纪念馆

2021-06-25 17:51:00　　重庆公共运输职业学院　　https://www.eol.cn

为进一步加强新发展大学生党员党性教育，厚植爱党爱国情怀，6月24日上午，重庆交通开投集团所属重庆公共运输职业学院党委组织新发展大学生党员，到红岩革命纪念馆，开展参观见学活动，接受党性教育。

中国教育在线截图

重庆公共运输职业学院大学生参观红岩革命纪念馆（1）

重庆公共运输职业学院大学生参观红岩革命纪念馆（2）

为进一步加强新发展大学生党员党性教育，厚植爱党爱国情怀，6月24日上午，重庆交通开投集团所属重庆公共运输职业学院党委组织新发展大学生党员到红岩革命纪念馆开展参观见学活动，接受党性教育。

期间，组织新发展大学生党员在馆内面向鲜红的党旗，举行庄严的入党宣誓活动，实地参观红岩记忆数字体验厅、"千秋红岩"专题展览、中共中央南方局暨八路军驻重庆办事处大楼、饶国模旧居等，实景体验重走红岩路。

参观草房旧址时，组织新发展大学生党员共同学习中共中央南方局加强党的建设的经验。

相关基层党组织负责人，学校新发展大学生党员等，共70多人参加活动。

（文/张钰环　图/彭露娇）

重庆市交通局

重庆公共运输职业学院1 000余名学生参加暑期社会实践活动

重庆市交通局网站截图

重庆公共运输职业学院学生在2021年暑运社会实践活动　库国静/摄

为引导广大在校学生牢记习近平总书记殷殷嘱托，积极践行"请党放心，强国有我"承诺，7月上旬以来，重庆公共运输职业学院组织在校学生开展2021年暑期社会实践活动。

重庆公共运输职业学院2021年暑期社会实践活动，以"青春献祖国，永远跟党走"为主题，包括铁道轨道索道暑运志愿服务、"三下乡"社会实践、"乘着绿皮火车寻找铁路文化"研学、劳动基地生产性劳动实践、大学生"返家乡"社会实践活动等13个项目。

目前，重庆公共运输职业学院1 000多名青年学生正分赴重庆北站、重庆西站、长江索道、永川天星村中药研究基地、华侨城欢乐谷等单位，按计划、分批次开展相关社会实践活动，用实际行动践行"请党放心，强国有我"承诺。

（重庆运输职院　涂祖川、刘胜江）

中国教育在线

重庆公共运输职业学院喜获市第七届"中华经典诵写讲"诵读类大赛二等奖等多个奖项

中国教育在线 首页 > 重庆分站 > 重庆职业教育

重庆运输职院喜获市第七届"中华经典诵写讲"诵读类大赛二等奖等多个奖项

2021-08-10 14:51:00   重庆公共运输职业学院   https://www.eol.cn   分享:

近日,重庆市教育委员会、重庆市语言文字工作委员会发文公布重庆市第七届"中华经典诵写讲"诵读类大赛获奖名单,重庆交通开投集团所属重庆公共运输职业学院榜上有名,选送的两件参赛作品分获大学生组二等奖、优秀奖各1项,学校获评优秀组织奖,展示不俗实力。

中国教育在线截图

近日，重庆市教育委员会、重庆市语言文字工作委员会发文公布重庆市第七届"中华经典诵写讲"诵读类大赛获奖名单，重庆交通开投集团所属重庆公共运输职业学院榜上有名，选送的两件参赛作品分获大学生组二等奖、优秀奖各1项，学校获评优秀组织奖，展示不俗实力。

本次比赛，学校选派两支队伍、7名同学，在公共管理学院教师何清清、刘露的指导下，认真备战、积极参赛。

其中，由朱辰弘同学、张闵书同学朗诵的《九歌·国殇》，以真挚炽烈的情感，生动描绘战国时期楚国人保家卫国的英勇气概，展现出凛然悲壮、亢直阳刚的美，最终斩获大赛大学生组二等奖。由张闵书、刘豪、江雪涵、易秉烛、李俊阳、曾雨森等6名同学诵读的《百年征程》获得大赛大学生组优秀奖。

本次大赛由重庆市教委、市语委举办，旨在弘扬中华优秀传统文化，彰显中华语言文化魅力，推动全市语言文字事业的发展。经单位选拔推荐、专家评审、公示等环节，大学生组共评审出一等奖12个、二等奖24个、三等奖35个、优秀奖47个。

（文/杨丽，涂祖川）

重庆公共运输职业学院开展"请党放心 强国有我"主题签名活动

中国交通新闻网截图

8月28至29日新生报到期间，重庆交通开投集团所属重庆公共运输职业学院在2021级新生中广泛开展"请党放心 强国有我"主题签名活动，激励青年学生从"七一"重要讲话中汲取奋进力量，听党话、跟党走，立足本职努力学习、躬身实践，争当全面发展的大学生，为加快建设交通强国贡献智慧力量，以实际行动践行"请党放心 强国有我"的铮铮誓言。

"开学第一课"重庆公共运输职业学院引入VR开展红色教育

"开学第一课"重庆公共运输职业学院引入VR开展红色教育（1） 郑川东/摄

  人民网重庆9月10日电 "敌方兵力会怎么部署？""我方攻坚团队如何抽组？""突击队队形如何安排？""敌军指挥官可能会躲在哪个位置？"
  9月5日晚，重庆交通开投集团所属重庆公共运输职业学院科学城新校区A栋208计算机机房，几位"化身"为中国工农红军红四团战士的2021级新训同学，围绕军史上著名的"飞夺泸定桥"战例开展激烈讨论。

"开学第一课"重庆公共运输职业学院引入VR开展红色教育（2）　郑川东/摄

这是新的学年，学校党委为在青年学生中深化党史学习教育，引入VR虚拟仿真技术，开展"开学第一课"红色教育的一个镜头。

学习过程中，2 000多名新生分批次通过设在科学城主校区、新校区的10多个机房的600多台电脑里的虚拟仿真系统，利用其中海量文字、图片、视频、档案材料等资源，全方位了解血战湘江、四渡赤水、巧渡金沙江、飞夺泸定桥等一系列经典战例，以沉浸式体验、可视化交互、角色化代入等青年学生喜闻乐见的形式，引导青年学生"学党史、听党话、跟党走"。

"这次课程，虚拟仿真技术使历史画面更逼真，冲击力与感染力更强，让人身临其境，深受震撼。这让我更加体会到革命的艰辛，更加认识到今天的幸福生活来之不易，更加珍惜大学时光，努力学习精进，不负韶华、不负时代。"智慧交通学院2021级新生张良俊感慨地说。

（胡虹、孙启凡、张钰环）